Umgang mit Luther

von

Gerhard Ebeling

J.C.B. Mohr (Paul Siebeck) Tübingen 1983

CIP-Kurztitelaufnahme der Deutschen Bibliothek

Ebeling, Gerhard:
Umgang mit Luther / von Gerhard Ebeling. – Tübingen:
Mohr, 1983.
    ISBN 3-16-144731-X

Vorwort

Die zwölf hier vereinten – bisher teils verstreut publizierten, teils unveröffentlichten – Beiträge zur Gegenwartsbedeutung Luthers entstammen mit einer einzigen Ausnahme den letzten drei Jahren. Inhaltlich sind sie auf das Bibelthema und das Problem des Politischen ausgerichtet und damit notwendig auf die strittige Beziehung beider zueinander. Die Arbeiten waren z. T. für besonders herausgehobene Anlässe und Auditorien bestimmt, was der Aufgabe besonderes Gewicht verlieh, Luther unter dem Anspruch heutiger Verantwortung zu lesen. Dem gegenwärtigen Luther-Gedenkjahr verdanken unmittelbar nur die beiden kurzen Aufsätze am Anfang ihre Entstehung, während den Abschluß zwei Stücke bilden, die der Weimarer Ausgabe und ihrer Hundertjahrfeier gewidmet sind. Informationen darüber dürften auch für einen weiteren Leserkreis, der mit der Kritischen Gesamtausgabe der Werke Luthers kaum selbst in Berührung kommt, von Interesse sein. Da der Umgang mit Luther allein durch die originalen Texte vermittelt wird, die uns in so reichem Maße vorliegen, erscheint es angebracht, wenigstens andeutungsweise auch in die gewaltige Editionsarbeit Einblick zu geben, die dafür erforderlich ist. Freilich ist aller wissenschaftliche Aufwand der Luther-Forschung wenig wert, wenn davon nicht klärende und bewegende Impulse ausgehen in die Christenheit und über sie hinaus, in die kirchliche Gemeinschaft und in den weltlichen Beruf zu einem Leben in Glauben und Liebe. Einem solchen Umgang mit Luther will dieses Buch dienen.

Für Anregungen und Mithilfe bei der Korrektur danke ich Herrn lic. phil. Bernhard Neuschäfer.

Zürich, 10. Oktober 1983   Gerhard Ebeling

Inhalt

Abkürzungen

BoA	Luthers Werke in Auswahl, hg. von O. CLEMEN („Bonner Ausgabe"), (1912) 1930 ff u. ö.
D I	G. EBELING, Dogmatik des christlichen Glaubens Bd. I: Prolegomena. Erster Teil: Der Glaube an Gott den Schöpfer der Welt, (1979) 1982².
D II	DERS., Dogmatik des christlichen Glaubens Bd. II: Zweiter Teil: Der Glaube an Gott den Versöhner der Welt, (1979) 1982².
D III	DERS., Dogmatik des christlichen Glaubens Bd. III: Dritter Teil: Der Glaube an Gott den Vollender der Welt, (1979) 1982².
IL	Martin Luther, Ausgewählte Werke in sechs Bänden, hg. von K. BORNKAMM u. G. EBELING („Insel-Luther"), 1983.
it	insel taschenbuch.
KZF	Kirchliche Zeitfragen, 1935 ff.
LuSt I	G. EBELING, Lutherstudien Bd. I, 1971.
LuSt II,1	DERS., Lutherstudien Bd. II: Disputatio de homine 1. Teil: Text und Traditionshintergrund, 1977.
LuSt II,2	DERS., Lutherstudien Bd. II: Disputatio de homine 2. Teil: Die philosophische Definition des Menschen. Kommentar zu These 1–19, 1982.
RSR	Rechersches de science religieuse, 1910 ff.
WA	D. Martin Luthers Werke. Kritische Gesamtausgabe („Weimarer Ausgabe"), 1883 ff.
WAB	– Briefwechsel, 1930 ff.

WADB	– Deutsche Bibel, 1906 ff.
WAT	– Tischreden, 1912 ff.
WdF	Wege der Forschung, 1956 ff.
WG I	G. Ebeling, Wort und Glaube, (1960), 1967³.
WG III	Ders., Wort und Glaube Bd. III: Beiträge zur Fundamentaltheologie, Soteriologie und Ekklesiologie, 1975.
WPs	Martin Luther, Wolfenbütteler Psalter. Faksimile, Kommentarband, hg. von E. Roach und R. Schwarz unter Mitarbeit von S. Raeder, eingeleitet von G. Ebeling, R. Raabe und R. Schwarz, 1983.

Für die übrigen Abkürzungen vgl. das Abkürzungsverzeichnis in RGG³.

Was Luther mir bedeutet[*]

Die Überschrift habe ich nicht in der Absicht so persönlich formuliert, Luthers Individualität herauszuheben oder gar mich aus eigener biographischer Sicht über ihn zu äußern. Beides hätte wohl ein begrenztes Recht. Jedoch geht es mir um Wichtigeres: was Luther für die Christenheit bedeutet. Darauf läßt sich nicht mit Luther-Porträts antworten. Die späteren Bilder von ihm sind ohnehin Spiegel je ihrer Zeit. Und auch die einstigen zeitgenössischen Bilder machen dessen bewußt, daß die unübertrefflichen Reliquien eines solchen Mannes seine sprachlichen Äußerungen sind. In diesem Fall besitzen wir sie in einzigartiger Fülle. Ihnen gebührt Vorrang auch gegenüber den umstrittenen – wenn auch unbestritten gewaltigen – geschichtlichen Wirkungen Luthers. Von seiner Bedeutung soll darum jetzt nicht rückblickend die Rede sein: was von ihm ausgegangen und was dabei fehlgegangen ist; auch nicht gegenwartsstatistisch: was davon vergangen und was geblieben ist. Die Frage ist vielmehr, was man sich von einer Begegnung mit Luther selbst durch das Lesen seiner Schriften versprechen darf. Lesen kann man nur mit eigenen Augen, mit der Bemühung um Verstehen, mit der Bereitschaft zu lernen. Es wäre anmaßend, die noch unausgeschöpfte Bedeutung Luthers generell beschreiben zu wollen, schon gar auf engstem Raum. Hingegen könnte die Mitteilung von Leseerfahrung, zumal wenn sie ein Stück Lebenserfahrung geworden ist, anregen, es ebenfalls damit zu versuchen. Wenn ich auf ganz weniges zusammenfasse, was Luther mir bedeutet, so

---

[*] Erschienen in verschiedenen katholischen Pfarrblättern der Schweiz, November 1983. Die Anmerkungen sind nachträglich hinzugefügt.

möge dies dazu einladen, selber Luther daraufhin zu lesen, was von ihm zu lernen sei; gewiß persönlich, aber – seinem Lebensthema entsprechend – in Verantwortung für die Christenheit.

Eines ist: *Luthers ungewöhnliche Nähe zum theologischen Sach-verhalt*. Darin liegt ansteckende Kraft. Jeder ernsthafte Theologe ist sich dessen bewußt, daß ihm der innere Zugang zu seinem Gegenstand nicht beliebig verfügbar ist. Es gibt Phasen der Wirr-nis, des Zweifels und der Dürre. Dank fachlichem Wissen allein ist der Theologe nicht schon wirklich bei der Sache. Um so dankbarer wird er für Texte, die ihn dahin mitnehmen. Wenn anders die Bibel der theologische Grundtext ist, sind alle weiteren theologischen Texte daran zu messen, ob und wie sie den Umgang mit der Bibel fördern. In dem breiten Strom christlicher Literatur aus nun nahe-zu zweitausend Jahren gibt es zweifellos vieles, was diesen Dienst versieht. Jedoch kenne ich keinen Autor, der so sehr in die Mitte der Schrift hineinzuführen und geistlich aufzurichten vermag wie Luther. Das ist kein dogmatisches Urteil, sondern eine Bilanz, die ständiger Überprüfung offensteht. Was man dazu von Luthers Person her zur Illustration anführen mag, bleibt mehrdeutig, ob-wohl manches sehr aufmerken läßt: das schon frühe Verlangen des noch Studierenden nach einer Theologie, welche „den Kern der Nuß und das Mark des Weizens und das Mark der Knochen" erforscht[1]; oder die ungewöhnliche Intensität und schnell errunge-ne Selbständigkeit des jungen Professors im Umgang mit den bibli-schen Texten; oder die gleichsam vulkanische Eruption elementa-rer Erbauungsschriften mitten in dem anbrechenden Kirchen-kampf; oder die bis ins Alter nicht nachlassende Geistesgegenwart in Predigten, Vorlesungen und akademischen Disputationen.

Die theologische Sachnähe läßt sich nur inhaltlich bestimmen. Dabei ist für Luther charakteristisch, daß nicht Lehrsätze aufge-stellt werden, die zusätzlich erst noch der Anwendung bedürften. Vielmehr wird die Lebenssituation selbst erfaßt und erhellt. Wird Christus als die Mitte der Schrift angesprochen, so ist darin zugleich die Beziehung zum Glaubenden präsent, für den Christus da ist und

---

[1] WAB 1;17 Nr. 5,43 f (an Joh. Braun, 17. 3. 1509).

der in Christus seinen Ort hat[2]. Wird als Gegenstand der Theologie der schuldige und verlorene Mensch und der rechtfertigende und rettende Gott angegeben[3], so ist damit die Konstellation umrissen, in der sich vollzieht, was in theologischer Abstraktion Rechtfertigungslehre heißt, alles umgreifend, was nur immer über das Handeln Gottes und das Sein des Menschen auszusagen ist. Werden die Gebote ausgelegt, so erfolgt bei jedem der Rückverweis auf das erste Gebot[4]. In allem Sollen bleibt der Wille Gottes gegenwärtig, der radikal ein reines Herz fordert. Dadurch wird zugleich der Glaube, diese einzige Erfüllung des ersten Gebots, zur Quelle wahrer Erfüllung aller Gebote in der Liebe.

Das sind nur Hauptbeispiele einer ungewöhnlich konzentrischen Sachbestimmung der Theologie. Man meine jedoch nicht, damit werde alles ganz einfach oder gar monoton. In keinem der erwähnten Fälle verschmilzt das jeweilige Gegenüber zu unterschiedsloser Einheit: Christus und der Christ, Mensch und Gott, Glaube und Liebe. Die Unterscheidungen werden vielmehr nun erst richtig wahrgenommen und gewährt. Sie dienen nicht wie logische Unterscheidungen zur Auflösung von Problemen, sondern sollen die realen Gegensätze so verschärfen, daß sie unverfälscht zum Austrag kommen. Daraus entsteht eine Vielzahl von Dualitäten, die Luthers theologisches Denken von Antithesen verschiedenster Art durchzogen sein läßt[5] wie: Gesetz und Evangelium, Reich Gottes und Reich der Welt oder verborgener und offenbarer Gott. Die Sache der Theologie wird dadurch auf die ganze strittige Wirklichkeit bezogen, aller verharmlosenden Abschwächung zuwider. Ver-

---

[2] Vgl. z. B. WA 7;58,38–59,1 (De lib. chr., 1520).

[3] WA 40,2;328,1 f (Enarr. Ps. 51, 1532).

[4] Im Kleinen Katechismus (WA 31,1;243 ff, 1529) beginnt die Erklärung jedes Gebots mit: „Wir sollen Gott fürchten und lieben, daß…".

[5] Vgl. WA 40,1;391,3–5 (Gal. Vorl., 1531): scriptura habet modum, quod plena antithesibus; et est quoddam genus fecundum, interpretari scripturam per Antitheses et eas videre. An dieser beherrschenden Rolle antithetischer Distinktionen ist mein Buch orientiert: Luther. Einführung in sein Denken, (1964) UTB 1090, 1981[4]. S. auch u. S. 36 Anm. 28.

sucht man, solche Unterscheidungen bloß äußerlich zusammenzu-
fügen wie in einem Puzzle-Spiel, so wirken sie verwirrend, wenn
nicht befremdend. Jedoch dank innerer Orientierung an den geistlichen Geschehenszusammenhängen geht Luther damit in einer
Souveränität um, die den Schein des bloßen Gedankenspiels gar
nicht aufkommen läßt. Darin einzudringen ist unendlich hilfreich,
eine Einübung in den Wirklichkeitsbezug des christlichen Glaubens.

Und nun ein anderes: *die überquellende Lebendigkeit von Luthers Sprache*. Für viele bleibt dies das einzige, was an ihm zu
rühmen ist. Hier haben sich in der Tat natürliche Sprachbegabung
und geschichtliche Sprachbildung unter besonderen Zeitbedingun-
gen zu einsamer Höchstleistung verbunden. Aus feinnerviger
Sprachbeobachtung erwächst eine dichterische Sprachgestaltung,
deren Hauptwerk: „Die ganze Heilige Schrift deutsch", nach jahr-
hundertelangem Gebrauch heute zwar Konkurrenten, aber nichts
Gleichwertiges zur Seite hat. Sätze wie gemeißelt finden sich überall in seinen Schriften: „Worauf du dein Herz hängest und verläs-
sest, das ist eigentlich dein Gott."[6] „Wo Vergebung der Sünde ist,
da ist auch Leben und Seligkeit."[7] Oder aufs kürzeste: „Glaubst du,
so hast du."[8]

Mit der Freude am formal Ästhetischen kommt man hier freilich
nicht weit. Luthers Sprachreichtum erschließt sich erst dem wirklich, der sich in den Aussagegehalt vertieft und bis zu den Ursprün-
gen vordringt. Das gelingt nur dann, wenn man beides betreibt:
ausgedehnte Lektüre und gewissermaßen mikroskopische Untersuchung einzelner Texte. Man sollte erwarten, die Bibel sei für
Luther die Quelle seiner Sprachkraft. Das stimmt wohl, aber man
darf dabei nicht außer Acht lassen, was zu diesem Vorgang gehört.
Wie aus dem Buchstaben Geist wird, diese Frage hat anfangs
Luther äußerst umgetrieben[9]. Sie ist nur scheinbar rein methodi-

---

[6] WA 30,1;133,7f = BoA 4;4,30–32 (Gr. Kat., 1529).
[7] WA 30,1;316,19f (Kl. Kat., 1529).
[8] WA 7;24,13 = BoA 2;14,15f = IL 1,243 (Von der Freih. eines
Chr., 1520).   [9] Vgl. LuSt I,1–68.

scher Art, richtet sich vielmehr darauf, wie das Wort Gottes am
Menschen wirkt: ob als tötendes Gesetz oder als lebendigmachen-
des Evangelium. Sein eigentlicher Adressat ist das Herz. Sosehr
der Intellekt beim Hören gefordert ist – Luther selbst ist ein scharf-
sinniger Theologe! –, setzt doch das Wort mit Recht die Affekte in
Bewegung. Darauf ist um so mehr zu achten, weil das Wort Gottes
nicht vagen Wünschen gemäß dem Leben dient, sondern künftiges,
ewiges Leben in diesem Todesleben erweckt und deshalb den Tod
nicht verdrängt, sondern überwindet. An Luthers Sprache ist mir
am eindrücklichsten, wie er unentwegt das anspricht, was dem
Menschen in seiner so fragwürdigen Vernünftigkeit immer wieder
entgleitet, weil widerstrebt.

Das Vollmächtige daran zeigt sich in der Einbeziehung der Erfahrung. Luther widerspricht sich nicht, wenn er trotz des Grund-
satzes „die Schrift allein" von der Erfahrung sagt, allein sie mache
zum Theologen[10]. Denn wenn die Bibel „nicht Lesewort, sondern
eitel Lebewort"[11] ist, muß sie ja Erfahrung auslösen und in alle
Erfahrung eingreifen. Darum ist Luthers Sprache so erfahrungsge-
sättigt. Sie zeugt von schweren Anfechtungen und vom Glauben
wider alle Erfahrung, aber auch vom getrost machenden Beistand
des Geistes. Darüber hinaus verrät sie Offenheit für alles Begeg-
nende, wachen Sinn für Geschichte und nicht minder für das All-
täglichste, nicht zuletzt auch einen liebevoll staunenden Blick für
die Natur: „Ich kann mich nicht genug wundern über einem Ei."[12]

Und noch ein letztes: *die unzerreißbare Spannung von Einzelnem
und Kirche bei Luther*. Man hat ihn des Subjektivismus geziehen
und ihm die Kirchentrennung zur Last gelegt. Mit so vordergründi-
gen Vorwürfen verbaut man sich aber die Einsicht in einen Zusammenhang, der für das Christentum wesentlich ist, den man aber
kaum sonst in der Kirchengeschichte so scharf zu Gesicht be-
kommt. In der Tat stand Luther in Entscheidungsmomenten extrem als Einzelner da. Er war sich dabei der ungeheuren Verant-

---

[10] WAT 1;16,13 Nr. 46 (1531). S. u. S. 71–74.
[11] WA 31,1;67,10 (Das schöne Confit., 1530).
[12] WAT 5;17,15f Nr. 5227 (Sept. 1540).

wortungslast bewußt. Wohl hätte er sich in die persönliche Frömmigkeit und das eigene Studieren zurückziehen können. Beides aber trieb ihn gerade zu neuer Erkenntnis: zu der Gewißheit, die aus dem Evangelium – nie dagegen aus eigener Frömmigkeitspraxis – kommt und die im Zeichen des Kreuzes steht und deshalb nicht nach Sicherungen strebt. Von daher kirchlichen Mißständen an die Wurzel zu gehen, dazu verpflichtete ihn sein öffentliches Amt auf Katheder und Kanzel. Das bestätigte sich in einem klaren Nein zu der Ungeduld des Aufruhrs und in dem besonnenen, unermüdlichen Ja zu einem Aufbau der Gemeinden, der sich vom Gottesdienst her vollzieht und auch dem Einfältigen eine einprägsame Gestalt christlicher Lehre vermittelt. Das Gewicht, das dabei auf seine Person fiel, ergab sich gewissermaßen programmwidrig aus den Umständen. Luther distanzierte sich ausdrücklich von der eigenen Person[13] um des Wortes willen, das er vertrat, nicht freilich von dem persönlichen Einsatz für dessen Wahrheit.

Luther ist ein Ausnahmefall, mit dem sich niemand so leicht vergleichen kann. Man wird es ihm auch möglichst nicht in allem gleichtun wollen, etwa in dem Ausmaß heftiger Polemik[14], die zwar

---

[13] WA 8;685,4–15 = BoA 2;308,5–17 = IL 4,32 (Eine treue Vermahnung, 1522): Tzum ersten bitt ich, man wolt meynes namen geschweygen und sich nit lutherisch, sondern Christen heyssen. Was ist Luther? ist doch die lere nitt meyn. Szo byn ich auch fur niemant gecreutzigt. ...Wie keme denn ich armer stinckender madensack datzu, das man die kynder Christi solt mit meynem heyloszen namen nennen? Nitt alszo, lieben freund, last uns tilgenn die parteysche namen unnd Christen heyssen, des lere wir haben. ... Ich byn unnd wyll keynisz meyster seyn. Ich habe mitt der gemeyne die eynige gemeyne lere Christi, der alleyn unszer meyster ist.

[14] Aus Luthers eigenen Äußerungen darüber z. B. WA 6;323,13–22 = BoA 1;360,30–40 = IL 3,64 (Von dem Papsttum zu Rom, 1520): ...ich weysz selbs fast wol, das ich nit lobens werd bin: das ich aber scharffer und hitziger byn uber die schrifft zuerhalten, wen etlich leyden mugen, sol mir niemant billich vorweysen, ich wils auch nit abgahn. Schelte, lestere, richte meine person und mein leben nur frisch wer do wil, es ist yhm schon vorgeben. Aber niemant warte vonn mir noch huld noch gedult, wer meynenn hern Christum, durch mich gepredigt, unnd

um der Sache willen geführt wurde, jedoch nur sehr begrenzt der Sache zugute kam. Dennoch gelten die Grundzüge jener Spannung von Einzelnem und Kirche für jeden Christen. Die vom Bildersturm verstörte Wittenberger Gemeinde bringt Luther zur Besinnung durch den äußersten Appell an die geistliche Verantwortung: Jeder muß für sich allein sterben und darum auch jeder Einzelne selbst wissen, was zu glauben ist, und des Glaubens gewiß sein[15]. Deshalb ist dem, was einen Christen zum Christen und was Kirche zur Kirche macht, Raum zu geben: der Verkündigung des Wortes Gottes. Daraus erwächst notwendig die Gemeinschaft des Glaubens, die ununterbrochen durch die Zeiten hin und über die Zeit hinweg in Ewigkeit besteht.

Wer sich in Luthers Denken vertieft – das empfinde ich immer wieder neu –, wird herausgefordert und gestärkt zu einer gesamtchristlichen Verantwortung, bei der es auf den Wahrheitsernst des Einzelnen ankommt. Darin von Luther zu lernen, erschien lange als Privileg des Protestantismus. Wie alle vermeintlichen Vorrechte, so hat auch dieses Schaden gestiftet. Die evangelische Christenheit ist gegenwärtig weithin Luther innerlich entfremdet und kein sehr überzeugender Repräsentant dessen, was von ihm zu lernen ist. Dieser Aufgabe sich anzunehmen, ist allerdings höchst unbequem. Es erfordert, wie eh und je der Unwahrheit entgegenzutreten, die in der Christenheit selbst um sich gegriffen hat. Dabei dürfen wir uns weder durch die Illusion einer christlichen Welt noch durch das Gespenst einer entchristlichten Welt beeindrucken lassen: „Denn die Welt und die Menge ist und bleibt Unchristen, ob sie gleich alle getauft und Christen heißen."[16]

---

den heyligenn geyst zu lugenern machen wil. Es ligt nichts an myr, aber Christus wort wil ich mit frolichem hertzen und frischem mut vorantworten, niemants angesehen, dartzu mir got einen frolichen, unerschrocken geyst geben hat, den sie mir nit betruben werden, hoff ich, ewiglich.

[15] WA 10,3;1,7–2,2 = BoA 7;363,15–20 = IL 1,271 (Invocavit-Pred., 1522).
[16] WA 11;251,35–37 = BoA 2;367,5f = IL 4,46 (Von weltl. Obrigk., 1523).

Der Wolfenbütteler Psalter – Keimzelle von Luthers Theologie*

Der Faksimile-Druck des sogenannten Wolfenbütteler Psalters gibt uns Einblick in die Keimzelle von Luthers Theologie. Nach seiner Berufung in die Wittenberger biblische Professur als Nachfolger von Staupitz (im Oktober 1512) ließ Luther, neunundzwanzigjährig, für die Hörer seiner ersten Vorlesung einen Psalterdruck herstellen, der freilich nur in diesem seinem Handexemplar auf uns gekommen ist. Die darin enthaltene hermeneutische Vorrede sowie die jedem Psalm beigegebenen Summarien stellen den frühesten gedruckten Luther-Text dar. Die von ihm eingetragenen Glossen bilden den Grundbestand seiner ersten umfassenden exegetischen Bemühung um ein biblisches Buch. Da ziemlich genau rekonstruierbar ist, welche Kommentare er sich zur Vorbereitung bediente, bietet sich hier die Möglichkeit, Vers für Vers zu verfolgen, welche Auslegungsmöglichkeiten er übernommen oder verworfen und wo er völlig neue Wege eingeschlagen hat. Das ist ein mühsames, längst noch nicht ausgeschöpftes Verfahren, aber eine höchst aufschlußreiche und erregende Gelegenheit, das Werden von Luthers Theologie am Beginn seiner vollen akademischen Lehrtätigkeit im Vergleich mit der Tradition und mit der zeitgenössischen Gelehrsamkeit zu erhellen. Die Entfaltung seines Denkens vollzieht sich allerdings freier in den gleichzeitigen Scholien, den längeren exegetischen Darlegungen, die uns als sogenannter Dresdener Psalter erhalten sind. Aber gerade der faksimilierte Glossen-

---

* Vorwort zu Martin Luther, Wolfenbütteler Psalter 1513–1515. Faksimile und Kommentar, hg. von E. ROACH u. R. SCHWARZ, (Insel Verlag), 1983, VII–XI.

teil der ersten Psalmenvorlesung macht es besonders reizvoll,
mitten in der engen Beziehung zum Überkommenen die Anzeichen
erstaunlicher Selbständigkeit zu erkennen. Versucht man unter
völligem Absehen von der späteren Entwicklung und geschichtlichen Bedeutung Luthers den Text rein als ein Dokument spätmit-
telalterlicher Theologie zu lesen, so zeigt er als solcher ein überraschend eigenständiges Gesicht. Dafür gibt es in jener Zeit nichts
Vergleichbares.

In der ersten Psalmenvorlesung – nimmt man sie als ein Ganzes –
zeichnet sich bereits die geistige Handschrift ab, die trotz aller
nachfolgenden Wandlungen für Luthers Theologie bestimmend
geblieben ist. Einige Grundzüge seien hervorgehoben.

Zum einen tritt schon hier in den Anfängen außerordentlich
nachdrücklich die christozentrische Ausrichtung seiner Theologie
zutage. Die Psalmen auf Christus zu deuten, gehörte zwar zur
christlichen Auslegungstradition. Aber innerhalb des Spielraums,
der dabei blieb, übertraf Luther darin seine Vorgänger schon rein
quantitativ. Beispiellos ist die programmatische Kühnheit, dem
Druck eine hermeneutische Wegweisung voranzustellen in Gestalt
einer Praefatio Jhesu Christi... in | Psalterium David[1]. Eine Rand-
glosse dazu, von Luther durch Unterstreichung hervorgehoben,
läßt seine starke innere Beteiligung daran erkennen: „Psalm 33,6:
,Kommt her zu ihm und laßt euch erleuchten, so wird euer Ange-
sicht nicht zuschanden!' Andere jedoch machen einen Bogen und
laufen geflissentlich Christus davon. Ich jedoch, wann immer ich
einen nußartigen Text habe, dessen Schale mir hart ist, werfe ihn
alsbald an den Felsen [Christus] und finde den köstlichsten Kern."[2]

---

[1] WA 55,1,1; 6,29–34 = WPs, 6f. Vgl. LuSt I, 109–131. Zum Ganzen
ebda. 1–68.69–131.139–195. – Die in den folgenden Anmerkungen
dargebotenen lateinischen Zitate werden bei Doppelverweisen (WA/
WPs) nach WPs, bei einfachen Verweisen (WA) nach WA wiederge-
geben.

[2] WA 55,1,1; 6,29–34 = WPs, 7, Ziff. 2 (R. Gl. zur Praefatio): Psal.
33: ,Accedite ad eum et illuminamini, et facies vestrae non confunden-
tur.' Alii autem circueunt et quasi dedita opera fugiant Christum, ita
differunt accedere cum textu ad eum. Ego autem quandocunque habeo

Durch die christologische Auslegung wird der Psalmbeter selbst in rechter Weise einbezogen: „Willst du die Gemütsbewegung dieses Psalms und sein schmackhaftes Verständnis heraussaugen, so stelle dir deinen Herrn, deinen Erlöser vor, wie er mit mildester Liebe und Ehrfurcht vor dem Vater kniet, als der sich dem Unwillen aussetzt, beladen mit deinen und der ganzen Welt Sünden sowie bitterlichst um ihretwillen weinend und sie verabscheuend. Du bist der, für den ein so großer Mittler so glühend betet. Was sonst antwortest du darauf, als daß du mit dem zusammen weinst und betest, der zusammen mit dir und deinem Elend weint und betet."[3] In Christus den Beter des Psalms zu sehen heißt also, selber den Psalm in Christus beten zu lernen: „Wer jenen Psalm fruchtbar beten will, muß ihn nicht in seiner Person, sondern in Christus beten und gewissermaßen ihn beten hören und so mit ihm das eigene innere Bewegtsein verbinden und Amen sagen."[4]

Zum anderen zeigt sich bereits hier als bleibender Grundzug seines Denkens die überall durchbrechende, vielfältig sich variierende Antithetik. Sie verrät sich schon in methodischer Hinsicht an dem Interesse, die Eigenart des biblischen Sprachgebrauchs gegen den philosophisch-scholastischen scharf abzuheben: „,Verstand' oder ‚Unterweisung' im Psalmentitel weisen immer darauf hin, daß da von Unsichtbarem, Geistlichem die Rede sei, Gutem oder Bösem, das nicht gesehen, sondern allein mit Verstand und Glauben erreicht werden kann. ‚Verstehen' wird deshalb in der Schrift an-

---

aliquem textum nuceum, cuius cortex mihi durus est, allido eum mox ad petram et invenio nucleum suavissimum.

[3] WA 55,1,1; 40,4–10 = WPs, 29, Ziff. 4 (R. Gl. zu Ps 6,2): … si vis affectum huius psalmi et sapidum intellectum exugere, imaginare Dominum tuum redemptorem tuum mitissima charitate et pietate geniculantem coram patre, onustum peccatis tuis et totius mundi ac pro eis amarissime flentem eademque detestantem indignabundum. Tu es, pro quo tam ardenter orat tantus mediator. Quid ergo respondes, quin fles et oras cum flente et orante cum te et tua miseria.

[4] WA 3; 211,19–22 = WPs, 127, Ziff. 3 (R. Gl. zu Ps 37,1): … quicunque vult illum psalmum fructuose orare, debet eum non in se, sed in Christo orare et tanquam eum audire orantem, et sic ei suum adiungere affectum et dicere Amen.

ders begriffen als in der Philosophie, gründe sie nun auf Abstraktion [wie im Nominalismus] oder auf [der Annahme der Realität
der] Universalien [wie in der via antiqua]. Denn Philosophie handelt immer von Sichtbarem und Augenscheinlichem oder legt zumindest dar, was aus dem Augenscheinlichen deduziert ist. Der
Glaube jedoch hat es mit dem zu tun, was nicht augenscheinlich ist
[Hebr 11,7]; im Gegenteil, der ist vom Himmel her, während aus
dem Augenscheinlichen vielmehr stets das Gegenteil des Glaubens
abgeleitet wird, wie das ja am Tage liegt."[5] Zu den in der ersten
Psalmenvorlesung domi|nierenden Fundamentalunterscheidungen
gehören vor allem die von Buchstabe und Geist sowie die Unterscheidung zweier Foren, deren Urteil der Mensch im Sein vor Gott
und vor der Welt ausgesetzt ist. Beides sei durch je ein Beispiel
belegt: „Im Umgang mit der heiligen Schrift ist das Wichtigste, den
Geist vom Buchstaben zu unterscheiden. Denn das macht in Wahrheit einen Theologen."[6] „‚Vor dem Herrn' ist nur, wer nicht bloß
den vergangenen und den gegenwärtigen, sondern auch den zu-
künftigen Tagen den Rücken kehrt. Denn dort sieht er sie, wie sie
vor Gott sind. Vor ihm aber sind sie alle vergangen und verzehrt.
Wer aber das Antlitz den Tagen selbst zuwendet und Gott den
Rücken, der erachtet, daß sie etwas seien."[7]

---

[5] WA 3; 507,34–508,5 (Schol. zu Ps 73,1): ‚Intellectus' vel ‚eruditio'
in Titulo psalmorum positum semper indicat invisibilia, spiritualia,
quae videri nequeunt, sed solo intellectu et fide attingi possunt, ibi dici,
sive bona, sive mala. Unde intelligere in Scriptura aliter quam in
philosophia capitur, sive sit abstractiva sive universalis: quia philosophia semper de visibilibus et apparentibus, vel saltem ex apparentibus deducta loquitur, fides autem est non apparentium, nec ex apparentibus deducta: immo de coelo est, cum ex apparentibus potius con-
trarium fidei semper deducatur, ut patet.

[6] WA 55,1,1; 4,25f = WPs, 5, 33f (R. Gl. zum Titelblatt): ... in
scripturis sanctis optimum est spiritum a litera discernere, hoc enim
facit vero theologum.

[7] WA 4; 149,27–30 (Schol. zu Ps 101,5) unter Bezugnahme auf den
Psalmtitel: ... ‚coram domino' non est, nisi qui dorsum suum non
tantum ad praeteritos et praesentes, sed etiam ad futuros dies habet.

Zum dritten ergibt sich aus diesen Unterscheidungen eine geistliche Auslegung, die auf innerstes Betroffensein zielt. „Das nur buchstäbisch verstandene und eingehaltene Gesetz ist weder rein noch heilig, weil es die Seele nicht heilig macht, sondern nur die Hand oder den Leib. Das geistlich verstandene Gesetz jedoch ist identisch mit dem Evangelium."[8] Geistliche Auslegung meint weder ein spekulatives Überfliegen des Textes noch ein Sich-Verlieren in die eigene Subjektivität. Genauestens auf den Wortlaut zu achten und so tief wie möglich in den Sachverhalt selbst einzudringen gehören hier untrennbar zusammen. „Genau sind die Worte zu wägen, daß er nicht sagt: ‚Ich will alle deine Werke meditieren‘, vielmehr: ‚in allen deinen Werken‘, womit er andeutet, daß er Gottes Werke innen betrachtet hat, indem er auf deren Geheimnisse achtet und sie aufsucht. Denn die Toren verweilen weder mit ihrem Gedenken noch mit ihrem Meditieren in den Werken des Herrn, sondern werfen nur äußerlich einen Blick darauf und gehen vorüber. ‚Meditatio‘ bezeichnet ja geistige und geistliche Betrachtung. Denn wer sogar in der Seele nicht weiter über die Dinge nachdenkt, als sie erscheinen, gleicht Roß und Maultier [Ps 31,9], die ja ebenso viel sehen."[9] Die Frage, wie das geistliche Verstehen zustande kommt, treibt Luther in ungewöhnlicher Weise um. Es ist auf jeden Fall ein lebendig machendes Verstehen: „Wie die leben-

---

Nam ibi videt eos, quales coram deo sunt. Sunt autem coram eo omnes praeteriti et consumpti. Qui autem faciem in dies ipsos vertit et dorsum ad deum, aestimat quod sint aliquid.

[8] WA 55,1,1; 92,17–20 = WPs, 45 Ziff. 8 (R. Gl. zu Ps 11,7): … lex literaliter tantum intellecta et servata est neque casta neque sancta, quia animam non sanctificat, sed tantummodo manum seu corpus. Lex autem spiritualiter intellecta est idem cum Evangelio.

[9] WA 3; 528,28–34 = WPs, 257, Ziff. 15 (R. Gl. zu Ps 76,13): Sane ponderanda sunt verba, quod non ait: meditabor omnia opera tua, sed ‚in omnibus operibus tuis‘, per hoc innuens, quoniam intus opera Dei inspexit mysteria eorum videns et querens. Stulti enim neque memorantur nec meditantur in operibus Domini, sed tantum carnaliter vident ea et transeunt. Meditatio enim intellectualem notat consyderationem et spiritualem. Nam qui etiam in anima non plus de rebus cogitat quam videntur, similis est ‚equo et mulo‘, qui et ipsi tantundem vident.

dige Zunge auf natürliche Weise Sinn oder lebendige Buchstaben,
Chiffren, Eindrücke in einer lebendigen Seele oder einem lebendigen Hörer bewirkt, so bewirkt das Evangelium in geistlicher Weise
geistliche Eindrücke, ein geistlich lebendiges und ewiges Verstehen
in geistlich lebendigen Herzen."[10] Nicht Anpassung des Textes an
den Leser, sondern sein Ergriffenwerden durch den Text ist dafür
die Richtschnur. „Beachte, daß die Kraft der Schrift die ist: Sie
wird nicht in den gewandelt, der sie | studiert, sondern sie verwan-
delt den, der sie liebt, in sich und ihre Kräfte hinein."[11] „Im ersten
Worte dieses Psalms wird ausdrücklich Liebe genannt. Denn hier
werden Anreize zur Liebe beschrieben. Und es sind so viele Kohlen
wie Verse, ja wie Worte in diesem Psalm, um solch Feuer der Liebe
anzufachen. Denn erwiesene und verheißene Wohltaten bringen
auf wunderbare Weise zum Brennen."[12]

Schließlich: Schon die erste Psalmenvorlesung ist von der Konzentration auf das Verhältnis von Wort und Glaube bestimmt.
„Alle unsere Güter stehen allein in Worten und Verheißungen.
Denn Himmlisches kann man nicht wie Vorhandenes vorzeigen,
sondern nur durch das Wort ankündigen. Deshalb sagt er nicht:
,Ich sehe, darum zeige ich es mit dem Werk', sondern: ,Ich glaube,
deshalb rede ich.' Jene aber, die ihr Gutes rühmen und es in einem
Vorhandenen groß herausstellen, haben nicht Glauben daran, sondern den Augenschein davon. Wir aber glauben, und deshalb können wir es nicht durch unser Werk vorweisen. Darum reden und

---

[10] WA 3; 457,3–6 (Schol. zu Ps 70,15): ... sicut lingua viva facit
naturaliter sensum seu literas, notas, impressiones vivas in anima viven-
te seu in auditore vivo: Ita Euangelium facit spiritualiter impressiones
spirituales, intelligentiam spiritualiter vivam et aeternam in cordibus
spiritualiter vivis.

[11] WA 3; 397,9–11 (Schol. zu Ps 67,14): ... nota, quod Scripturae
virtus est haec, quod non mutatur in eum, qui eam studet, sed transmu-
tat suum amatorem in sese ac suas virtutes.

[12] WA 55,1,2; 132,17–20 = WPs, 57, Ziff. 3 (R. Gl. zu Ps 17,2): In
primo verbo huius psalmi exprimitur dilectio, quia amoris incentiva hic
enarrantur, et tot carbones quot versus, immo quot verba sunt in hoc
psalmo pro augendo isto igne amoris. Quia beneficia exhibita et promis-
sa miro modo inflammant.

bezeugen wir nur. Denn der Glaube ist der Grund, warum wir nur
durch das Wort unsere Güter aufzeigen können, eben weil der
Glaube es mit dem zu tun hat, was nicht augenscheinlich ist und was
nur durch das Wort gelehrt, vorgewiesen und angezeigt werden
kann. "[13] Das Verhältnis von Wort und Glaube bleibt jedoch gemäß
dem Inhalt, um den es hier geht, von allem rein Doktrinären frei.
Das Verhältnis zur Schrift impliziert als hermeneutisch notwendig
die Erfahrung. „Wer diese Reue und meditatio nicht erfahren hat,
den kann man diesen Psalm mit keinen Worten lehren. Deshalb ist
er ja auch mir schwierig, weil ich mich außerhalb der Reue befinde
und von Reue rede. Denn niemand spricht oder hört in angemesse-
ner Weise eine Schriftstelle, er sei denn ihr entsprechend ergriffen,
so daß er innen fühlt, was er draußen hört oder spricht, und daraufhin sagt: Ja, so ist es in der Tat!"[14] Im intensiven Umgang mit dem
Wort der Schrift stellt sich eine überwältigende Erkenntniserfah-
rung ein. Wer die erste Psalmenvorlesung gründlich studiert hat,
dem wird an folgender Schilderung überzeugend deutlich, daß
Luther hier aus eigener Erfahrung redet: „Der Erfahrene weiß es:
Wer im Gesetz des Herrn meditiert, der wird in Kürze und plötzlich
sehr viel gelehrt; und es ist, als überschwemmte ihn ,unter Tosen
von Katarakten' [vgl. Ps 41,8] eine Flut von Einsichten in das

---

[13] WA 4; 272,16–24 (Schol. zu Ps 116,16): ... omnia nostra bona sunt
tantum in verbis et promissis. Coelestia enim ostendi non possunt sicut
praesentia, sed tantum annuntiari verbo. Ideo non ait: ,Video, propter
quod opere ostendo', sed ,credidi, propter quod loquor'. Illi autem qui
bona sua iactant et in re praesenti magnificant, non habent fidem
illarum, sed visionem. Nos autem credimus, et ideo opere ostendere
non posumus. Quare tantum loquimur et testificamur. Fides enim est
causa, quare non possumus aliter quam verbo ostendere bona nostra,
eo quod fides est non apparentium, quae non nisi verbo possunt doceri,
ostendi et indicari.
[14] WA 3; 549,30–35 (Schol. zu Ps 76,21): ... qui non est expertus
hanc compunctionem et meditationem: nullis verbis potest hunc psalmum doceri. Inde enim et mihi difficilis, quia extra compunctionem
sum et loquor de compunctione. Nullus enim loquitur digne nec audit
aliquam Scripturam, nisi conformiter ei sit affectus, ut intus sentiat,
quod foris audiat, et dicat: ,Eia, vere sic est'.

Gesetz, so daß es wirklich ein Strömen ist, wohingegen menschliches Studium kaum ein Kriechen und Hinken ist im Vergleich zu solcher Wahrheitsfülle. Wer also reichlich unterwiesen und gleichsam durch Wasserströme des Verstehens überflutet werden will, der gebe sich hin an die meditatio im | Gesetz des Herrn Tag und Nacht [Ps 1,2]; und durch Erfahrung wird er gelehrt werden, daß der Prophet in diesem Vers Wahres gesagt hat."[15]

Es ist zu hoffen, daß die Faksimile-Ausgabe in Verbindung mit der Fünfhundertjahrfeier von Luthers Geburt einen neuen Anstoß gibt, die erste Psalmenvorlesung, dieses Dokument eines ungewöhnlichen Gärungsprozesses, genauer noch als bisher zu erforschen: den weiten Traditionshintergrund, dem sie verpflichtet ist, und wie sich aus diesen erstaunlichen Anfängen Luthers Theologie weiter herausgebildet hat und zur Reife gelangt ist.

---

[15] WA 55,2,1; 16,2–8 (Schol. zu Ps 1,3): Expertus nouit, Quod qui in lege Domini meditatur, breuiter et subito plurima docetur ac velut diluuium inundet intelligentiarum ‚in voce cataractarum' eius, ita vt sit vere cursus, vbi humanum studium vix est repere ac claudicare ad eandem veritatis copiam. Igitur Qui cupit abunde erudiri ac velut inundari cursibus aquarum scientiae, tradat se ad meditationem in lege Domini die ac nocte, et experientia docebitur verum dixisse prophetam in hoc versu.

Wiederentdeckung der Bibel
in der Reformation –
Verlust der Bibel heute?*[1]

Als evangelische Christen haben wir heute allen Anlaß, uns auf unser Verhältnis zur Bibel zu besinnen: ob sie uns fremd geworden ist, ob wir sie gar verloren haben und wie sie wiederentdeckt werden könnte. In unserem gebrochenen Verhältnis zur Bibel sind wir von der Reformation weit entfernt. Die Reformation hatte einst die Bibel wiederentdeckt und ist für die nachfolgenden Jahrhunderte ein Wegweiser zur Bibel geworden. Kann sie dies auch für uns noch sein?

I

Ehe wir in die Flut der damit aufbrechenden Fragen eintauchen, mag es gut sein, um uns von ihnen nicht blindlings treiben zu lassen, ein Orientierungssignal zu setzen, das uns aufmerken läßt, worum es dabei geht. Angesichts unserer fragwürdigen Erkenntnissituation in bezug auf die Bibel soll dieses Signal zwei Gesichtspunkte spannungsvoll vereinen: was im Blick auf die Bibel empirisch evident ist und worin die der Bibel spezifische Evidenz besteht.

Empirisch evident ist zunächst die banale Feststellung: Die Bibel ist, wie ihr Name sagt, ein Buch, genauer – da Biblia eigentlich ein Plural ist – eine Bibliothek. Die empirische Evidenz reicht aber über diese bloße Namenserklärung weit hinaus. Ein Buch ist Geist

---

* ZThK, Beih. 5, 1981, 1–19.
[1] Vorgetragen in der Universität Hamburg am 30. Okt., in der Westfälischen Wilhelms-Universität Münster am 31. Okt. 1980, in der Georg-August-Universität Göttingen am 21. Jan. und in der Universität Bielefeld am 8. Mai 1981.

in Buchstaben gefaßt und hat, wie auch immer, eine Vorgeschichte, seine Entstehung, und eine Nachgeschichte, seine Wirkung. Das gilt für alle denkbaren Variationen: ob das Buch geistreich oder geistlos ist, mit Sorgfalt verfaßt oder liederlich, ob ein Augenblicksprodukt, eine Art Eintagsfliege, oder geschichtsträchtig nach Herkunft und Zukunft. Auf jeden Fall will das Buch, ob kurz- oder langlebig, eine Brücke zwischen den Zeiten schlagen. Mehr oder weniger gegen den Strom der Zeit wartet es auf | die Begegnung mit künftigen Lesern. Was so allgemein vom Buch überhaupt gilt, trifft auf die Bibel, nun ebenfalls evidentermaßen, in ungewöhnlicher Steigerung zu. Sie ist von einer unerhört weiten geschichtlichen Erstreckung, sowohl was ihre Vor- und Entstehungsgeschichte als auch was ihre Wirkungsgeschichte betrifft. Durch die Bibel ist ein Zusammenhang über Jahrtausende hin gestiftet. Ihre Ausstrahlung läßt sich aus der Menschheitsgeschichte nicht mehr eliminieren. Und das Verhältnis von Buchstabe und Geist erreicht in der Bibel eine besondere Brisanz. Auch das ist noch eine empirisch orientierte Feststellung.

Die der Bibel eigene Evidenz ist freilich anderer Art. Sie beruht nicht auf Alter und Erfolg, auf sogenannten Fakten und Statistiken. Hier geht es nicht um das unbeteiligt Feststellbare: etwa die verschlungenen Wege der Entstehung der Bibel, die so oft den traditionellen Angaben und Vorstellungen zuwiderlaufen; oder die gegensätzlichen Anwendungen der Bibel, die teils Ehrfurcht, teils Abscheu erregen. Hier geht es vielmehr nach einer Metapher, die Luther der biblischen Sprache entlieh, wie bei strahlender Sonne um das Widerfahrnis von Licht und Wärme[2]. Wer davon getroffen ist, weil er dem Wort der Schrift stille hält, dem ist dies evident. Wer sich jedoch solcher Selbstmitteilung der Schrift verschließt, dem bleibt sie dunkel und den läßt sie kalt. Dennoch ist jene innerste Gewissensevidenz nicht ein bloßes Gefühl und etwas un-

---

[2] Vgl. WA 10,1,1; 62,5–16 (Wei. Po., 1522). WA 18; 606,1–609,14 653,13–35 = BoA 3; 100,34–103,22 141,32–142,19 (De serv. arb., 1525). Dazu R. HERMANN, Von der Klarheit der Heiligen Schrift, 1958; FR. BEISSER, Claritas scripturae bei Martin Luther, 1966.

verbindlich Privates. Die Sache der Schrift ist als' etwas Sonnenklares öffentlich verkündbar. Somit ist die Bibel kein verschlossenes, rätselhaftes Buch, sondern offen zugänglich und spricht für sich selbst[3]. Denn – aber eben dies ist das Geheimnisvolle an ihr – jeder kommt in ihr vor und darf sich in ihr als der erkennen, der er vor Gott, und das heißt: der er in Wahrheit ist.

Diesen Doppelaspekt der Bibel verliere man im folgenden nie aus den Augen: ihre geschichtliche Weite sowie ihre geistliche Leuchtkraft, deren Vergleich mit der Sonne nicht als Übertreibung verstanden sein will, sondern nur annähernd zum Ausdruck bringt, daß wir es hier mit einer einzigartig machtvollen Quelle der Erleuchtung und der Lebenserweckung zu tun haben. |

II

Im Unterschied nun zu diesem vorangestellten Orientierungszeichen ist unser Thema von einem Fragezeichen beherrscht: Wiederentdeckung der Bibel in der Reformation – Verlust der Bibel heute? Dieses Fragezeichen gilt beiden Teilen des Themas. Man könnte allerdings auch ein Ausrufungszeichen an die Stelle setzen. Dann hätte man eine zugkräftige Kampfparole, die suggestiv eine positive Bekenntnisaussage und eine negative Gegenwartsdiagnose aufeinanderprallen läßt. Zu der heutigen Schlagwortmentalität in Politik und Religion paßte das wohl besser als ein Abwägen und Differenzieren. Das genauere Hinsehen jedoch, ob und inwiefern es sich so verhält, wie es die konfessionelle Meinung – Wiederentdeckung der Bibel in der Reformation – und der gegenwärtige Augenschein – Verlust der Bibel heute – nahelegen, kann gerade erkennen helfen, worauf es bei unserem Thema eigentlich ankommt.

1. Die Formel „Wiederentdeckung der Bibel in der Reformation" trifft nicht ohne weiteres den historischen Sachverhalt. Auch

---

[3] Vgl. WA 7; 92,6–100,37 (Ass. omn. art., 1520). Dazu W. MOSTERT, Scriptura sacra sui ipsius interpres. Bemerkungen zum Verständnis der Heiligen Schrift durch Luther, LuJ 46, 1979, 60–96.

zuvor stand die Bibel unbestritten in höchstem Ansehen. Die gesamte Kultur war von biblischer Überlieferung durchtränkt. Aus
ihr stammten weitgehend die Namen, die man trug[4], die Geschichten, die der Phantasie Nahrung gaben, die Motive, in denen sich
der künstlerische Gestaltungstrieb Ausdruck verschaffte, die Le-
bensnormen des Einzelnen und die Institutionsmodelle der Gesellschaft, die wenigen, aber lebenswichtigen Worte und Formeln, die
jeder wie eine eiserne Ration bei sich trug, sowie die hohen Symbo-
le der Trinität, des Kreuzes und der Gottesmutter, auf die man
überall in der Öffentlichkeit stieß und an die man sich zugleich in
seinen innersten Nöten klammern konnte. Aber nicht nur das, was
aus der Bibel geschöpft war, sondern auch diese Quelle selbst war
vielfältig präsent und im Gebrauch. In jeder Messe wurde daraus
gelesen, über biblische Texte nicht selten gepredigt und im Stun-
dengebet der Klöster insbesondere der Psalter permanent rezitiert.
Die Theologie sammelte respektvoll die Auslegungstradition in
voluminösen exegetischen Werken. Kein Vers der Bibel, dem nicht
Beachtung geschenkt und ein dogmatischer oder erbaulicher
Wahrheitsgehalt abgerungen wurde. Die Bibelhandschriften zeugen von tiefster Devotion ihrer Schreiber. Und das erste Werk des
Buchdrucks war – man möchte sagen: selbstverständlich – eine
Bibel. Die gelegentlichen kirchlichen Bibelverbote[5] | betrafen den
Umgang der Laien mit unzensurierten Übersetzungen in die Volks-
sprachen. Begreiflich angesichts der religiösen und sozialen Dyna-
mik ketzerischer Bewegungen, die sich gegen das Establishment
auf die Bibel beriefen, gar auf die Bibel allein, wie es schon damals
gelegentlich hieß[6]. Denn sie war von unbestrittener Autorität. Was
konnte man anderseits aber nicht alles aus der Bibel herauslesen
und aus dem Zusammenhang herausreißen! Trotzdem gab es be-

---

    [4] H. Vollmer, Die Bibel im deutschen Kulturleben, 1938, 13ff.

    [5] W. Sucker, Art. Bibelverbot, RGG[3] I, 1224f; A. Stormer, Art.
Bibellesung, LThK[2] II, 366f.

    [6] Fr. Kropatscheck, Das Schriftprinzip der lutherischen Kirche.
Geschichtliche und dogmatische Untersuchungen. I: Die Vorgeschichte. Das Erbe des Mittelalters, 1904, 17–20.438–444.

reits vor Luther mehr als 70 verschiedene Bibelverdeutscher und neben einzelnen Bibelteilen 18 Drucke vollständiger deutscher Bibeln, vierzehn hochdeutscher und vier niederdeutscher[7]. Wenn dagegen in der Scholastik die systematische Theologie dominierte, so darf dies doch nicht vergessen lassen, in welchem Ausmaß biblische Exegese darin verarbeitet war. Selbst die zunehmende Hypertrophie philosophischer Formalismen sollte letztlich dazu dienen, den biblischen Gehalt zu schützen. Erst recht kamen die reformerischen Bestrebungen des Humanismus der Bibel zugute, indem sie den Zugang zu ihren Originalsprachen erschlossen.

Das war die Welt, aus der Luther kam. Als Mönch erhielt er ein vollständiges Exemplar der Vulgata. Die Universität promovierte ihn zum Doktor der heiligen Schrift und berief ihn auf die lectura in Biblia, der er sein Leben widmete. Und der Humanismus seiner Zeit stellte die Hilfsmittel zur Verfügung, nach denen der junge Exeget sofort griff: vor allem die hebräische Grammatik Reuchlins[8] und, gleich bei Erscheinen 1516, den von Erasmus betreuten Erstdruck des griechischen Neuen Testaments[9]. Dennoch: Was daraus hervorging, ist ohne Vorbild und Parallele. Das Wesentliche daran ist nicht quantitativ bestimmbar, obschon hier auch Zahlenangaben aufschlußreich wären. Ausschlaggebend ist vielmehr der Geist eines neuen Bibelverständnisses.

Einzelheiten daran sind durchaus erklärlich; der Vorgang im ganzen ist jedoch unableitbar. Seine Keimzelle ist die ungemein persönliche Leidenschaft, mit der Luther die Frage nach dem Sein

---

[7] W. WALTHER, Luthers Deutsche Bibel, 1918[2], 4–30; H. VOLZ, Martin Luthers deutsche Bibel. Entstehung und Geschichte der Lutherbibel. Eingel. v. FR. W. KANTZENBACH, hg. v. H. WENDLAND, 1978, 10.20–22; W. EICHENBERGER–H. WENDLAND, Deutsche Bibeln vor Luther. Die Buchkunst der achtzehn deutschen Bibeln zwischen 1466 und 1522, 1977. Ursprung der Biblia Deutsch von Martin Luther. Katalog der Ausstellung in der Württ. Landesbibliothek Stuttgart 1983, bearb. von ST. STROHM und E. ZWINK.

[8] Johannes Reuchlin, De rudimentis linguae Hebraicae, Pforzheim 1506.

[9] Desiderius Erasmus, Novum instrumentum omne..., cum Annotationibus..., Basel 1516.

vor Gott durchlitten, sie als eine Frage an die Bibel gerichtet und so diese Frage in eine | ungewöhnliche Intensität des Umgangs mit der Bibel überführt hat[10]. Schon als Mönch nahm er weite Teile der Vulgata wörtlich in sein Gedächtnis auf. Dies war bereits die Folge jenes innersten Angerührtseins, für das unbezweifelbar galt: Das Bestehen vor Gott hänge am Hören und Verstehen seines Wortes. Nach Luthers Selbstzeugnis konzentrierte sich dieses Ringen auf den Sinn einer einzigen Wendung: „Gerechtigkeit Gottes", wie sie im Psalmgebet vorkommt: „Errette mich durch deine Gerechtigkeit"[11], sowie im Eingang des Römerbriefs, daß im Evangelium Gottes Gerechtigkeit offenbart werde[12]. Von der Erhellung dieser biblischen Wendung her nahm dann die ganze Schrift ein neues Gesicht an[13]. Nun allererst wurde sie überhaupt verstanden.

Diese Zuspitzung darf man freilich nicht isolieren gegenüber dem breiten Strom neuer tiefer Einsichten, die in anhaltend betriebener theologischer Arbeit am Text Luther zuteil wurden. Richtunggebend war dafür das Bemühen, die spezifische Redeweise der Schrift herauszuarbeiten im Unterschied zur philosophisch durchsetzten Auffassung der Scholastik[14]. Daraus entsprang das Programm einer Universitätsreform im Zeichen der Bibel und Augustins gegen den scholastischen Aristotelismus[15]. Auch in Form und Methode der Auslegung wurden neue Wege beschritten, damit die

---

[10] Darüber zuletzt M. Brecht, Beobachtungen über die Anfänge von Luthers Verhältnis zur Bibel, in: Text – Wort – Glaube. Studien zur Überlieferung, Interpretation und Autorisierung biblischer Texte. K. Aland gewidmet (AKG 50), 1980, 234–254.

[11] Ps 31 (30),2 71 (70),2.

[12] Röm 1,17.

[13] WA 54; 185,12–186,20, bes. 186,9f = BoA 4; 427,11–428,16, bes. 428,2f = IL 1,22–24, bes. 23 (Vorrede zu Bd. I d. Op. Lat. d. Witt. Ausg., 1545).

[14] Vgl. meinen Aufsatz: Die Anfänge von Luthers Hermeneutik (1951), in: LuSt I, (1–68) 22–25.

[15] K. Bauer, Die Wittenberger Universitätstheologie und die Anfänge der deutschen Reformation, 1928; L. Grane, Modus loquendi theologicus. Luthers Kampf um die Erneuerung der Theologie (1515–1518), 1975.

Sache der Schrift mit Eindeutigkeit und Gewißheit zu Worte kom-
me. Als Bibelexeget gelangte Luther an den archimedischen
Punkt, von dem aus er eine Welt aus den Angeln hob. Ungewollt,
aber mit innerer Notwendigkeit geriet eines nach dem anderen in
Bewegung: die Ablaß- und Bußfrage, der päpstliche Primat, die
Sakramente und damit die Ekklesiologie überhaupt und nicht zuletzt auch die Ethik. Das sogenannte reformatorische Schriftprinzip war dabei eher etwas Sekundäres: das ausdrückliche Bewußt-
werden von Ort und Art der wahren geistlichen Autorität, mit der
sich Christus als der maßgebende Inhalt und Herr der Schrift und
damit als | der ihr eigene Geist durchsetzt gegen den proprius
sensus, den menschlichen Eigensinn, der die Bibel klerikal oder
schwärmerisch meistern will[16]. Aus dem Ergriffensein von solcher
glaubenschaffenden Autorität erwuchs dem Reformator die Vollmacht einer Exegese, die aus der Geschichte der Schriftauslegung
turmhoch herausragt. Nun gilt es zu unterscheiden: nicht die Bibel
als ein Gesetz von anderen Gesetzen, vielmehr kraft der Bibel,
aber auch in bezug auf sie selbst zu unterscheiden zwischen Gesetz
und Evangelium.

　　Luthers Bibelübersetzung[17] besiegelte das Reformationsgesche-
hen. Was auch immer man an Luthers deutscher Bibel als besonders eindrücklich hervorheben mag: das beispiellose buchhändleri-
sche Ereignis, die geniale Verbindung von Sachgehalt und Sprach-
gestalt, die Aushändigung an die Laien mit unabsehbaren Fernwir-
kungen in kirchengeschichtlicher, frömmigkeitsgeschichtlicher und
geistesgeschichtlicher Hinsicht, – all das gehört nur zu den Auswir-

---

[16] S. o. Anm. 3. Vgl. meinen Aufsatz: „Sola scriptura" und das
Problem der Tradition, in: G. EBELING, Wort Gottes und Tradition.
Studien zu einer Hermeneutik der Konfessionen, (1964) 1966, 91–143.

[17] Außer o. Anm. 7: E. HIRSCH, Luthers deutsche Bibel. Ein Beitrag
zur Frage ihrer Durchsicht, 1928; P. ALTHAUS, Der Geist der Lutherbibel, LuJ 16, 1934, 1–26; S. RAEDER, Voraussetzungen und Methode von
Luthers Bibelübersetzung, in: Geist und Geschichte der Reformation.
Festgabe H. Rückert (AKG 38), 1966, 152–178; B. LOHSE, Die Aktuali-
sierung der christlichen Botschaft in Luthers Bibelübersetzung, Luther
51, 1980, 9–25; W. V. LOEWENICH, Entstehung und Geschichte der
Lutherbibel, ebd. 45–49.

kungen jenes Kerngeschehens, das allein im strengen und eindeutigen Sinne Wiederentdeckung der Bibel in der Reformation zu heißen verdient. Die Folgeerscheinungen dagegen sind, genau genommen, ambivalent. Denn die Verbreitung einer noch so sachgetreuen und sprachgewaltigen Übersetzung garantiert nicht den rechten Umgang mit ihr, wie die Geschichte des Bibelgebrauchs im Protestantismus beweist. Ist es schon zweierlei, die Bibel zu haben und von ihr Gebrauch zu machen, so ist es erst recht zweierlei, ob ihr Licht beim Gebrauch künstlich verdunkelt wird oder ob es sozusagen natürlich, aus sich selbst heraus, zum Leuchten kommt. Und allein darum ging es bei der Wiederentdeckung der Bibel in der Reformation.

2. Wenn im Blick auf die Gegenwart vom Verlust der Bibel die Rede ist, so verbinden wir damit zunächst die undifferenzierte Vorstellung von ihrem einfachen Entschwinden: aus den Augen, aus dem Sinn. Das ist ein völlig anderer Zustand als der spätmittelalterliche, dem gegenüber man von einer Wiederentdeckung der Bibel in der Reformation spricht. In der Tat hat sich die Situation so grundlegend gewandelt, daß sich im Rückblick die Perspektive verändert. Die Reformation wirkt | nun wie eine bloße Variante des Mittelalters. Und ihre sogenannte Wiederentdeckung der Bibel, deren Hochschätzung doch gar nicht in Frage gestanden hatte, scheint verglichen mit dem, was heute erforderlich wäre, so anderer Art zu sein, daß man sich von der Reformation wenig Hilfe für die gegenwärtige Problematik verspricht. Gemessen an der jetzigen, wie es scheinen könnte, tödlichen Bedrohung der Bibel möchte man das, was die Menschen im 16. Jahrhundert erregte, geradezu für eine religiöse Luxuserscheinung halten.

Nun sind die Symptome unserer Zeit allerdings höchst widersprüchlich. Auf der einen Seite ist die Entfremdung von der Bibel zu einem Massenphänomen geworden. Eine durchgreifende Trendwende ist in dieser Hinsicht kaum bald, wenn überhaupt, zu erwarten. Der Bibelgebrauch ist weithin auf den kirchlich institutionalisierten Umgang mit ihr reduziert. Ihre Rolle als Hausbuch und als privates Andachtsmittel ist stark geschrumpft. Die Zahl derer, die keine oder nur eine ganz verzerrte Vorstellung von ihr

haben, ist weiter im Wachsen. Die Bibelkenntnis ist bis in kirchen-
treue Kreise hinein, sogar bei Theologiestudenten, erschreckend
gering. Und selbst bei gutem Willen fühlt man sich dem Dickicht
dieses Buches gegenüber hilflos. Auch unter politisch denkbar
freiheitlichen Verhältnissen, die den Kirchen sogar noch gewisse
Privilegien wie den schulischen Religionsunterricht einräumen, ist
diese Entfremdungstendenz anscheinend kaum aufzuhalten. Sie
wird vom Sog des Zivilisationsgefälles und seiner vorherrschenden
kulturellen Erscheinungen vorangetrieben und zum Teil noch gefördert durch fragwürdige religionsdidaktische Theorien[18] oder
auch einfach durch einen desolaten Zustand pädagogischer Praxis.

Dem steht jedoch auf der anderen Seite eine Fülle von Anzeichen gegenüber, die auf ein außerordentlich starkes Interesse an
der Bibel hindeuten. An der hohen Verkaufsrate von Bibeln und
Bibelteilen muß man freilich einige Abstriche machen[19]. Der Preis
ist vielfach subventioniert und die Verteilung weithin dirigiert. Es
gibt wohl Länder mit ungestilltem Hunger nach Bibeln – dort gelten
sie bei der Grenzkontrolle neben Waffen als gefährlichste Import-
ware –, während in anderen Ländern verschenkte Bibeln unbenutzt
verstauben. Jedoch trägt die wachsende Zahl neuer Bibelüberset-
zungen zweifellos einem tiefen Bedürfnis Rechnung, nicht nur
weiterer Verdolmetschungen in fremde | Sprachen für außenmissio-
narische Zwecke, sondern auch und vor allem moderner Versio-
nen, die als Bestseller zu den Standard-Übersetzungen in Konkurrenz treten. Man darf daraus nun doch auf eine nicht unerhebliche
Zahl von Bibellesern schließen, auch solchen, die dies außerhalb
kirchlicher Bindungen oder pietistisch-evangelikaler Gemein-
schaftskreise betreiben, sei es in der Einsamkeit, wie man ja auch
sonst meist für sich allein zu lesen pflegt, sei es, wovon man gelegentlich hört, in der Gemeinsamkeit kleiner ganz säkularer Grup-

---

[18] Vgl. K. BORNKAMM, Die Bibel im Religionsunterricht. Eine Pro-
blemanzeige, ZThK 71, 1974, 325–360.

[19] Der Bestseller ohne Leser. Überlegungen zur sinnvollen Weiter-
gabe der Bibel, hg. v. S. MEURER. Bd. 16 der Reihe „Die Bibel in der
Welt". Jahrb. d. Ev. Bibelwerkes, 1976.

pen mit brennendem Interesse an der Bibel. Unter die hier zu
nennenden Symptome gehört endlich auch die Bibelwissenschaft,
die heute mit starkem Aufwand betrieben wird, in internationalem
und interkonfessionellem Austausch und mit offenen Grenzen
auch zum Judentum und zur allgemeinen Religionswissenschaft.
Kein Zeitalter vor uns besaß so verfeinerte und verläßliche Editio-
nen des biblischen Urtextes, ein so reiches Instrumentarium historischer und exegetischer Methoden und Hilfsmittel sowie ein so
gewaltiges, jährlich steigendes Angebot bibelwissenschaftlicher Literatur.

Zwei Größen in dem heutigen widersprüchlichen Erscheinungsbild rund um die Bibel repräsentieren am markantesten das Bemühen, die Bibel nicht in Verlust geraten zu lassen: die historisch-
kritische Bibelwissenschaft auf der einen und der fundamentalisti-
sche Biblizismus[20] auf der anderen Seite. Aber gerade sie beide
müssen sich nun gegenseitig des Vorwurfs erwehren, dem Verlust
der Bibel Vorschub zu leisten. Die Gegensätzlichkeit beruht darauf, daß die Bibelwissenschaft und der Biblizismus in einer kulturellen Situation, die durch die Entfremdung von der Bibel bestimmt ist, die Bibel auf extrem verschiedene Art lesen. Das damit
umrissene Problem ist überaus komplex. Denn die Gegenkonstel-
lation einer mit der Bibel vertrauten und verwachsenen Kultur
schließt ja keineswegs aus, daß sie dennoch im Zeichen einer
Überfremdung der Bibel steht, so daß deren Sache verdeckt und
verfälscht wird. Das kam einst durch die Reformation an den Tag,
trat dann aber durch den orthodoxen Protestantismus in gewisser
Weise erneut ein. Die Entfremdung von der Bibel in der Moderne
ist in erheblichem Maß eine Reaktion auf alle möglichen Arten von
Mißbrauch und Überfremdung der Bibel. Wieweit sich die Ableh-
nung nun gegen sie selbst richtet und wieweit nur gegen ihre Ent-
stellung, das bildet ein schwer entwirrbares Knäuel. Die Ursache
der weitgehenden faktischen Bibelvergessenheit heute ist also

---

[20] Dazu: J. Barr, Fundamentalism, London 1977; Ders., The Problem of Fundamentalism Today, in: Ders., The Scope and Authority of
the Bible (Explorations in Theology 7), London 1980, 65–90.

mehrdeutig. Das macht die Gegensätz|lichkeit der darauf wieder-
um eingetretenen Reaktionen verständlich, aber auch die Gefahr,
daß man der Entfremdung von der Bibel durch neue Weisen ihrer
Überfremdung zu begegnen sucht.

Es liegt so nahe, den offensichtlichen Verlust der Bibel nur
schlechtem Willen und bösen Mächten zur Last zu legen. Die Treue
zu ihr versteht man dann als einen Akt unbedingter Unterwerfung.
Der innere und äußere Einsatz, der sich mit solcher Einstellung
verbindet, kann respektabel sein. Ich stehe nicht an, mit Hochach-
tung von der Hingabe derer zu sprechen, die sich mit Betonung
bibelgläubig nennen, weil sie mit Ernst Christen sein wollen. Ist es
doch nur allzu berechtigt, als Christ durch den Verlust der Bibel
heute alarmiert zu sein. Daß sich viele evangelische Christen durch
die Entfremdung von der Bibel nicht beunruhigt fühlen, ist beschä-
mend. Sie geben sich nicht Rechenschaft darüber, in welchem Maß
sie kritiklos vom Sog der Zeit erfaßt sind. Und sie gestehen sich
nicht ein, wie stark dennoch die Kirche auch heute von einer
lebendigen Bibelfrömmigkeit zehrt, obwohl diese vielfach an den
Rand gedrängt und für rückständig erklärt wird. Anderseits wird
ein nicht geringer Schaden angerichtet, wenn der Eifer blind macht
und die Sache der Bibel durch ein formalistisches Autoritätsver-
ständnis vergewaltigt wird. Das vermeintliche Insistieren auf dem
Buchstaben nimmt ihn in Wirklichkeit gar nicht ernst, wenn man
ihn isoliert und aus dem Sinn- und Verstehenszusammenhang her-
auslöst. Was sich dann in unbekümmertem Trotz oder auch in
bekümmerter Ängstlichkeit als Geist der Bibel ausgibt, ist eine
rationalistisch durchsetzte Bibelideologie und darin bestimmten
Zügen des Zeitgeistes gar nicht so fremd.

Dieser Fundamentalismus beschuldigt die historisch-kritische
Bibelwissenschaft des Verrats an der Bibel. Dazu mag allein schon
das zweideutige Schlagwort „Bibelkritik" Anstoß geben: als richte
sich diese Kritik, analog etwa zur Atheismuspropaganda, gegen
den Text und die Sache der Bibel selbst und nicht vielmehr gegen
die Textverderbnisse in der Überlieferung und gegen die Sachent-
stellungen, die durch traditionelle Meinungen oder durch moderne
Mißverständnisse hervorgerufen sind. Insofern strebt die moderne

Bibelwissenschaft gerade die Wiedergewinnung des Echten an, wobei die permanente Selbstkorrektur zum kritischen Prinzip geworden ist. Die Bemühung um den Buchstaben und das Ringen um den Sinn der Bibel, wie sie hier zur Methode erhoben sind, kann man grundsätzlich nicht überbieten, weil jede nur denkbare Überbietung bereits mit intendiert ist. Allerdings ist es begreiflich, daß sich der schlichte Leser schockiert fühlt, wenn durch das analytische Verfahren der historisch-kritischen Exegese der Text der einen Bibel in diffuse Fragmente zu zerfallen droht und wenn infolgedessen gewohnte | Vorstellungen dahinfallen, die man naiv mit der Bibel identifizierte, und das vertraute Bild sich verfremdet. Begreiflich erst recht, daß den Bibelleser ein tief mißtrauisches Befremden ankommt angesichts gewagter Hypothesen oder leichtfüßiger Eskapaden, wie sie nun einmal zum Konkurrenzkampf der Wissenschaftler gehören und sogar als Irrwege gelegentlich eine nützliche Funktion im Gang der Forschung versehen. Begreiflich ist darum nicht zuletzt auch dies: Ein vermeintlich gläubiges Wahrheitsverständnis, das sich grobschlächtig an Fakten orientiert und sich darin ahnungslos mit einem an sich gesunden wissenschaftlichen Positivismus berührt, fühlt sich dadurch irritiert, daß die historische Bibelwissenschaft Glaubensgewißheit weder vermitteln kann noch will. Hier setzen nun aber trotzdem auch berechtigte Bedenken mit ein. Blockiert nicht der hochspezifizierte wissenschaftliche Umgang mit der Bibel den Zugang zu ihr, nicht nur für den durchschnittlichen Bibelleser, sondern auch für den studierten Theologen, ja sogar für den alt- oder neutestamentlichen Fachexegeten, der sich oft genug in bestimmten Auslegungsfragen ebenfalls für inkompetent erklären muß? Schließt nicht die Dispensierung von der Gesamtverantwortung für den Umgang mit der Bibel die Gefahr in sich, daß der Betrieb der Bibelwissenschaft mit großem Fleiß und aller Finesse einen sterilen Leerlauf produziert? Man ist dann mit sich selbst beschäftigt und hat den Kontakt mit der Sache der Bibel verloren wie auch mit der Kirche als dem vornehmlichen Ort des lebensbezogenen Bibelgebrauchs. Die Klage über solche Mangelerscheinungen ist nicht unberechtigt. Sie aber zu einer pauschalen Anklage gegen die akademische Theologie werden zu las-

sen, muß als völlig verfehlt zurückgewiesen werden. Denn nur in
einer nach allen Seiten hin offenen Rechenschaft kann die Bibel die
ihr gemäße Autorität zur Geltung bringen.

III

Der Rückblick auf die Reformation zeigte es und die Besinnung
auf die Gegenwart bestätigte es: Die Rede von Verlust und Wiederentdeckung ist doppelsinnig. Entweder meint sie etwas, was aus
dem Gesichtskreis schlechtweg entschwunden ist. Oder sie meint
etwas, was man selbstverständlich hat, ohne jedoch zu realisieren,
was man in Wahrheit daran hätte. Die Reformation entzündete
sich an der letztgenannten Situation: Man hatte die Bibel, ohne sich
jedoch des Wesentlichen an ihr bewußt zu sein. Heute hingegen
tritt, was die Bibel betrifft, zunächst die erstgenannte Situation in
das Blickfeld: der völlige Verlust | der Bibel. Aber selbst da, wo die
Bibel noch gelesen wird, schwindet die Erfassung des Wesentlichen
an ihr. Das leistet wiederum ihrem völligen Verlust Vorschub. So
ist unsere Situation von der des 16. Jahrhunderts zwar tief verschieden, berührt sich aber mit ihr. Denn beides: Verlust der Bibel
schlechthin oder Verlust des Wesentlichen an ihr, läuft im End-
effekt auf dasselbe hinaus. Deshalb verspricht auch die Wiederentdeckung der Bibel in der Reformation Hilfe für beide Fälle. Das
wird sofort deutlicher, wenn man darüber nachdenkt, was einem
eigentlich verloren geht, wenn man so oder so die Bibel verliert. Ich
gebe darauf thetisch eine dreifache Antwort: Verlust der Bibel
bedeutet Bildungsverlust, Sprachverlust und Lebensverlust. Mit
einigen Strichen seien Probleme angedeutet, die sich dabei stellen,
und Erläuterungen dazu gegeben, inwiefern sich die Reformation
auch heute als Wegweiser zur Bibel bewährt.

1. Daß der Verlust der Bibel *Bildungsverlust* bedeute, klingt
nach verschiedenen Richtungen hin provokativ. Man entsinnt sich
an die nun freilich schon lange zurückliegende Verwendung der
Bibel als Elementarbildungsmittel, als Schulbuch, was den Ge-
schmack an ihr verdorben und sie einem verekelt habe. Oder man
demonstriert mit einer Menge von Beispielen aus der Naturkunde,

der Historie und den Humandisziplinen, daß die Bibel zu einem
Bildungshemmnis wurde und daß der Bildungsfortschritt gegen
den Bibelglauben erkämpft werden mußte[21]. Oder man protestiert
aus theologischen Gründen gegen das Besorgtsein um menschliche
Bildungsgüter, wenn es um Gottes Wort gehe. All das ist unbestreitbar richtig. Dennoch ist die Behauptung, der Verlust der
Bibel bedeute Bildungsverlust, keineswegs ein bloßes Reizmittel,
um Aufmerksamkeit und Widerspruch zu erregen. Ich meine etwas
auch theologisch sehr Gewichtiges, wenn ich auf die Bibel als
Bildungsfaktor hinweise.

Eingangs sprach ich bereits von der geschichtlichen Weite, in die
uns die Bibel hineinnimmt. Ihre Entstehungsgeschichte umfaßt
mehr als ein Jahrtausend, ihre bisherige Wirkungsgeschichte zwei
weitere Jahrtausende. Wer die Bibel liest, stößt auf verschiedene
Kulturen; wer ihrer Ausstrahlungs- und Auslegungsgeschichte
folgt, gerät mit hinein in weltweite Konfrontationen und Amalga-
mierungen. Schon der einfache Bibelleser kommt an der geschichtlichen Tiefendimension, die sich hier auftut, und an der geradezu
bedrängenden Vielfalt geschichtlicher Erscheinungen nicht vorbei.
Die Bibel bietet für das Phänomen menschlicher Ge|schichte einen
solchen Anschauungsunterricht und treibt so sehr zum Weiterfra-
gen an, daß ihr Verlust durch nichts Vergleichbares aufgewogen
werden kann. Es wäre zwar falsch, das historische Denken der
Neuzeit aus der Bibel herleiten zu wollen. Jedoch ohne das Ver-
trautsein mit der Welt der Bibel wäre die Entstehung des neuzeitlichen historischen Denkens nicht möglich gewesen. Und die völlige
Entfremdung von der Bibel befördert offensichtlich die Tendenz,
Geschichte zu rationalisieren, sie zu manipulieren oder sich von ihr
überhaupt zu emanzipieren.

Zur geschichtlichen Weite kommt der literarische Reichtum:
Erzählungen und Legenden, mythische Aussagen und apokalypti-
sche Visionen, Poesie und Weisheitssprüche, Gesetzestexte und

---

[21] Vgl. K. SCHOLDER, Ursprünge und Probleme der Bibelkritik im
17. Jahrhundert. Ein Beitrag zur Entstehung der historisch-kritischen
Theologie, 1966.

Verheißungen, Hymnen und Gebete, Gleichnisrede, Verkündigung und theologische Reflexion – all das befindet sich hier in Fülle
beieinander und ineinander. Seine im einzelnen vielfach vollendete
Gestalt wird nicht beeinträchtigt durch den häufigen Mangel an
kompositorischer Ordnung. Dessen historische Erklärung etwa
durch Quellenscheidung schließt die Deutung nicht aus, die Luther
z. B. dem bunten Durcheinander verschiedenartiger Gesetze in der
mosaischen Tora gibt: „... Mose schreibt, wie sichs treibt. Das sein
Buch ein bild vnd Exempel ist des Regiments vnd Lebens. Denn
also gehet es zu, wenn es im schwang gehet, das jtzt dis werck jtzt
jenes gethan sein mus. Vnd kein Mensch sein Leben also fassen
mag (so es anders Göttlich sein sol) das er diesen tag eitel geistlich,
den andern eitel weltlich Gesetze vbe, Sondern Gott regiert also
alle Gesetze vnternander, wie die Stern am Himmel, vnd die Blu-
men auff dem Felde stehen, Das der Mensch mus alle stunde zum
jglichen bereit sein, vnd thun welchs jm am ersten fur die hand
kompt, Also ist Mose Buch auch vnternander gemenget."[22]
  Zu diesem literarischen Reichtum und seiner Lebensnähe fügt
sich, daß die Bibel alle Register des Menschlichen in sich vereint:
Begnadetsein und Verlorensein, Verfehlung und Vergebung,
Angst und Befreiung, Klage und jubelnden Lobpreis, Leiden und
Trost, Verzweifeln und Hoffen, Tod und Leben, Lieben und Ge-
liebtsein. Diese urmenschlichen Erfahrungen und Affekte konkretisieren sich hier in zahllosen Situationen, die aber alle als Varianten der einen Grundsituation des Menschen vor Gott erfaßt und
hineinverflochten sind in die Geschichte Gottes mit seinem Volk.
Aus dem Umgang mit solchen Zeugnissen der Menschlichkeit erwächst Herzensbildung gerade auch bei sogenannten Ungebilde-
ten. Mag auch die Orientierung auf die reformatorisch verstandene
Mitte der Schrift hin fehlen oder verlorengegangen sein. Trotzdem
liegt noch in den einzelnen biblischen Bruchstücken eine den Menschen bildende Kraft. Ihre Bedeutung wird einem erst bewußt,

---

[22] WADB 8; 18,35–20,5 = 19,35–21,5 (Vorrede auf das Alte Testament, 1523/1545). Martin Luthers Vorreden zur Bibel, hg. v. H. BORN-
KAMM (it 677), 1983, 48.

wenn man sich die Folgen eines völligen Verlustes der Bibel vor
Augen hält.

Der Hinweis auf die Bibel als Bildungsfaktor schlägt allerdings
leicht in das Bedenken um, ob ihre Lektüre nicht ein Übermaß an
Bildung erfordere. Selbst dem akademisch gebildeten Theologen
droht angesichts des exegetischen Spezialistentums der Mut zur
Bibel zu entsinken. Wie soll dann der sogenannte Laie zu einem so
gewaltigen vielschichtigen Buch einen unmittelbaren Zugang finden, ohne sich mit schlechtem oder gar mit allzu selbstsicherem
Gewissen über historische und kritische Fragen hinwegzusetzen?
Der allgemeine Bibelgebrauch steht heute, verglichen mit dem 16.
Jahrhundert, unter sehr erschwerten Bedingungen. Der eigenen
Erbauung dienen ohnehin meist nur Teile oder gar bloße Partikel
der heiligen Schrift. Angesichts dieser Lage gibt es gewiß keinen
einfachen Lösungsvorschlag. Ungleich schwerer als die sprachlichen Verständnisprobleme, die zur Revision der Lutherüberset-
zung Anlaß geben, wiegt m. E. die Tatsache, daß in den späteren
Ausgaben der Lutherbibel seine Vorreden[23] und Randglossen er-
satzlos fortgefallen sind. Hier neu anzusetzen, ist allerdings nur
unter zwei Bedingungen möglich: Die dem Bibelleser zu bietende
Hilfe darf nicht davor zurückschrecken, als intellektuelle Zumutung empfunden zu werden. Die theologische Verantwortung aber
muß sich mehr als bisher der Aufgabe zuwenden, die verwirrende
Masse des exegetischen Materials auf eine sachintensive Interpretation hin zu sichten und dabei um Konsensstiftung im theologisch
Elementaren bemüht zu sein.

2. Wenn der Verlust der Bibel *Sprachverlust* bedeutet und ihre
Wiederentdeckung Sprachgewinn bringt, dann verbindet sich hier
mit dem Begriff Sprache das Wissen um einen Spielraum, in dem
außerordentlich viel auf dem Spiele steht. Es ist zweierlei: Sprache
haben in dem Sinne, wie der Mensch nun einmal das Wesen ist, das
Sprache hat, und eine Sprache finden, die, wie man sagt, den Nagel
auf den Kopf trifft. Das Sprachvermögen garantiert nicht Sprach-

---

[23] Zu ihrer Charakterisierung: BORNKAMM (s. vorige Anm.), 11–38
(Einführung).

vollmacht. Deshalb ist es ebenfalls zweierlei: Sprache als grammatikalisches Instrument, das es in verschiedenen volkssprachlichen Systemen gibt, und Sprache als konkret gesprochene Sprache, als aktualisierte Wirklichkeitserfassung, die, wie z. B. ein Sprichwort, immer neu Sprachhilfe leisten kann. In diesem grob | skizzierten Spielraum vollziehen sich in verschiedenster Hinsicht Sprachverlust und Sprachgewinn: etwa als Sprachverarmung, die es unmöglich macht, seinen Empfindungen Ausdruck zu geben, so daß sie infolgedessen verkümmern; oder als Sprachzuwachs, der es erlaubt, etwa einer beängstigenden Situation mit einem tapferen Wort zu begegnen. „Es ist ja", sagt Luther in der Vorrede auf den Psalter, „ein stummer Mensch gegen einen redenden, schier als ein halb todter Mensch zu achten."[24]

Inwiefern mit dem Verlust der Bibel ein Sprachverlust eintritt, bemißt sich daran, welche Art von Sprachgewinn sie gewährt. Dieser Sprachgewinn besteht gewiß nicht in einem bestimmten Jargon und Zungenschlag, den man äußerlich annimmt: daß man die Sprache Kanaans redet oder sich einer kirchlichen Sprachregelung anpaßt oder daß man Bibelsprüche wie etwas Fremdsprachiges daherredet. In derartigen Fällen schiene es fast besser, man verlöre die Fähigkeit solcher Sprachimitation zugunsten auch nur einer einzigen eigenen echten Äußerung, mag sie sprachlich noch so unbeholfen sein. Gewiß beschreibt die Entgegensetzung von Gottes Wort gegen Menschenwort die Art des Sprachgewinns, der von der heiligen Schrift zu erwarten ist. Dies schließt jedoch gerade ein, daß ein von mir nicht erfundenes, vielmehr an mich ergangenes Wort zu mir findet und in mich eingeht, so daß ich mit ihm ganz einig werde und sich mein Mund in einem geradezu sprachschöpferischen Geschehen zur Antwort auftut, weil das Herz übervoll ist. Deshalb besteht der Sprachgewinn durch die Bibel letztlich in der Ermächtigung zur Teilnahme an dem Gespräch, in das Gott den Menschen hereinzieht. Hier ereignet sich ein Angesprochensein von unbedingt gewißmachender Kraft, als Anspruch und Verspre-

---

[24] WADB 10,1; 100,10f = 101,12f (1528/1548). Bornkamm (s. Anm. 22), 66.

chen, als Schuldspruch und Freispruch. Und damit verbindet sich die Einladung, alles freimütig sagen zu dürfen im Bekennen der Sünde und der nicht genug zu preisenden Gnade. Gerät die Bibel samt ihren Ausstrahlungen in Verlust, so tritt ein Sprachverlust ein, der die Zwiesprache mit Gott verstummen läßt. Die Möglichkeit schwindet dann, die Schönheit und die Schrecklichkeit der Welt, die Freude und die Angst des eigenen Herzens, das Gefordertsein und die Sehnsucht nach Halt und Trost so zur Sprache zu bringen, daß sie vor Gott und von Gott her zur Wahrheit gelangen. Dafür fehlen einem nun die Worte, Bilder und Vorbilder, die Beispiele und Ermutigungen, die Erzählungen und überlieferten Erfahrungen, die Gebote und Zusagen, – kurz, der Sprachraum der Bibel als eine unerschöpfliche Sprachhilfe. Man verliert dann auch den Beistand einzelner | Sprüche oder Gebetsworte, die nun nicht mehr dem Gedächtnis innewohnen und die darum dem Sprachloswerdenden keine letzte Zuflucht und Bleibe mehr gewähren. Hier hilft es dann auch nicht mehr, die Bibel einfach anzubieten. Ihre Sprache wirkt wie eine Fremdsprache, die man nicht versteht. In unverständlich fremdsprachiger Umgebung vereinsamt und verzweifelt man vollends.

Das Problem der Fremdsprachigkeit der Bibel weist allerdings ganz verschiedene Schichten auf. Etwas vereinfachend kann man eine formale, eine relative und eine inhaltliche Fremdsprachigkeit unterscheiden.

Die Bibel in ihrer originalen Gestalt ist allerdings fremdsprachig in dem formalen Sinn, daß sie nicht in unserer Sprache verfaßt ist, vielmehr das Alte Testament nahezu ausschließlich auf hebräisch, das Neue auf griechisch. Daß die Bibel in dieser spannungsvollen Zweiheit eine so tiefe Sprachdifferenz und einen so bedeutsamen Übersetzungsvorgang bereits in sich selbst birgt, ist, so möchte man geradezu sagen, providentiell, eine Fügung im Blick auf den Übersetzungsweg in alle Sprachen. Von dieser formalen Fremdsprachigkeit gilt ein Doppeltes. Zum einen: Der Weg zurück zu den Ursprachen der Bibel muß offengehalten werden. Denn keine Übersetzung vermag das Original zu ersetzen. Luthers Mahnung gilt deshalb der heutigen Schulpolitik zum Trotz: „So lieb nu alls uns das

Euangelion ist, so hart last uns uber den sprachen hallten... Und
last uns das gesagt seyn, Das wyr das Euangelion nicht wol werden
erhallten on die sprachen. Die sprachen sind die scheyden, darynn
dis messer des geysts stickt."[25] So notwendig nun aber der Rück-
gang auf die Originalsprachen ist, gilt doch zum andern auch dies:
Übersetzung ist möglich und notwendig. Die Reihenfolge dieser
beiden Gesichtspunkte mag überraschen. Läge es doch nahe zu
sagen: Leider zwar nötig, aber immerhin möglich. Ich möchte
jedoch beides stärker akzentuieren. Obwohl bei anspruchsvollen
Texten ein vollgenügendes Übersetzen[26] unmöglich ist, gilt für den
entscheidenden Aussagegehalt der Bibel, daß er durchaus über-
setzbar ist in alle Sprachen. Denn er ist ausnahmslos für alle Menschen bestimmt. Deshalb ist das Übersetzen hier nicht nur deshalb
nötig, weil die meisten nun einmal die biblischen Ursprachen nicht
verstehen. Das Übersetzen ist vielmehr die Vollstreckung des te-
stamentarischen Willens dieser beiden Testamente. Übersetzung
jeweils in die eigene Muttersprache ist in tiefstem Sinne dazu
not|wendig, diese selbst zu einem Gefäß für die Sache der Bibel
umzuformen. Man mag hebräisch und griechisch noch so gut ge-
lernt haben; das erspart es einem nicht, das Wort der Schrift in die
eigene Sprache aufzunehmen. Die Kenntnis der fremden Sprachen
soll letztlich allein dazu dienen, die Fremdsprachigkeit der Bibel zu
überwinden und das Wort der Schrift in der eigenen Sprache zu
vernehmen und wirksam werden zu lassen.

Dem Sprachkundigen relativiert sich ohnehin die Differenz zwischen der fremden und der eigenen Sprache. Das hat für jedermann
seine Analogie in dem, was ich die relative Fremdsprachigkeit
nenne: Bis zu einem gewissen Grade versteht man die Sonderspra-
chen bestimmter Lebensbereiche und auch die Ausdrucksformen
einer z. T. veralteten Sprache, obwohl man selbst sich ihrer nicht
bedient. Denn mit dem Leben wandelt sich eine Sprache und

---

[25] WA 15; 37,17f 38,7–9 = BoA 2; 451,7f. 25–27 = IL 5,53f (An die
Ratsherrn..., 1524).
[26] Vgl. den aufschlußreichen Sammelband: Das Problem des Über-
setzens, hg. v. H. J. Störig (WdF VIII), 1969.

bewahrt dennoch Kontinuität. Hier wurzeln Bedürfnis und Recht
der anhaltenden Bemühung um die Bibelübersetzung. Das Interesse daran kann sich mit guten Gründen polarisieren. Neue Übersetzungen versuchen teils den Urtext besser durchscheinen zu lassen,
teils sich der Gegenwartssprache stärker zu nähern. Dementsprechend tendieren die einen mehr ins Akademische, die andern mehr
ins Vulgäre. Beides kann einen gewissen Nutzen bringen. Ungleich
besser freilich ist die innige Verbindung größtmöglicher Sachnähe
und Sprachkraft. Dadurch zeichnete sich die Lutherbibel aus. Heute ist sie jedoch relativ fremdsprachig geworden. Von revidierbaren
Unerheblichkeiten abgesehen, ist die Lutherbibel zwar immer
noch voll verständlich, sie klingt aber altertümlich, ist mit einer
bestimmten Frömmigkeitspatina behaftet und exegetisch in mancherlei Hinsicht anfechtbar. Deshalb können neben ihr andere
Übersetzungen gute Dienste leisten. Jedoch läßt sich mit Sicherheit
sagen: Keine von ihnen kann die Lutherbibel ersetzen. Keine hat
auch nur annähernd die Aussicht auf eine vergleichbare Anerkennung und dementsprechend auf einen kirchlich verbindenden Gebrauch. Keine hat, was damit zusammenhängt, eine ähnlich rezi-
tierfähige und memorierfähige Sprachgewalt; denn lebendige Fri-
sche wird durch erkennbares Alter ebensowenig aufgehoben, wie
sie durch aufdringliche Modernität zustande kommt. Keine
schließlich ist von einer so sehr aus der Mitte der Schrift gespeisten
Gesamterfassung der Bibel geprägt. Das hängt an dem kontingen-
ten Ereignis der Reformation und an der nicht beliebig verfügbaren
Vollmacht des Reformators. Bis sich in dieser Hinsicht etwas tief-
greifend Neues einstellt, wird man beides zu einem sinnvollen
gemeinsamen Gebrauch vereinen müssen und können: die Einzig-
artigkeit der nur behutsam zu revidierenden Luther-Bibel als
einer Art deutscher Vulgata und die Pluralität konkurrierender |
moderner Übersetzungen. Natürlich wäre die Meinung absurd,
man verlöre mit der Luther-Übersetzung die Bibel überhaupt.
Anderseits wäre die Erwartung allzu übertrieben, man könne mit
einer Revision des Luther-Textes, die so weit geht, daß dadurch die
Konkurrenz moderner Übersetzungen ausgeschaltet wird, oder gar
mit solchen neuen Übersetzungen selbst Entscheidendes zur Wie-

derentdeckung der Bibel tun. Als Illusion muß dies jedenfalls dann gelten, wenn man Wiederentdeckung in dem Sinne versteht, wie die Bibel in der Reformation wiederentdeckt worden ist.

Denn die inhaltliche Fremdsprachigkeit der Bibel stellt das Hauptproblem dar. Auch für die formal gleichsprachige Umwelt des Alten wie des Neuen Testaments war die biblische Sprache eine fremde Sprache. Darauf aufmerksam zu machen und diesen Sachverhalt theologisch zu durchdringen, ist die wichtigste Aufgabe historischer Exegese und sachintensiver Interpretation. Mit inhaltlicher Fremdsprachigkeit meine ich, wie Luther einmal sagt, daß das Wort Gottes stets als adversarius noster, als unser Widersacher kommt[27]. Denn eben so tritt Gott für uns ein, die wir als seine Widersacher weder wissen noch wollen, was uns wahrhaft frommt. Deshalb gibt Luther den Rat, die Schrift antithetisch zu interpretieren und auf den jeweils ausgeschlossenen Gegensatz zu achten[28]. So belehrt er auch in der Vorrede zum Römerbrief den Leser: die paulinischen Grundbegriffe Gesetz, Sünde, Gnade, Glaube, Gerechtigkeit, Fleisch, Geist und dergleichen seien durchweg anders zu verstehen, als man menschlicherweise meine[29]. Daraus ergibt sich für die Übersetzungsaufgabe die Warnung, das berechtigte Streben nach Verständlichkeit nicht etwa auf die Weise zu befriedigen, daß man den Text seiner Schärfe beraubt, seiner anstößigen, zum Umdenken nötigenden Gegenläufigkeit. Das könnte in bezug auf die Bibel nur zu einem Scheingewinn führen, der den Verlust der Bibel verschleiert.

3. Der Verlust der Bibel, so sagte ich schließlich, bedeutet *Lebensverlust*. Diese These illustriert das zuletzt Gesagte. Sie provoziert die Antithese: Das Leben gehe doch weiter auch ohne Bibel, sogar besser, wie viele meinen, dank der Emanzipation von ihr. Nun ließen sich wohl gewisse Mißverständnisse aufklären, die sol-

---

[27] WA 3; 574,10 f (1. Ps. Vorl., 1513/15).

[28] WA 40,1; 391,3–5 (Gal. Vorl., 1531). WA 18; 782,21–24 = BoA 3; 287,12–17 (De serv. arb., 1525).

[29] WADB 7; 2,17–12,26 = 3,17–13,26 (1522/1546). BORNKAMM (s. Anm. 22), 177–184.

cher Meinung zugrunde liegen. Man könnte mit Recht etwa auf die unbekannt gewordene quellende Lebensfülle der Bibel selbst verweisen. Man gebe aber acht, dabei nicht | in ästhetischen Beobachtungen hängen zu bleiben, so wichtig sie sind. Man könnte auch auf Entdeckungen in der Bibel ausgehen, um sie wie einst in der Reformation aus lähmenden doktrinären und institutionellen Banden zu befreien. Anlaß und Gelegenheit dazu bestehen zweifellos. Und die Bereitschaft für Überraschungen gehört in der Tat zum rechten Bibelstudium. Man prüfe sich aber genau: Steht man dabei der Sache nach wirklich auf seiten der Reformation und nicht etwa im Banne schwärmerischer Wunschvorstellungen, die der Bibel zuwiderlaufen? Den Lebensbezug der Bibel könnte man dem heutigen Menschen endlich auch dadurch schmackhaft zu machen versuchen, daß man ihr vornehmlich Handlungsanweisungen entnimmt, insbesondere politische Impulse und Visionen[30]. Wer wollte, zumal wenn er von Luther gelernt hat, bestreiten, daß der rechte ethische Brauch des Gesetzes nicht zum Privatisieren anhält, sondern zur Mitverantwortung für das Zusammenleben und daß sich der Glaube ins Weltliche hinein auswirkt? Man berufe sich dafür nun aber ja nicht mit so manchen politischen Theologien von einst oder jetzt kurzschlüssig direkt auf das Alte Testament. Man mache sich auch nicht etwa das Neue Testament durch Verstümmelung fügsam, indem man die eigene Ideologie in ein Jesusbild projiziert und Jesus bloßes Vorbild sein läßt, dagegen weder auf ihn selbst als Glaubenszeugen hört – „Du hast Worte des ewigen Lebens!"[31] – noch auf das paulinische und johanneische Zeugnis, daß er der Weg, die Wahrheit und das Leben[32], daß er mein Leben[33] ist. Denn darum geht heute wie eh und je der Streit: was wahres Leben sei. Spricht die Bibel von ewigem Leben, so erklärt sie unser Leben, das unfrei um sich selbst kreist und sich selbst gewinnen will, für bereits

---

[30] Vgl. J. BARR, The Bible as a Political Document, in: DERS., The Scope... (s. Anm. 20), 91–110; R. SCHÄFER, Politischer oder christlicher Glaube, ZThK 71, 1974, 181–226.

[31] Joh 6,68.

[32] Joh 14,6.

[33] Phil 1,21; Gal 2,20.

verloren, und sie verheißt ein Gott gemäßes, von ihm geschenktes und auf ihn zugehendes Leben, das mitten in der vergänglichen Weltzeit bereits die herrliche Freiheit der Kinder Gottes ankündigt. Diese letzte Wendung entstammt dem Römerbrief[34]. Ihn nennt Luther ein helles Licht, völlig ausreichend, die ganze Schrift zu erleuchten, und ein tägliches Brot der Seelen. Und er fügt hinzu: „... wer diese Epistel wol im hertzen hat, der hat des alten Testaments liecht vnd krafft bey sich.“[35]. |

Auf dem Titelblatt der Wittenberger Gesamtausgaben der Deutschen Bibel seit ihrem ersten Erscheinen im Jahre 1534 steht in der Sprache jener Zeit eine Art Copyright, der Hinweis auf das Druckprivileg: „Begnadet mit Kurfürstlicher zu Sachsen Freiheit“[36]. Mit den Kurfürsten zu Sachsen ist es vorbei. Die Bibel aber geht ihren Weg weiter aus eigenem Recht wie im Grunde damals schon. So bleibt von jenem Copyright eine Wendung übrig, die wie ein Motto aufs kürzeste angibt, was die Bibel bezeugt und verspricht: ein Leben, von dem uneingeschränkt gilt: „Begnadet mit Freiheit“.

---

[34] Röm 8,21.
[35] WADB 7; 2,15f.7f 26,15f = 3,15f.7f 27,24f (Vorrede auf Röm, 1522/1546). BORNKAMM (s. Anm. 22), 177.196.
[36] WADB 2; 545.566.588.611.622.637.657.660.675.677.688. Der den Bibeln selbst nach dem Titelblatt vorangestellte Text des kurfürstlichen Privilegs vom 6. Aug. 1534 und seine handschriftliche Ausfertigung s. in: VOLZ (s. Anm. 7), 157. Vgl. WADB 2; 546 (Bl. 2ᵃ).

Erneuerung aus der Bibel*[1]

I. „Erneuerung aus der Bibel" angesichts des allgemeinen Rufs nach Erneuerung

1. Der Ruf nach Erneuerung ist eine nur allzu bekannte Urmelodie unseres Lebens und deshalb fast immer dasselbe alte Lied. Die Verhältnisse veralten und verrotten, und wir selbst altern und erlahmen. Das verleiht dem Reizwort Erneuerung bunteste Klangfarben und eine ungeheuer starke Resonanz. Trotz allem Auffrischen und Verändern bleibt es aber im Grunde immer wieder beim alten. Wie sollte dies auch anders sein, solange der Mensch nicht anders wird?

Resignation wäre jedoch der Tod. Und die Abstumpfung gegen den Ruf nach Erneuerung machte sich all des Elends mitschuldig, aus dem er entspringt. Der Ruf zielt auf unser Gewissen, in welcher Zuspitzung er uns auch erreichen mag: etwa daß die Beziehungen zwischen Ost und West, Nord und Süd einer durchgreifenden Erneuerung bedürfen und nicht minder die gesellschaftlichen Verhältnisse quer durch alle Völker; daß sich der Umgang mit der Natur ebenso wandeln müsse wie die Einstellung zum geschichtlichen Erbe und Auftrag, zu Bildung und Moral. Jede einzelne dieser Konkretionen trifft uns in unserer Mitverantwortung. Solche Erneuerungsrufe sind jedoch erschreckenderweise nicht voneinander

---

* In: Erneuerung aus der Bibel, hg. von S. Meurer, Bd. 19 der Reihe „Die Bibel in der Welt", Jahrb. d. Deutschen Bibelgesellschaft (Ev. Bibelwerk), 1982, 14–26.
[1] Vortrag auf der Synode der EKD in Fellbach am 3. November 1981.

trennbar und übertönen einander. So erzielen sie leicht den gegenteiligen Effekt: fanatische Willkür oder verantwortungsloses Treibenlassen. Dieser allgemeine Hintergrundslärm unserer Zeit wird durch das Bibelthema nicht abgeschaltet, im Gegenteil, nun erst recht droht er zu unerträglicher Lautstärke anzuschwellen.

Was soll da die Parole „Erneuerung aus der Bibel"? Was richten wir damit aus? Was richten wir damit an? Haben wir mit der Bibel etwa ein Rezeptbuch für alle möglichen Erneuerungsbedürfnisse anzubieten? Durch solchen Augenschein liefen wir gerade Gefahr, alles, was nach Erneuerung schreit, als Zeugen oder gar als Urteilsinstanz gegen die Bibel aufzubieten. Bestenfalls wird uns ein Spiegel vorgehalten: wie sehr doch auch die Christenheit erneuerungsbedürftig ist, und zwar vornehmlich in ihrem Verhältnis zur Bibel. Man pflegt statistisch zu erhärten, was ohnehin jeder wache Mensch weiß: die trotz eindrücklicher Gegenanzeigen um sich greifende Bibelschwindsucht der Moderne. Verständlich, daß man noch einen Schritt weiter geht und die alte Bibel selbst für erneuerungsbedürftig hält, zumindest in Richtung auf ein marktkonformes, werbewirksames Angebot. Wäre | nicht deshalb die bescheidenere Thematik angebracht: durch welche Methoden der Umgang mit der Bibel zu beleben und ein neuer Zugang zu ihr zu finden sei? Die Bibel also als Zielgegenstand und nicht als Quelle der Erneuerung?! Erneuerung der Bibelfrömmigkeit, nicht aber eine universale Erneuerung aus der Bibel?!

2. In der Tat gilt es, die Besinnung statt auf vielerlei auf einen einzigen Brennpunkt zu richten. Und der sind wir: unsere Erneuerung aus der Bibel. Allerdings bleibt es dabei: Der Lärm unserer Zeit kann nicht und darf auch nicht abgeschaltet werden. Das schließt aber nicht aus, daß wir ihm zum Trotz und letztlich ihm zugute in die Stille gehen. „Erneuerung aus der Bibel" ist Gegenstand nicht spektakulärer Massendemonstrationen, sondern gesammelten Nachdenkens und Zu-sich-selbst-Kommens. Denn eines ist: sich in die Probleme und Umtriebe der Zeit zu verzetteln und zu verlieren oder auch unter tausendfacher Zerstreuung sich vor ihnen zu drücken und die Bibel höchstens vage oder bloß zum Schein dabeizuhaben. Und ein anderes ist: sich auf die Bibel zu

konzentrieren, ihren Text zu studieren, ihr Wort zu meditieren und in diesen Vorgang alles mit eingehen zu lassen, was unsere Weltverantwortung betrifft. Zwischen dem einen und dem anderen Extrem gibt es im Lebensvollzug wohl mancherlei Abstufungen und Mischungen. Aber nur dann wird unsere Weltverantwortung durch eine Erneuerung aus der Bibel berührt, wenn wir dem Stillewerden und dem Hören auf die Bibel Zeit und Kraft einräumen.

In diese Richtung weist auch die allgemeine Erfahrung. Die oft so vergeblichen Bemühungen darum, in Politik oder Wirtschaft, in kultureller oder sittlicher Hinsicht hilfreiche Erneuerungen in Gang zu setzen, münden schließlich immer wieder in das verlegene Eingeständnis: Eigentlich bedürfte es dafür einer neuen Denkweise, einer neuen Haltung, eines neuen Geistes – wie aber kann es dazu kommen? Die Antwort läge nahe: aus der Bibel! Mit Recht aber schrecken wir vor der Gegenfrage zurück, wie solche Auskunft denn einlösbar sein soll. Viel stärker freilich, als wir es wahrhaben wollen, erwartet man von der Kirche, daß sie ihren spezifischen Beitrag zu einer geistigen Erneuerung einbringt und daß sie vor allem andern den Mut aufbringt zur Konzentration auf die Bibel als die Quelle ihres Lebens.

Wenn dies geschieht, geht es uns selbst buchstäblich ans Leben, wie dies Paulus in Röm 12,1 f seiner Paränese vorausschickt: Unsere Leiber sind als Gott wohlgefälliges Opfer zur Verfügung zu stellen, und unser Denken hat sich einer Erneuerung in der Weise zu unterziehen, daß sich die Urteilskraft an dem Willen Gottes orientiert, und der reicht sehr viel weiter als zu bloßen Handlungsanweisungen für uns. So wird der Lebensvollzug zum Gottesdienst, und uns widerfährt, wie sich Paulus ausdrückt, eine Metamorphose, die aus dem Zwang zur Anpassung an die Welt befreit. Derartiges ist doch wohl mit „Erneuerung aus der Bibel" gemeint: eine Erneuerung nicht irgendwelcher Art, sondern nach Art der Bibel. Sie liefert keineswegs nur Anweisungen und Energien zu einem schon vorgegebenen Erneuerungskonzept. Sie mutet vielmehr eine Erneuerung des Denkens selbst zu und damit ein Umdenken auch in bezug darauf, was Erneuerung heißt, kurz, eine Erneuerung als Umdenken, als Buße, wie die biblische Vokabel metanoia (Sinnesänderung) in die Sprache der kirchlichen Tradition übersetzt worden ist. |

3. Geben wir dem statt, so rücken die technischen und didaktischen Fragen des Bibelgebrauchs in den zweiten Rang. Die dringlichere Frage ist die nach dem Bibelgehalt. Wir dürfen uns doch nicht einbilden, das Was sei uns klar, nur das Wie sei zu klären. Wirrnis und Streit um die Bibel, Bibelüberdruß und Bibelentfremdung verraten Unsicherheit oder falsche Sicherheit darüber, was denn das Wesentliche in ihr sei. Es mangelt an einem lebendig ausstrahlenden Konsens über das Gotteswort, das aus dem Bibelwort auf uns zukommt. Dagegen ist nicht einzuwenden, man solle die Bibel nur verbreiten und sie lesen, dann bringe sie sich schon selbst zur Geltung. Daran ist freilich etwas sehr Wahres. Die Bibel spricht für sich selbst. Das Auslegen vermag bestenfalls Hindernisse und Widerstände aufzuzeigen und sie bis zu einem gewissen Grade auszuräumen. Denn es ist zweierlei: Die Sache der Bibel mag sonnenklar sein, unser Sachverstand hingegen ist umnebelt. Deshalb bedarf es eines Kompasses, um sich in der Bibel zurechtzufinden. Wie ein gewaltiges Gebirgsmassiv bietet sie sich uns dar, weitläufig und zerklüftet, mit schwer zugänglichen Tälern und kaum ersteigbaren Gipfeln, einerseits hinreißend schön und imposant, andererseits aber auch abweisend schroff, fremd und unheimlich.

Eine Orientierungshilfe steht wohl in der Gefahr, durch Vereinfachen zu vergewaltigen. Der Schrift macht man gern Vorschriften. Davon weiß ihre Wirkungsgeschichte Betrübliches zu melden. Jedoch müssen Hinweise darauf, was die Bibel zu sagen hat, ihr durchaus nicht dreinreden, sondern können auch Augen und Ohren für sie öffnen. Dafür sind Luthers Bibelvorreden[2] ein hervorragendes Beispiel, wie nicht zuletzt die negativen Folgen erkennen lassen, die ihr Verschwinden aus den Bibelausgaben zeitigte. In der Tat wäre es schlimm, wenn man die Polyphonie der Bibel auf Monotonie hin drosselte, wenn man den Leser daran hinderte, in ihr immer wieder überraschende Entdeckungen zu machen und

---

[2] Luthers Vorreden zur Bibel, hg. von H. Bornkamm (it 677), 1983.

wenn man die Vielfalt ihrer situationsbezogenen Sprache auf dürre allgemeine Formeln reduzierte. Formeln freilich, die den Grund der Dinge erfassen, können verborgene Zusammenhänge sowie die quellfrische Aussagekraft der Texte erschließen.

4. Kurzformeln dieser Art sind die fundamentalen biblischen Polaritäten von Buchstabe und Geist, Altem und Neuem, Gesetz und Evangelium. Sie drängen sich bei unserem Thema auf, weil sie nicht irgend etwas in der Bibel, sondern in verschiedener Hinsicht die Bibel selbst kennzeichnen. Paulus ist als erster in eindringender theologischer Reflexion mit diesen Polaritäten umgegangen. Wer ihm darin folgt, setzt sich dem Vorwurf aus, die Bibel als Ganzes willkürlich einem bloßen Teil von ihr zu unterwerfen und sie paulinistisch zu verzerren. Dieser Vorwurf zieht sich geradezu als roter Faden durch die Auseinandersetzung um die Bibel in der Neuzeit. Damit befinden wir uns schon am entscheidenden Punkt. Steht es in jedermanns Belieben, aus der Bibel herauszugreifen, was ihm paßt, ohne auf den Gesamtzusammenhang zu achten? Die Frage wird brisant, wenn Erneuerung aus der Bibel zur Diskussion steht. Kann dann der eine Worte der Bergpredigt zum Programm erheben, der andere apokalyptische Visionen als Realutopien propagieren, ein dritter sich für eine konservative Tendenz auf die Pastoralbriefe | berufen und so fort? Von Paulus lernen heißt doch nicht, parteiisch (wie in Korinth) auf eine von mehreren strittigen Positionen schwören. Dies wäre freilich das Ende eines theologisch verantwortbaren Umgangs mit der Bibel.

Jene Polaritäten, die Paulus dem Gedächtnis der Kirche unvergeßlich hinterlassen hat, sind nicht seine Erfindung. Sie beschreiben vielmehr konzis, was mehr oder weniger deutlich überall in der Bibel anzutreffen ist und was ihre Grundthematik ausmacht, worüber tatsächlich niemand so eindringend nachgedacht hat wie Paulus. Dabei handelt es sich nicht um einen bestimmten Glaubenslehrsatz oder ein Offenbarungsprinzip. Die polaren Unterscheidungen von Buchstabe und Geist, von Altem und Neuem, von Gesetz und Evangelium markieren nicht starre Gegensätze, sondern deuten auf eine Bewegung, ein Geschehen hin, auf eine Wende, eine Kehre von unumkehrbarem Richtungssinn und doch

anhaltender Aktualität, solange diese Weltzeit währt: ein Erneue-
rungsgeschehen, das den Generalnenner der Bibel bildet und das
sich von Anfang bis zum Ende durch sie hindurch vollzieht und
über sie hinaus bis zum Eschaton erstreckt. Die Bibel als heilige
Schrift heilig halten heißt sich von dieser ihrer inneren und über sie
hinausweisenden Bewegung mitnehmen lassen. Das wäre Erneuerung aus der Bibel gemäß und kraft der Erneuerung in der Bibel.
Dem wollen wir nun erläuternd und bis in einige Konsequenzen
hinein auf jeder der drei Reflexionsebenen nachgehen. Was heißt
Erneuerung gemäß und kraft der innerbiblischen Kehre vom Buchstaben zum Geist, vom Alten zum Neuen, vom Gesetz zum Evangelium?

II. Erneuerung gemäß und kraft der innerbiblischen Kehre vom Buchstaben zum Geist

Was für eine Quelle der Erneuerung wäre die Bibel, wenn der
Geist, der aus ihr spricht, uns ergriffe!

1. Wie jedes Buch ist auch sie Geist in Buchstaben gefaßt und
wartet auf Leser, die durch den Buchstaben erreicht und vom
Geist, der darin ist, erfaßt werden. Das ist die allgemeine Struktur
der erstaunlichen Kommunikation über Raum und Zeit hinweg:
Geist äußert sich nicht nur in gesprochener Sprache, sondern wird
darüber hinaus in schriftlich fixierter Sprache nahezu unbegrenzt
konservierbar und tradierbar. Pointiert gesagt: Dem Ein- und Aus-
atmen vergleichbar, vollzieht sich immer wieder die Doppelbewe-
gung einer Inspiration zum Buchstaben hin und einer Exspiration
vom Buchstaben her, die ihrerseits den Leser inspiriert. Damit dies
gelinge, genügt nicht ein bloßes Lesen oder Vorlesen, das die
Schriftzeichen, wörtlich genommen, aufliest und sie als Sinnzusam-
menhang erkennt. Das Verstehen muß vielmehr so weit vorangetrieben werden, daß der vernehmende Geist das Vernommene in
sich aufnimmt und verarbeitet und es mit allem in Berührung
bringt, was in ihm selbst davon betroffen und dadurch angesprochen ist. Dieser facettenreiche Verstehensvorgang differenziert
sich deutlicher, sobald man einen fremdsprachigen Text, noch dazu

aus ferner Zeit, übersetzen und auslegen muß, um ihn in seiner
ursprünglichen Aussageintention gegenwärtig zu Gehör zu | brin-
gen. Je wacher und erfahrener der Geist ist, welcher vernimmt,
desto sensibler und lebendiger vernimmt er den Geist, der ihm
begegnet. Der Buchstabe ist dabei, sofern nicht mißbraucht, der
gar nicht hoch genug zu schätzende Garant der Überlieferungs-
treue. Und die philologische und historische Bemühung um den
Text überwacht die notwendige Buchstabentreue. Denn die Überlieferung ist ebenso wie ihre gegenwärtige Aneignung stets von
Verfälschung bedroht. Ist doch der menschliche Geist von Natur
gewissermaßen ein Schwärmer, unbeständig und ungenau. Durch
vages Überfliegen beraubt er sich des Gewinnes, der im vermeintlich toten Buchstaben bereitliegt. Und durch eigensinniges Behar-
ren auf isolierten Buchstaben sperrt er sich gegen den sie transzen-
dierenden Geist und macht sie so nun tatsächlich zu toten Buchstaben.

Paulus spricht freilich nicht vom toten, sondern vom tötenden
Buchstaben, nicht vom lebenden, sondern vom lebendigmachen-
den Geist[3]. Diese äußerste Verschärfung zu dem hin, was Buchstabe und Geist wirken, bringt unser eigenes Leben und Sterben mit
ins Spiel. Und die antithetische Zuspitzung auf so gegensätzliche
Mächte, eine, die tötet, und eine, die lebendig macht, läßt erkennen: Die allgemeine und formale Beziehung von Buchstabe und
Geist wird hier abgelöst durch die höchst besondere, sachhaltige
Beziehung zweier Verfügungen Gottes, des Alten und des Neuen
Bundes, so daß nun das Gesetz und der Kyrios, welcher der Geist
ist, gegeneinanderstehen. Damit melden sich bereits in dieser ersten Polarität die beiden folgenden an. Nicht zufällig reiht sich also
eins an das andere, sondern in engster Verknüpfung bildet alles
miteinander einen einzigen Sachverhalt, eben den, der die Bibel
ausmacht. Wir verweilen trotzdem zunächst noch bei der ersten
Polarität.

2. Die paulinische Unterscheidung von tötendem Buchstaben
und lebendigmachendem Geist erledigt für den Umgang mit der

---

[3] 2Kor 3,6.

Bibel durchaus nicht den üblichen Gebrauch dieses Begriffspaars. Er gewinnt nun im Gegenteil unvergleichlich an Bedeutung. Die einzigartige Erwartung an dieses Buch, begründet im Leben der Kirche und in der Erfahrung ungezählter Menschen, steigert sowohl den Respekt vor dem Buchstaben der Bibel wie auch das Verlangen, zum glutflüssigen Kern ihrer Worte vorzustoßen, sich nicht mit Oberflächlichem zufrieden zu geben, sondern auf die Unerschöpflichkeit der Texte zu vertrauen in der Gewißheit, hier Worte ewigen Lebens zu finden, das Wort der Wahrheit, das Wort Gottes, das erst dann recht verstanden ist, wenn es das Gewissen trifft und das Herz erfüllt. Was dadurch an Erneuerung geschieht, ist die conditio sine qua non aller Erneuerung aus der Bibel: daß aus dem steinernen Herzen ein fleischernes wird und daß statt Trägheit oder blinder Erregtheit, statt Anmaßung oder Verzweiflung ein neuer, gewisser Geist in uns Wohnung nimmt. Das ist freilich durch keine exegetischen oder meditativen Methoden erzwingbar, obschon es durch exegetische Fahrlässigkeiten und meditative Irrwege blockiert werden kann. Aber der generelle Vorbehalt der Unverfügbarkeit charakterisiert noch nicht hinreichend den heiligen Geist, der im Buchstaben der heiligen Schrift verborgen anwesend ist. Unverfügbar sind alle echten Intuitionen und Durchbrüche zu Neuem. Es kommt auf die Unterscheidung der Geister an. |

Auch in der Bibel, an der viele Menschen vieler Zeiten geschrieben haben, sind mancherlei Geister beisammen. Aber trotz der Verschiedenheit ihrer Handschrift sind sie letztlich *einem* Geiste untertan, indem sie Gott allein die Ehre, ihm allein recht geben wollen. So fügen sie sich, obwohl erst im Rückblick erkennbar, zu einem vielstimmigen Zeugnis, das deshalb auf Jesus Christus hin zusammenläuft, weil sich in ihm, dem Gekreuzigten, das Recht Gottes der Menschheit zugut gegen alle menschliche Leistung durchgesetzt hat. Damit ist Gottes Geist in Klarheit und Bestimmtheit da. Er ist der Geist Jesu Christi. Das Kreuz ist sein Kriterium. Aus der Glaubensbotschaft, dem Wort vom Kreuz, wird er empfangen. In jedem Glaubenden, nicht etwa nur in einzelnen Propheten und Ekstatikern, nimmt er Wohnung. Deshalb verbindet er alle so Geheiligten zu dem einen Leib Christi und ist ein geschwisterli-

cher Geist. Und seine Frucht ist nichts Sensationelles und Über-
menschliches, sondern schlichte, wahre Menschlichkeit. Was sich
diesem Geiste Gottes widersetzt, und sei es mit Bibelzitaten, ist
tötender Buchstabe, der den Menschen auf sich selbst zurückwirft
und ihn im Stiche läßt.

3. Die Erneuerung, die man sich von der Bibel in erster Linie
versprechen darf, ist also der Glaube. Das klingt enttäuschend
dürftig, als werde man mit dem abgespeist, was sich in der Innerlichkeit des Einzelnen vollzieht, einer bloßen Veränderung von
Vorstellungen, Gedanken und Gefühlen. Wer sich über Innerlichkeit mokiert, hat sie noch zu äußerlich gedacht. Wer jedoch von
den Abgründen und dem Geheimnis des Bösen in sich selbst etwas
ahnt sowie davon, daß allein Gott ins Verborgene sieht und dort
durch sein Wort auch reinigend eingreift und Wandel schafft, der
kann die Befreiung aus Unglauben und Aberglauben nicht gering-
achten, die der Glaube an Jesus Christus bewirkt. Nach biblischer
Sicht liegt die Wurzel des menschlichen Elends samt der dazugehö-
renden Einbildung eigener Macht und Größe im Menschen selbst.
Dort befindet sich deshalb auch – ihm unzugänglich – der archime-
dische Punkt einer Erneuerung aus der Bibel. Sie ist Sache des
Glaubens, den der Geist nie, schon gar nicht wenn er sich enthusia-
stisch gebärdet, hinter sich und unter sich läßt. Sache des Geistes ist
es vielmehr, durch seine vielerlei Mittel und Gaben den gelebten
Glauben auf seinem schmalen Weg zu bewahren.

Mit Recht stellt sich das Wort Freiheit ein, wenn die Lebenswirklichkeit des Glaubens ausgesagt wird. „Zur Freiheit hat uns Christus befreit."[4] „Wo der Geist des Herrn ist, da ist Freiheit."[5]
Begreiflich, daß man an diesem Stichwort konkretisieren will, was
Erneuerung aus der Bibel bedeutet angesichts einer Welt voll Unterdrückung, Ungerechtigkeit und Gewalt. Es wäre in der Tat
höchste Zeit, daß wir Christen unmißverständlich das Banner der
Freiheit hißten. Aber eben deshalb nicht so, daß wir zu Mitläufern
aller Emanzipationsbewegungen werden. Uns ist etwas anderes,
Schwereres, aber auch Verheißungsvolleres aufgetragen als allen

---

[4] Gal 5,1.   [5] 2Kor 3,19.

Befreiungsbewegungen in der Welt. Wir dürfen nie aus dem Auge verlieren, wer der Befreiung im Namen Jesu Christi bedarf: die Unterdrücker nicht weniger als die Unterdrückten, wie denn nicht nur die sogenannten Ungläubigen, sondern auch wir Christen selbst täglich auf Befreiung angewiesen sind. Es darf nie verschleiert | werden, daß es eine Ursache von Unfreiheit gibt, die durch äußere und partielle Befreiung nicht behoben, sondern nur umdirigiert wird. Gewiß darf dies nicht daran hindern, zuzupacken, wo es brennt, zu helfen, wo immer Menschen leiden und sterben. Die Freiheit aus Glauben ist Freiheit zu unparteiischer Liebe. Verdunkeln jedoch Befreiungsparolen und -aktionen das biblische Freiheitsverständnis, so muß wider den Gleichlaut der Vokabeln der Gegensatz der Bedeutung klargestellt werden. Denn der Freiheit ist nicht gedient durch Verschweigen oder Verfälschen der Wahrheit.

III. Erneuerung gemäß und kraft der innerbiblischen Kehre vom Alten zum Neuen

Wenn wir uns nun auf die zweite Reflexionsebene begeben, die Polarität von alt und neu, so klingt nicht nur das Thema Erneuerung unmittelbar an, sondern auch die innerbiblische Spannung von Altem und Neuem Testament. Diese Direktheit macht uns aber die Aufgabe nicht leichter. Denn nun konkurrieren ganz verschiedene Aspekte von alt und neu. Was in der Zweiteilung der Bibel zutage liegt, deckt sich doch nicht mit dem Allerweltsurteil über alt und neu, aber ebenfalls nicht ohne weiteres mit der biblischen Antithetik ausschließender Art wie der von altem und neuem Menschen. Wir müssen differenzieren lernen. Auch das ist ein Stück Einüben in die Erneuerung aus der Bibel.

1. Das Wortpaar alt und neu eignete sich als Detektor für eine kulturkritische Diagnose. Dazu nur ein paar Anregungen. In der alten Zeit, als man noch vor einem grauen Haupte aufstand und die Alten ehrte, galt das Alte, weil bewährt, als Garant der Wahrheit, das Neue dagegen als verdächtig und häretisch. Diese Wertakzente standen zwar nie starr und uneingeschränkt fest. Aber sie sind doch

symptomatisch für die Grundbefindlichkeit einer Zeit, von der sich die Neuzeit mit dieser Selbstbezeichnung voll soteriologischer Emphase absetzte, nicht in einmaligem Wandel, sondern im Sinne des revolutionären Prinzips ständig sich beschleunigender Umwälzung. Wegwerfkonsum und Zuwachsrate sind nur Oberflächenerscheinungen einer Destabilisierung aller sozialen und kulturellen Verhältnisse, die wie ein tanzender Kreisel zu ihrer Aufrechterhaltung ständiger Peitschenhiebe bedürfen. Die Sucht nach Neuem und nach Verjüngung kann sich durchaus mit der Jagd nach Antiquitäten und der Mimikry abgewetzter Kleider vertragen, solange dies Mode ist. Gewiß ist auch die Sehnsucht nach Echtem, Wertbeständigem da. Aber das aus den Fugen geratene Verhältnis von alt und neu droht beides miteinander in den nihilistischen Sog zu reißen: den Sinn für ehrfurchterweckendes Altes sowie die begeisterte Hinwendung zu verheißungsvoll Neuem. Was dann bleibt, ist der blinde Trieb zum Verändern ohne Maßstab und Maß.

2. Der biblische Sprachgebrauch von alt und neu liegt völlig quer zu dem geschichtlichen Wandel, den die Einschätzung dieser Begriffe durchlaufen hat. Wohl spielt der Respekt vor dem Alten eine große Rolle in der Bibel, und der Geist der Neuzeit liegt ihr fern. Dennoch ist das eigentlich Charakteristische in der Bibel die Verbindung des Wortes alt mit unbedingter Verneinung und des Wortes neu mit | ebenso unbedingter Bejahung. Im gewöhnlichen Sprachgebrauch treten alt und neu nur sehr bedingt in Antithese zueinander. Konservativ und progressiv zu einem Entweder-Oder hochzuspielen ist töricht, da bewahren und verändern im Leben zusammengehören. Verabsolutiert, wird beides zerstörerisch. In der Bibel treten jedoch alt und neu mit dem Ernst des Endgültigen in einen ausschließenden Gegensatz. „Ist jemand in Christus, so ist er eine neue Kreatur; das Alte ist vergangen, siehe, es ist alles neu geworden!"[6] Die Schärfe dieser Antithese beruht darauf, daß hier ein Thema bestimmend ist, das uns mehr und mehr zu entschwinden droht: die Verwüstung des Verhältnisses zu Gott, die seitens des Menschen irreparabel ist. Das Alte ist das, was der Mensch und

---

[6] 2Kor 5,17.

allein er angerichtet hat und weiterhin bewirkt. Die Bibel bringt dies auf den uns so fremd gewordenen Begriff der Sünde. Das Neue ist das, was allein Gott tun kann, gewirkt hat und vollenden wird: die neue Schöpfung kraft der Versöhnung und Teilgabe am ewigen Leben. Eben deshalb steht die Wende vom Alten zum Neuen im Zeichen des Kreuzes. Sie verläuft nicht am Sterben vorbei, sondern durch den Tod hindurch, ist qualitativ schlechterdings anderer Art als alle geschichtlichen Umbrüche: eschatologische Totenerweckung. Diese Konstellation der Hauptgestirne, wenn ich so sagen darf, am Firmament der biblischen Sprache: der sündige Mensch, der rechtfertigende Gott, das ewige Leben und all das vereint in Jesus Christus, entscheidet darüber, was Erneuerung aus der Bibel heißt.

Der Verlust dieser Orientierung ist die Ursache unserer kirchlichen Irrungen und Wirrungen. Er ist freilich nicht dadurch zu beheben, daß man die biblische Sprache unverdaut rezitiert, aber auch nicht dadurch, daß man sie umdeutet oder sich ihrer entwöhnt. Solange wir uns von der Bibel leiten lassen wollen, müssen wir um dieses Leitthema beharrlich mit ihr ringen wie Jakob mit dem Engel Gottes. Unser Verlangen nach praktischer Anwendung der Bibel muß in die Disziplin ihres Grundtenors genommen werden. Wir sind wohl eifrig darum bemüht, uns mit allen möglichen Erscheinungsweisen des Bösen herumzuschlagen, ohne sie als Folgeerscheinungen der Sünde zu durchschauen. Das biblische Grundthema gerät dabei als vermeintlich problemlos oder irrelevant ins Abseits. Unversehens reduziert sich das Christliche auf Moralisches oder gar Politisches, das nun Heilspathos annimmt. So verfestigt sich die typische Selbsttäuschung des Sünders: als sei er dazu berufen, die Sünde wiedergutzumachen. Der Einwand, ob er denn etwa die Hände in den Schoß legen solle, verrät nur, wie fremd die Bibel geworden ist.

Inwiefern es dabei um das Leitthema der ganzen Bibel geht, ergibt sich aus dem Verhältnis von Altem und Neuem Testament. Sollte man die erste dieser beiden Bezeichnungen – Altes Testament –, wie heute einige fordern, als diskriminierend aufgeben, so müßte man sich auch der zweiten – Neues Testament – schämen, die wörtlich dem Alten Testament entstammt, und dann auch des so Bezeichneten. Der sogenannte Alte Bund ist nur verstehbar im Spannungsfeld von Erwählung und Sünde. Die Ohnmacht des Gesetzes, lebendig zu machen, spricht nicht gegen seine Heiligkeit, sondern gegen das, was der Adressat damit macht. So besteht eine Kontinuität des Grundthemas zum Neuen Bund hin, zum Kreuz, das sinnlos wäre, wäre das Gesetz nicht ernst zu nehmen. Mit den Schriftensammlungen hingegen, | auf die nun die Namen Altes und Neues Testament übergegangen sind, hat es noch eine andere Bewandtnis. Im Urchristentum war die eine noch nicht ganz abgeschlossen, die andere noch gar nicht da. Der dann aber alsbald formierte Doppelkanon dokumentiert die gegenseitigen Verstrebungen. Das Neue kündigt sich im Alten an und das Alte kommt erst im Neuen klar und rein zum Klingen: eine schon darin einzigartige heilige Schrift, daß ihr Spannungsreichtum unendlichen Sprachreichtum erzeugt und daß sie ihre Leser einlädt, in diese Kehre vom Alten zum Neuen mit einzukehren.

3. Erneuerung aus der Bibel nimmt nun die Gestalt von Hoffnung an. Das scheint für das Alte Testament stärker zu gelten. Darum fühlen wir uns in unserem Lebensdurst und unserer Lebensangst von ihm oft unmittelbarer angesprochen und dazu ermutigt, auf Greifbares zu hoffen und aus erfahrener Hilfe neue Hoffnung zu schöpfen oder auch voller Verzweiflung in ungeduldige Klage auszubrechen. Darin ist das Alte Testament so menschlich. Weil es aber alle Hoffnung auf Gott setzen lehrt, führt es immer wieder an die Grenze der Erfüllung menschlicher Wünsche. Anders das Neue Testament. Es gründet die Hoffnung auf die schon eingetretene endgültige Erfüllung. Darum hat hier der Glaube den Primat. Die Hoffnung wird demgemäß zur Hoffnung wider alle Hoffnung[7] und hat ihren eigentlichen Ort an der Grenze von Zeit und Ewigkeit. Hoffnung auf Zeitliches ist damit nicht ausgeschlossen, ihr wächst sogar eine ungewöhnliche Hoffenskraft zu, weil sie vom ungewissen Ausgang unabhängig ist. Geschichtliche Hoffnungsziele sind wie das zeitliche Leben fragmentarisch und überaus fragil. Das

---

[7] Röm 4,18.

macht das Hoffen nüchtern, beraubt es aber nicht des Rückhalts an letzter Gewißheit. Dazu gehört die klare Einsicht: Für die geschichtliche Zukunft der Welt besteht keine Verheißung einer allgemeinen Befreiung vom Bösen, sondern nur das Gebot, um eine optimale Eindämmung der Sündenfolgen bemüht zu sein.

Dabei kommt der Sorge für den Weltfrieden allerhöchste Dringlichkeit zu. Die allzu berechtigte Angst vor fürchterlichsten Möglichkeiten treibt beides an: den Rüstungswettlauf wie den Protest dagegen. Aber weder das eine noch das andere, wenn auch aus total verschiedenen Gründen, vermag die Angst und ihre Ursachen zu beseitigen. Könnte Erneuerung aus der Bibel eine Hoffnung wecken, die diesen Teufelskreis sprengt? Wenn der Christ in die schier ausweglose Situation nicht ebenfalls nur Angst, vielmehr Hoffnung einbringen soll, so muß seine Solidarität mit den Geängsteten besondere Züge tragen. Er wird zum einen nicht dem demagogischen Gebrauch eines verschwommenen Freiheitsbegriffs Vorschub leisten, sondern unterscheiden zwischen den jeweiligen Auswüchsen und Ausbrüchen des Unfriedens, wogegen mit aller Kraft anzugehen ist, und dessen unausrottbarer Wurzel, von der die Bibel sagt: „Die Gottlosen haben keinen Frieden."[8] Er wird zum andern sich täglich in das Bekenntnis hineinbeten: „Wir haben Frieden mit Gott durch unseren Herrn Jesus Christus"[9], ob nun der Kontext dazu ein friedlicher Tag oder das Aufgewühltsein durch Schreckensnachrichten ist oder der, daß der so Betende gar selbst unter die Räder von Krieg und Terror gerät. Er wird endlich als einer, der Frieden hat, zum Friedensstifter, wenn auch mit Versagen und oft ohnmächtig. Er wird nicht nur sich selbst von Aggressionen befreien lassen, | sondern auch andere davon zu befreien suchen, selbst wenn sich dadurch erst recht Aggressionen gegen ihn entladen. Und soweit es um den öffentlichen Frieden geht, wird er kraft des Friedens, der weiter reicht als alle Vernunft, um so sachlicher die Vernunft walten lassen. Er wird weder die Emotionen mit anheizen noch die Verantwortungsaspekte simplifizieren, jedoch entgegen dem Hang zur Wohlstandslässigkeit Mut und

---

[8] Jes 48,22 57,21.   [9] Röm 5,1.

Opferbereitschaft ausstrahlen. Denn der Christ sollte, in ganz un-
kriegerischer Weise, darum wissen, daß das irdische Leben der
Güter höchstes nicht ist.

IV. Erneuerung gemäß und kraft der innerbiblischen Kehre vom Gesetz zum Evangelium

1. Die Bibel gipfelt im Evangelium. Die Erneuerung aus ihr
sollte deshalb an Freude erkennbar sein und Freude verbreiten.
Aus jungen Kirchen hört man darüber zuweilen Bewegendes. Bei
uns haben wir meist das Gegenteil vor Augen und werden auch der
etwas gewaltsamen Versuche, christliche Fröhlichkeit zu demon-
strieren, nicht recht froh. Woran kranken wir? Daran, wie mir
scheint, daß wir nicht zugeben wollen, krank zu sein. Wir verdrängen unser wirkliches Leiden und werden deshalb unempfänglich für
die wahre Freude. Inwiefern denn „Evangelium"? Traditionelle
Bibelleser assoziieren historistisch: Die Verheißungen kamen nach
langem Warten zur Erfüllung. Unkonventionelle Bibelleser assoziieren heute marxistisch: Das Evangelium als gute Nachricht für die
Armen bringt Subversion und Revolution. Das Evangelium als
Freispruch von der Gewissensanklage des Gesetzes hält man dagegen für ein dogmatisches Spinnengewebe. Offenbar deshalb, weil
sich der so Angeklagte in einen Ankläger gegen Gott und die Welt
verwandelt hat. Dieser Szenenwechsel geht sehr tief. Wir alle sind
mehr oder weniger davon angesteckt.

Die Weigerung, sich auf die Unterscheidung von Gesetz und
Evangelium einzulassen, ist vordergründig begreiflich. Diese Sprache ist uns fremd geworden. Das liegt nicht an den Vokabeln,
sondern an der Sache, die darin zum Ausdruck kommt. Die Sache
war freilich nie von simpler Selbstverständlichkeit. Sie ist es erst
recht nicht, wenn die Zuwendung zu ihr so sehr gegen den Strom
der Zeit erfolgen muß wie heute. Es zeigt sich dann freilich sehr
schnell, daß hier nicht ein Spezialthema Mühe bereitet. Die Bibel
als solche ist keine Unterhaltungslektüre (obwohl partienweise
durchaus). Sie ist ein anstrengendes Buch. Anstrengend allerdings
vor allem deshalb, weil wir uns dagegen sträuben, uns zur Rechen-

schaft ziehen zu lassen, noch dazu, wenn uns äußerlich nichts dazu zwingt. Eben dies deutet auf den biblischen Hintergrund von Gesetz und Evangelium. Will man davon nichts wissen, so gerät man mit der ganzen Bibel in Konflikt. Denn Gott ist hier beides: der fordert und schenkt, richtet und vergibt, zürnt und gnädig ist, tötet und lebendig macht. Und der Mensch ist ebenfalls beides: der das eine verdient und das andere unverdient empfängt.

Der Widerstand dagegen entspringt aus einer uns suggerierten Selbstverständ|lichkeit unserer Zeit. Schematisierend nenne ich sie die Ein-Reich-Lehre[10]. Das muß nicht totalitär verstanden werden, obwohl der Totalitarismus nicht zufällig ein Produkt unserer Zeit ist. Auch einem extremen Pluralismus bietet die Ein-Reich-Lehre Raum. Entscheidend ist, daß alles ausschließlich auf den Menschen als Täter ausgerichtet ist. Auch was er genießt, was ihm verquerläuft, was er verfehlt – alles wird auf ihn als autokratischen Täter bezogen. Was ihn in Frage stellt, macht er seinerseits zum Gegenstand der Anklage: seien es Menschen oder Verhältnisse, das Schicksal oder Gott. Gott mag in der Ein-Reich-Lehre durchaus auch seinen Platz finden: Als Idee des Guten wird er gleichgeschaltet mit dem Täter, der Gott verwirklichen zu müssen scheint, sofern er ihn nicht doch für überflüssig und tot erklärt oder, wie Nietzsche genauer sagt: ihn tötet und dies dann für seine größte Tat hält.

Die Ein-Reich-Lehre gibt sich als Anwalt des irdischen Lebens aus, seiner Selbstverwirklichung unter maximaler Ausschöpfung aller Möglichkeiten und Ausbeutung aller Rohstoff- und Energiequellen. Sie hat sich jedoch eben dadurch als lebensfeindlich erwiesen, nicht erst im Hinblick auf die äußeren lebensbedrohenden Konsequenzen, die heute vor aller Augen sind, sondern auch und primär, was den seelischen Haushalt betrifft. Dessen Krisensymptome sollten uns noch mehr alarmieren als die Umweltzerstörung.

Von der Bibel hingegen läßt sich schwerlich sagen, sie sei lebensfeindlich, es sei denn von einer Lebenseinstellung aus, die sich über ihre selbstzerstörerische Tendenz täuscht. Es wäre nun aber leichtfertig und unverantwortlich, wenn wir angesichts dieser Lage von

---

[10] S. u. S. 125.

Erneuerung aus der Bibel sprächen, ohne uns der ungeheuren Spannungen und Aufgaben bewußt zu sein, in die wir damit geraten. Der ohnehin aussichtslose Versuch einer reaktionären kultur- und geistesgeschichtlichen Restauration wäre alles andere als Erneuerung aus der Bibel. Die Umkehr, die angesichts einer grassierenden gesellschaftlichen Paralyse und des Zutreibens auf eine globale Katastrophe unbedingt erforderlich ist, kann nie Rückkehr in eine vergangene Zeit sein, sondern nur eine radikale Kurskorrektur auf dem Weg in die Zukunft. Deshalb dürfen wir uns nicht an den Gegebenheiten und Problemen der eigenen Zeit vorbeidrücken, sondern müssen in einer Art stellvertretenden Leidens die Konfrontation von Bibel und Gegenwart durchstehen. Das ist kein mechanischer Vorgang des gegenseitigen Aufrechnens und Abrechnens, sondern eine anhaltende Gewissensprüfung unter den Augen dessen, der die Herzen und Nieren erforscht.

Diese Umbesinnung, für die wir Theologen besondere Verantwortung tragen, die aber keinem Christen erspart bleibt, muß sich auf das Herz der Bibel konzentrieren. Dessen Schlagen – man dulde bitte die nicht zu pressende Metapher – ist dazu bestimmt, der Schrittmacher unseres versagenden Herzens zu sein. Solche Konzentration macht die unendlich schwierige Aufgabe auch wieder ganz einfach. Nur auf zweierlei ist zu achten: auf unser Gefordertsein von Gott und unser Beschenktsein durch Gott. Schon in jedem Gebot liegt beides ineinander: Gott fordert nur, wo er schon längst gegeben hat. Erst recht aber in jeder Verheißung: Gott läßt uns nicht los, obwohl wir uns von ihm losgemacht haben. So wandelt sich | das Beieinander von Gabe und Gebot in das Widereinander von richtendem Gesetz und rettender Gnade.

Das begegnet uns in der Bibel in immer neuen Lebenskonstellationen, erzählbar geworden in anschaulichen Geschichten, memorierbar geworden in einprägsamen Worten, die wie eine Herberge uns aufnehmen, uns Zuflucht und Wohnung gewähren. Dieser innerste Rhythmus der biblischen Sprache bringt unsere Verantwortung für die Welt vor Gott und Gottes Selbsthingabe für uns an die Welt in engste Beziehung zueinander und holt uns aus dem Gefängnis der autokratischen Täterschaft heraus. Das ist genau der

Rhythmus, auf den das menschliche Herz angewiesen ist und an dessen Störung es krankt.

3. Erneuerung aus der Bibel besagt nun, nachdem von Glaube und Hoffnung die Rede war: Liebe. Liebe ist Inbegriff des Gesetzes wie des Evangeliums. Jedoch in unterschiedlicher Weise: Das Evangelium macht uns der Liebe Gottes gewiß, die es an nichts mangeln läßt. Das Gesetz fordert unsere freiwillige Liebe als Hingabe aus ganzem Herzen und klagt uns unserer Unwilligkeit und Halbherzigkeit an. Das Liebesgebot vereint in sich die Fülle des Gesetzes, wird von uns aber nie so erfüllt, daß dessen Fordern und Anklagen zum Schweigen kämen. Auch der Glaubende kann sich nie seiner Liebe trösten und rühmen, sondern nur der Liebe Gottes.

Dennoch nimmt Gott um seines Weltregiments willen unser Handeln in seinen Dienst, auch wenn es diesem Handeln an Liebe mangelt. Zur Erhaltung der Welt besteht Gott auf dem Gesetz, nicht um dadurch aus dem Sünder einen Heiligen zu machen, sondern um den Sünder unter die Heiligkeit des Willens Gottes zu zwingen. Das Recht muß gegen den Rechtsbrecher gewahrt und durch das Machtmonopol des Staates zur Geltung gebracht werden. Der Sinn für den Ernst dieser Gesetzeswirklichkeit ist unter uns erschreckend im Schwinden. Es wäre Zeit zu einem entschiedenen christlichen Zeugnis über den Gottesdienst des Staatsmanns, des Richters und des Polizisten. Nicht zu ihrer Glorifizierung, sondern um sie selbst und alle, denen sie zu dienen haben, an ihre Pflicht zu erinnern und zu ihr Mut zu machen. Das widerstrebt freilich dem Interessen- und Anspruchsdenken einer dekadenten Gesellschaft, die in allen Schichten und Klassen – Arbeitgeber und Arbeitnehmer, Beamte und Angestellte – von der Profitsucht bestimmt ist.

Wir Christen, die wir uns nur dank der Unterscheidung zwischen Gesetz und Evangelium Christen nennen können, haben innerhalb dieser Gesetzeswirklichkeit, durch die Gott in seinem „Reich zur Linken" regiert, ein weites Betätigungsfeld selbstloser Liebe. Wir brauchen uns nicht vom bloßen Drang nach vager Erneuerung umtreiben zu lassen. Wir dürfen gewiß sein, daß in Jesus Christus das Alte vergangen und alles neu geworden ist. Wer glaubt, geht vom Neuen aus. Ihn dringt die Liebe Christi, und ihn treibt der heilige Geist. Das ist der äußerste Gegensatz zu dem Wahn, das Alte oder vermeintlich Veraltete brauche man nur einzureißen, dann ergebe sich das Neue von selbst. Ein Christ sollte nicht der Illusion erliegen, durch andere Verhältnisse den alten Menschen loszuwerden, als ob sich dieser dann nicht erneut nur auf andere Weise breit machte. Ein Christ hat aber auch keinen Grund zu der Resignation, es sei doch alles umsonst und lohne nicht den mühsamen Kampf um die vielen Dinge, die erneuerungsbedürftig und | doch nur höchst relativ erneuerungsfähig sind. Er kann sich vielmehr an die schlechterdings neue, nie veraltende und das ganze Leben bis in den Tod hinein erneuernde Wahrheit des Evangeliums halten. Sie lehrt ihn neu verstehen, was in Wahrheit als alt und als neu zu gelten hat. Und sie öffnet ihm Augen und Herz dafür, zu erkennen und zu bejahen, was in der Welt durch Jesus Christus anders geworden ist und was deshalb beim Christen und durch ihn anders werden will. Die alles Begreifen übersteigende Verheißung eines neuen Himmels und einer neuen Erde bekräftigt gegen alle Zweifel und Anfechtungen, daß nicht der Mensch, auch nicht der sogenannte neue Mensch, sondern Gott allein zu unvorstellbarer Vollendung bringt, was in diesem gebrechlichen und sterblichen Leben durch Gottes Liebe neu geworden ist.

Dabei haben wir Christen aber streng darauf zu achten, daß unser tätiger Einsatz für das, was nur immer recht und gut sein mag, nicht etwa selbst als Evangelium ausgegeben wird. Unser vernünftiger Gottesdienst darf den geistlichen Gottesdienst nicht verdrängen und verdunkeln, der das Wort Gottes als Gesetz und Evangelium kund macht. Das Gesetz wird von uns im Leben zwar immer schon erfahren, wenn auch ganz undeutlich und verworren. Aber mit Hilfe der Bibel wird es klar und scharf in unsere Lebenserfahrung hinein ausgelegt. Freilich wird uns dadurch nicht die Entscheidung abgenommen, was von Fall zu Fall konkret zu tun sei. Jedoch lehrt die Konzentration auf das Gebot der Liebe, das Nächstliegende und Notwendige zu beachten. Dies kann je nachdem heißen, sich in gegebene Ordnungen einzufügen oder aus starren Verhaltensschemata herauszutreten. Das Gesetz auf Grund der Bibel als Gottes Wort einzuschärfen und bis in bestimmte Verhaltensprobleme hinein auszulegen, kann nur in Unterscheidung vom Evangelium recht gelingen. Denn dank dem Evangelium beruht, nach dem biblischen Zeugnis, das Heil der Welt nicht auf der menschlichen Leistung, sondern auf der Gegenwart Gottes in Jesus Christus.

Der geistliche Gottesdienst, dieses Ausrichten und Empfangen des Wortes Gottes als Gesetz und Evangelium, ist die Brunnenstube der Erneuerung aus der Bibel. Daran hängt die Lauterkeit alles sogenannten christlichen Engagements (ein übrigens verdächtiger Jargonausdruck für Gottesdienst!). Vergäßen wir den Primat des Hörens auf das Wort Gottes, so stünden wir Christen im äußersten Ernstfall – und der kann sich täglich einstellen – mit leeren Händen da. Und wir gerieten in die Rolle des Atlas, der dazu verdammt war, das Weltall auf seinen Schultern zu tragen. Die Bibel belehrt uns jedoch, Gott sei Dank, eines Besseren.

Schrift und Erfahrung als Quelle theologischer Aussagen*[1]

Die Frage nach Schrift und Erfahrung als Quelle theologischer Aussagen läßt eine wissenschaftstheoretische Erörterung erwarten oder gar befürchten. Das hermeneutische Thema meldet sich an und spitzt sich auf das Verhältnis von Exegese und Dogmatik zu. Der Ruf nach empirischer Orientierung ist herauszuhören und weist auf die Theorie-Praxis-Diskussion. Die Verifikationsfrage wird aufgeworfen, ob überhaupt und, falls ja, woraufhin theologische Sätze wahr sein können. All diese verwickelten und untereinander verflochtenen Probleme wissenschaftlicher Theologie stellen sich hier in der Tat ein und sollen auch keineswegs verdrängt werden. Wir wollen sie jetzt aber nicht im Medium methodologischer Abstraktion verhandeln, vielmehr an ihrem Ursprungsort aufsuchen, da, wo sie aus dem Leben selbst erwachsen und mit dem Leben zu tun haben.

I

1. Der Begriff „theologische Aussage" soll darum so weit gefaßt sein, daß er die unmittelbaren religiösen Aussagen mit umgreift. Dem stehen vornehmlich zwei Schwierigkeiten im Wege, deren wir uns bewußt sein müssen.

Der neuzeitliche Sprachgebrauch von Theologie hat sich nicht ohne Grund zu der Bedeutung „wissenschaftliche Theologie" ver-

---

* ZThK 75, 1978, 99–116.
[1] Vorgetragen am 10. Oktober 1977 auf der Theologischen Woche in Bethel.

engt, wie immer sie dann als solche bestimmt werden mag. Religion, so heißt es mit Recht, darf nicht mit theologischer Bildung verwechselt werden. Das eine ist Sache des Lebens und geht jeden an; das andere ist Sache eines Fachwissens und nur für eine bestimmte Berufsgruppe erforderlich. So zu unterscheiden, gebieten die Lebensverhältnisse, die unterschiedlichen Begabungen und Dienste. Dabei wirken die wachsenden Anforderungen an die Kompetenz theologischen Urteils erheblich verschärfend, da in der Neuzeit die Glaubensaussagen in die Zerrung zwischen historischer und systematischer Wahrheitsfrage hineingeraten sind. Nicht weniger aber als dieses wissenschaftliche Interesse spricht für jene Unterscheidung zwischen Religion und Theologie das religiöse Interesse: Der Glaube darf | nicht in ein bloßes Glaubenswissen verfälscht werden und unter das Joch eines Lehrgesetzes geraten. Durch das Berechtigte an solcher Abgrenzung darf man sich freilich nicht dazu verführen lassen, auseinanderzudividieren, was zu unterscheiden vielmehr gerade zur Klarstellung seiner Zusammengehörigkeit dienen soll. Der Glaube hat seinem Wesen nach mit Aussagen zu tun. Er verdankt sich dem Wort und bekennt sich im Wort. Er geht mit der Sprache weder leichtgläubig noch leichtfertig um. Ihm eignet eine Urteilskraft, welche die Geister prüft. Insofern tendiert der Glaube selbst auf Theologie. Der methodisch reflektierende wissenschaftliche Theologe wiederum ist nur dann wirklich bei seiner Sache, wenn er für Glaubensaussagen sachverständig und mit deren Kriterien vertraut ist. Somit besteht trotz gewisser Vorbehalte ein Recht, den Begriff „theologische Aussage" weit zu fassen, zumal dann, wenn der Lebensbezug theologischer Aussage bedacht werden soll.

Die andere Schwierigkeit in bezug auf diesen weiten Sprachgebrauch von „theologisch" liegt in folgendem: Religion ist in ganz unterschiedlichem Maße auf theologische Aussagen angewiesen. Nicht zufällig wurde soeben die Abhebung gegen die Theologie vornehmlich durch den Religionsbegriff zum Ausdruck gebracht und durch den Glaubensbegriff die Verbindung zu ihr hin. Glaube als religiöse Grundkategorie ist ursprünglich eine Eigentümlichkeit des Christentums. Dazu gehört wesenhaft die enge Relation von

Wort und Glaube. Und damit hängt wiederum zusammen, daß das Christentum in einem Ausmaß Theologie hervorgebracht hat wie keine andere Religion. Leitet man diese auffallende Tatsache von dem Spezifischen des christlichen Glaubens her, dem Evangelium von Jesus Christus, so ist das zwar durchaus zutreffend, wird aber nur dann richtig gedeutet, wenn als der tiefste Grund der Theologiebedürftigkeit des Christentums die Tatsache erkannt wird, daß die christliche Religion nicht identisch ist mit Evangelium. Daraus entsteht die Aufgabe, das Evangelium immer wieder in der christlichen Religion selbst zur Geltung zu bringen und in gewisser Weise auch gegen sie. So nimmt der Begriff „theologische Aussage" ein kritisches Moment in sich auf, das gerade auch dann zu berücksichtigen ist, wenn er so weit gefaßt wird, daß er die unmittelbaren religiösen Aussagen mit umgreift.

Unter diesen Vorbehalten seien darum für die uns jetzt leitende Fragestellung die Abschrankungen durchbrochen, die den gottesdienstlichen und den wissenschaftlichen Umgang mit dem christlichen Glauben voneinander zu trennen pflegen. Damit soll nicht ein wirres Vermengen gutgeheißen werden, als könnte man in der Theologie laborare durch orare ersetzen und sich die Anstrengungen des Begriffs durch Erbaulichkeit ersparen. Das wäre auch kein geeignetes Mittel gegen die erst recht beun|ruhigende Erscheinung, daß sich ein allzu unbekümmertes Theologisieren von der Frömmigkeit entfremdet und von dem Ernstfall entfernt, der in der Theologie stets vorausgesetzt ist. Dagegen kann es allen erforderlichen Differenzierungen nur zugute kommen, wenn man sich auf dasjenige besinnt, was die verschiedenen Aussageformen des christlichen Glaubens untereinander verbindet: die kerygmatische Sprache der Verkündigung, die homologische Sprache des Gebets und des Bekenntnisses sowie die dogmatische Sprache der Lehre; und diese nicht bloß in ihrem Verhältnis zueinander, sondern in ihrer Gemeinsamkeit auch mit der kritisch reflektierenden und argumentierenden Sprache wissenschaftlicher Theologie. Gewiß sind viele nach engem Sprachgebrauch „theologische" Aussagen im Grunde nur indirekt theologisch. Isoliert genommen, sind sie teils historische, teils allgemein deskriptive, teils auch philosophische Aussagen. Nur durch ihren Bezugsrahmen sind sie theologisch, weil auf denjenigen Sachverhalt ausgerichtet, dessen primäre Sprachlichkeit gottesdienstlicher Art ist.

Derjenige Sachverhalt, der für eine theologische Aussage letztlich konstitutiv ist, läßt sich kennzeichnen als die Situation des Menschen in der Welt vor Gott. Eine solche Kurzformel setzt sich natürlich Mißverständnissen aus. Doch mag es jetzt bei der Zumutung sein Bewenden haben, daß man sich von dieser Angabe aus die Dimensionen einer theologischen Aussage bewußt mache. Nur diejenige Aussage ist theologisch, die – ausdrücklich oder implizit – jeweils Gott, Welt und Mensch miteinander betrifft, so nämlich, daß deren Brennpunkt getroffen wird, die Situation des Menschen. Denn sie ist gleichermaßen durch den Weltbezug wie durch den Gottesbezug bestimmt. Und in sie einzustimmen, ist Sache des Glaubens. Deshalb hat eine theologische Aussage in diesem ihrem Bezug auf die Situation des Menschen in der Welt vor Gott den Charakter der Glaubensaussage. Das alles läßt sich freilich nur aufgrund dessen sagen, was durch die heilige Schrift und ihre Erfüllung in Jesus Christus erschlossen ist. Von daher erhält die Situation des Menschen in der Welt vor Gott allererst ihre Definition als Situation des Glaubens – oder des Unglaubens.

2. Damit ist schon die Frage nach der Quelle theologischer Aussagen berührt. Sie muß aber noch eine Stufe tiefer angegangen werden, damit deutlich wird, warum überhaupt nach einer solchen Quelle gefragt werden muß. Die Antwort hat in zweierlei Hinsicht zu erfolgen.

Zum einen wurde zwar soeben eine ganz bestimmte Quelle angegeben: die Bibel. Das enthebt aber nicht des weiteren Fragens, warum und inwiefern gerade sie. Auf dem Supermarkt der religiösen Möglichkeiten stellt sie nur ein Angebot unter vielen dar, wenn auch ein besonders re|spektables – um es einmal so respektlos zu formulieren, wie es heute von vielen angesehen wird. Und selbst wenn man zur Bibel greift, – wie wird sie dann zur Quelle theologischer Aussagen, sofern man sich nicht mit beliebig Herausgegriffenem zufrieden gibt, sondern auf Wahrheit aus ist, und das heißt doch: auf ein Begreifen und Ergriffenwerden zugleich? So löst eine vorhandene Quelle theologischer Aussagen bestimmte Probleme überhaupt erst aus.

Zu dieser einen Fragehinsicht kommt noch eine andere Blickrichtung: Wozu sind eigentlich theologische Aussagen notwendig und warum bedarf es für sie einer Quelle? Halten wir uns an die vorhin gegebene Erläuterung, so sind theologische Aussagen – jedenfalls ist das ihr Anspruch – dazu notwendig, daß der Mensch seine Situation in der Welt vor Gott besteht. Die Wendung „bestehen" mag erklärungsbedürftig sein. Jedenfalls schließt sie dies mit ein, daß der Mensch überhaupt in die Situation gelange, in der er sich doch befindet, daß er sozusagen dahin nachkomme, wo er schon ist, damit er dadurch allererst wahr werde. Die fundamentale Situation des Menschen – wie er in der Welt vor Gott dran ist – will darum zur Sprache gebracht und dadurch zurechtgebracht werden. Der Mensch verkommt in seiner Grundsituation, wenn er sie verdrängt und mit Stillschweigen übergeht. Er hat aber nicht ohne weiteres Worte zur Verfügung, die seine Grundsituation erreichen und ihr gewachsen sind. Er muß sie anderswoher schöpfen. Wenn nicht aus abgeleiteten und stehenden Gewässern, so kommen dafür in der Geschichte der Menschheit nur verhältnismäßig wenige ursprüngliche Quellen in Betracht. Daß wir Christen allein die Bibel als die Quelle lebendigen Wassers gelten lassen, kann man wohl als geschichtliches und soziologisches Faktum positivistisch erklären. Das enthebt aber nicht der immer neuen Rechenschaft darüber, inwiefern das, was die Bibel überliefert, unserer gegenwärtigen Lebenserfahrung gewachsen und überlegen ist.

Nun ist es freilich mit dem bloßen Schöpfen aus einer solchen Quelle theologischer Aussagen nicht getan. Es ist zwar durchaus richtig: In bezug auf theologische Aussagen, zumal in elementarem Sinne, sind wir auf Vorgegebenes angewiesen. Da gibt es nichts zu erdenken und zu erfinden, sondern nur zu empfangen und zu übernehmen. Die Abhängigkeit von der Überlieferung ist hier evident – ein Anlaß zum Danken, freilich auch eine Quelle der Anfechtung. Ob man diese Abhängigkeit nun in den Offenbarungsgedanken hinein radikalisiert oder auf das Faktum der Traditionsgebundenheit hin relativiert, – etwas unbedingt zu Bejahendes und Heilsames ist hier stets der Gefährdung und Verderbnis benachbart. Zu theologischen Aussagen kommen wir nur durch Überlieferung, verfehlen sie aber, wenn sie bloß Überliefertes bleiben. In dieser | Spannung liegt das Problem, wie eine Quelle theologischer Aussagen wirklich zu einer solchen wird.

Anscheinend nicht bloß dadurch, daß man fertige Aussagen daraus entnimmt und zitiert. Eine theologische Aussage im strengen Sinne ist nicht eine fremde, sondern eine eigene Aussage, nicht historisches Referat, sondern gleichsam eine Äußerung im Zeugenstand, und zwar in eigener Sache. Dieser wichtige Gesichtspunkt würde jedoch mißbraucht, wenn er zu dem einfachen Wiederholen biblischer Aussage etwa von vornherein ein schlechtes Gewissen machte. Die Diskriminierung des Auswendiglernens ist eine folgenschwere religionspädagogische Torheit. Was das Gedächtnis an geprägter Sprache aufbewahrt, ist oft der einzige Halt im Ernstfall. Ohne zitierbare theologische Aussagen würden wir alle in bezug auf die ganze Skala vom schlichten Gebet bis zu hochreflektierten dogmatischen Gedanken mehr oder weniger verstummen müssen und in unserem In-der-Welt-Sein-vor-Gott gewissermaßen ausdörren. Ein überkommenes Wort jedoch, das in den Kontext eines verantwortenden Gedankengangs oder einer zu verantwortenden Situation wörtlich eingeführt wird, kann auf diese Weise den bloßen Zitatcharakter verlieren und völlig zu eigen werden, gerade auch dann, wenn man es sich zugesprochen sein läßt als ein nicht aus dem Eigenen entsprungenes Wort.

Eine theologische Aussage ist dann ganz und gar nicht in äußerlichem Sinne wiederholt worden. Sie hat vielmehr ihrerseits einen Menschen und seine Situation eingeholt und in sich hineingeholt. Sie ist dadurch insofern neu geworden, als sie sich an anderem Material neu auslegt und neu zur Ausführung gelangt. Sie ist zur Quelle entsprechenden Verstehens geworden und hat damit ihr Ziel erreicht. Denn ein Wort will zu Gehör kommen, verstanden und zu Herzen genommen werden. Es liegt darum nahe, daß sich die Frage darauf konzentriert, wie es zum Verstehen theologischer Aussagen kommt. Jedenfalls scheint dies die entscheidende Schwierigkeit für den sogenannten Laien zu sein, dem theologische

Aussagen zum Konsumieren vorgelegt werden, während die theologischen Fachleute, obzwar ebenfalls mit der Verstehensfrage schwer beschäftigt, sich darüber hinaus vor der Aufgabe befinden, immer neu und selbständig theologische Aussagen hervorzubringen, sei es in der anspruchsvollen Verkündigungsarbeit, sei es in dem Konkurrenzkampf theologischer Entwürfe.

Nun läßt sich freilich diese Aufspaltung in die Frage nach dem *Ver*stehen und in die nach dem *Ent*stehen theologischer Aussagen relativieren. Jeder Glaubende sollte in einer Weise und in einem Maße, die seiner Person angemessen und zumutbar sind, die ihm wesenhaft zukommende | Freiheit und Mündigkeit auch im Umgang mit theologischen Aussagen bestätigen und bewähren. Danach bemißt sich nicht nur, wieweit er verpflichtet ist, in das Verstehen des Glaubens einzudringen. Dazu gehört vielmehr auch die Ausbildung einer entsprechenden Urteilskraft und vor allem einer selbständigen religiösen Sprachfähigkeit. Ohne die ungeheure Bedeutung vorgeformter Gebete zu schmälern, darf man doch sagen: Jeder Christ sollte kraft des inneren Freimuts, der Parrhesia, des Betens auch zu eigener freier Gestaltung seiner Gebete gelangen. Oder man denke an die Notwendigkeit, dem eigenen Kind oder auch einem Berufsgenossen oder wem sonst gegenüber statt mit gestanzter Formel schlicht und natürlich über den Glauben Auskunft zu geben. Bei solchen elementaren Rechenschaftsversuchen stellt sich die Frage nach dem Entstehen theologischer Aussagen besonders bedrängend. Die alte Regel, daß eine eigene freie Formulierung die Probe auf das Verstehen ist und daß vielleicht schon der ungeschickte Versuch dazu einen wichtigen stimulierenden Impuls auf die Verstehensbemühung ausübt, bestätigt sich auch hier. Wir rühren damit an eines der brennendsten Probleme heutiger Christlichkeit: ob sie infolge zunehmender religiöser Spracharmut weiter verkümmert oder wie sich dem Christen in Sachen des Glaubens Sprache erschließt. Im Grunde sind die Fachtheologen gar nicht anders dran. Legt man das, was durch sie an theologischen Aussagen ständig neu entsteht, auf die Goldwaage und prüft man den Karatgehalt daran, ob nicht durch hektisches Originalitätsstreben und modisches Plakatieren die Echtheit des in dieser Sache einzig Ursprünglichen preisgegeben wird, so läßt die Quantität des laufenden Ausstoßes an theologischen Aussagen eher erschrecken. Je mehr deren Entstehen gehemmt wird durch die unerbittlich gehandhabte Frage nach dem Verstehen, desto eher besteht Aussicht auf etwas, was, statt Schlagzeilen zu machen, wirklich aufhorchen läßt.

Denn wenn man etwas tiefer in den verborgenen Vorgang hineinleuchtet, wie überhaupt Aussagen entstehen und unter welchen Bedingungen es optimal gelingt, sie zu verstehen, so wird deutlich, daß diese beiden Aspekte – das Entstehen und das Verstehen von Aussagen – aufeinander konvergieren. Was ein anderer sprachlich hervorbringt, werde ich dann am besten erfassen, wenn ich bis zu dem Grunde vordringe, aus dem es hervorgegangen ist. Dabei ist nicht etwa an die bloße psychologische Motivation im üblichen Sinne zu denken – auf sie zu achten, kann zwar, muß aber nicht wesentlich sein –, sondern daran, wo diese Aussage herkommt, durch welchen Sachbezug sie ermöglicht ist, was zu ihr ermächtigt hat, woran sie das Kriterium ihrer Wahrheit hat. All das betrifft in weitem Verständnis das Ereignis ihrer Entstehung, die Be|stimmung ihres Quellortes, ihren Erfahrungsgrund. Damit ist, genau genommen, nicht ein Rückfragen hinter die Aussage gemeint, sondern ein radikales Hineinfragen in sie auf ihren Ursprung hin. Das hat deshalb auch nicht den Charakter eines bloßen Einfühlens und Nachempfindens, mit dem man sich künstlich in eine fremde Situation versetzt – dergleichen gehört gegebenenfalls natürlich auch in das Vorfeld der Verstehensbemühung –, sondern es geht darum, diesen Ort, sofern möglich, bei sich selbst aufzusuchen, denselben Sachverhalten standzuhalten, oder wie immer das Ereignis einer Inanspruchnahme geartet sein mag, durch die man dazu instandgesetzt wird, daß man etwas zu sagen hat. Ein solches Verstehen wird zum Einverständnis. Und in solchem Einverständnis wiederholt sich die Entstehung der betreffenden Aussage. Dadurch wird das vermittelnde Gegenüber des äußeren Wortes nicht etwa aufgehoben und überflüssig. In dem skizzierten Verstehensvorgang erweist sich gegebenenfalls das mir gegenüberstehende äußere Wort als das bleibend notwendige Mittel, das zu dem Ausgesagten Zugang eröffnet, so daß auch für das vertrauensvolle Bejahen und Ergreifen einer Zusage jene Bewegung in ihr Ursprungsereignis hinein konstitutiv ist.

Mit diesen Überlegungen sind wir zu dem zentralen Angelpunkt vorgedrungen. Die beiden spannungsvollen und in sich meist auseinanderklaffenden Beziehungen, die unser Thema enthält: das Verhältnis zwischen elementarer Glaubensaussage und dogmatischer Reflexion sowie das Verhältnis zwischen Schrift und Erfahrung, haben miteinander an derselben Stelle den Grund je ihres inneren Zusammenhalts: dort nämlich, wo ein wie immer geartetes Widerfahrnis, ein Lebensmoment, zur Aussage berechtigt und zur Sprache drängt. Bislang lag in dem ersten der Schwerpunkt, dem Verhältnis zwischen elementarer Glaubensaussage und dogmatischer Reflexion. Dazu sei noch eine persönliche Bemerkung gestattet, die mein eigenes Beteiligtsein illustrieren mag. In einer Art Erntearbeit bin ich z. Zt. damit beschäftigt, befristet durch eine über vier Semester sich erstreckende Vorlesung, eine Dogmatik des christlichen Glaubens zu verfassen. Dabei haben die inhaltlichen Themen des Glaubens den unbedingten Vorrang vor den theologischen Prinzipien- und Methodenfragen. Die Fülle des in den anderen theologischen Disziplinen erarbeiteten exegetischen und historischen Materials soll nicht ausgebreitet und diskutiert werden, sondern im Hintergrund bleiben zugunsten einer gesammelten systematisch-theologischen Rechenschaft. Die Bemühung um gegenwärtig verantwortete theologische Aussagen soll also dominieren. Demgemäß muß sich strengste Konzentration auf die Sache des Glaubens mit äußerster Horizontweite verbinden. Ein solcher | Versuch läßt insbesondere für den Autor selbst die innere Nähe systematischer Theologie zur Predigt spürbar werden, trotz sorgfältig gewahrter Stildifferenz. Das ist eine Situation, in der die Frage nach der Quelle theologischer Aussagen ständig präsent ist und schonungslos zur Solidarität mit den sogenannten Nichttheologen verpflichtet, Glaubenden wie Nichtglaubenden.

II

Die Hinwendung zu dem anderen Schwerpunkt, dem Verhältnis von Schrift und Erfahrung im Hinblick auf die Frage nach der Quelle theologischer Aussagen, soll nun nicht, obwohl dies durchaus möglich wäre, unmittelbar an das bisher Dargelegte anschließen. Wir setzen vielmehr noch einmal neu an, indem wir uns durch theologiegeschichtliche Überlegungen, die sich mit der Formel „Schrift und Erfahrung" einstellen, zu dem ersten Reflexionsgang wieder zurückführen lassen.

1. Derartige Und-Formeln sind einer Theologie suspekt, die in der Tradition der reformatorischen Ausschließlichkeitsformeln steht, insbesondere des sola scriptura. Man denkt sofort an den katholischen Grundsatz „Schrift und Tradition", der übrigens erst nachträglich in Polemik gegen die reformatorische Parole „die Schrift allein" ausdrücklich auf den Schild erhoben wurde; oder an die aufklärerische Problemstellung „Schrift (bzw. Offenbarung) und Vernunft", welche die alte Polarität von auctoritas und ratio oder gratia und natura radikalisierte; oder an die Kombination von „Schrift und Erfahrung" in einer Erfahrungstheologie, die sich mit Recht oder Unrecht auf Schleiermacher beruft, sowie an die veränderte Aufnahme des Erfahrungsprinzips in modernen Versuchen, die Einseitigkeiten einer historisch-kritischen Schrifttheologie durch empirisch-kritische Verfahren und Erkenntnisse auszugleichen und dadurch das viel beklagte Erfahrungsdefizit der Theologie zu überwinden. In jedem Falle stellt sich die Frage nach dem Sinn des „und". Meint es eine zur Schrift hinzutretende Ergänzung, so daß es sich um zwei verschiedene Quellen handelt, wie auch immer man deren Verhältnis zueinander vergleichsweise einschätzen mag? Oder handelt es sich um eine zur Schrift hinzutretende urteilende Instanz, einen ordnenden und kritischen Maßstab gegenüber der verwirrenden Menge des Schriftinhalts und seiner Deutungen? Das kann jetzt nicht im einzelnen erörtert werden. Nur zwei generelle Beobachtungen seien hervorgehoben.

Zunächst: Die erwähnten Und-Formeln mögen in ihrer theologischen | Auswirkung bedenklich sein. Sie zeigen jedoch durchweg ein theologisch unumgängliches Problem an. Keiner der genannten Faktoren kann einfach übergangen und eliminiert werden: weder die Tradition noch die Vernunft noch die Erfahrung. Nicht daß, sondern wie sie im Zusammenhang mit der Schrift in Betracht gezogen werden, ist der Gegenstand der reformatorischen Kritik an jenen Und-Formeln.

Und ferner: die erwähnten Und-Formeln empfehlen jeweils einen bestimmten Horizont als hermeneutisches Medium für den Umgang mit der Schrift: den kirchlichen, den rationalen und den empirischen Horizont. Trotz ihrer Verschiedenheit lassen sie sich doch im Grunde alle als Modifikationen eines Einzigen auffassen: des Erfahrungsaspekts. Denn die Berufung auf Tradition impliziert eine bestimmte Erfahrung von Autorität und Geborgenheit ebenso wie die Berufung auf die Vernunft eine solche von Evidenz und Stringenz.

Die zitierten Und-Formeln kann man also nicht einfach nur abweisen. Man muß ihrem Problemhintergrund Gerechtigkeit widerfahren lassen – eine Aufgabe, die jetzt nur angedeutet, nicht durchgeführt werden kann. Entsprechend ist auch das sola scriptura von einer Simplifizierung zu befreien, dank deren das Nein dazu ein allzu leichtes Spiel hat. Ihr zufolge stößt das sogenannte reformatorische Schriftprinzip sogar im heutigen Protestantismus weithin auf Unverständnis. Statt ein Ausdruck der Gewißheit ist es nunmehr vornehmlich eine Ursache von Unsicherheit, wenn man nicht gar das Schriftprinzip in falscher Sicherheit überhaupt für erledigt hält. Um nur einige im Grunde selbstverständliche Abgrenzungen hervorzuheben:

Das sola scriptura bedeutet im reformatorischen Sinne nicht die bloß textliche Ausgrenzung der Bibel als maßgebender Autorität. Diese Auszeichnung der biblischen Texte liegt schon im Begriff des Kanons, den auch die katholische Formel „Schrift und Tradition" keineswegs aufhebt.

Das sola scriptura schließt ferner nicht etwa andere Texte und Sachverhalte von der Beachtung aus. Sie gehören vielmehr mit hinzu, damit sich an ihnen die heilige Schrift als das erweist, was sie ist und vermag.

Das sola scriptura legitimiert schließlich auch nicht einen vom Geist der Schrift entleerten Umgang mit ihr, der sich eigenwillig auf herausgerissene Bibelstellen beruft, so daß die Schrift atomisiert und ihre Autorität formalisiert wird.

An solchen Verkehrungen des Schriftprinzips zeigt sich, daß der Umgang mit der Bibel nicht an Vernunft und Erfahrung vorbei erfolgen darf. Luther hat den theologischen Sinn des sola scriptura auf einen Begriff gebracht, der an der Frage orientiert ist, wie die Schrift zu verstehen sei und wie theologische Aussagen aus ihr entstehen. Sacra scriptura | sui ipsius interpres[2]: Die Schrift legt sich selbst aus, und zwar insofern, als aus ihr allein der Geist des rechten Umgangs mit ihr entspringt. Das ist der Sinn des sola scriptura, den die übrigen reformatorischen Exklusivformeln präzisieren, vorab das solus Christus. Nur eine solche Konzentration gewährt die Freiheit und Weite, die Luthers Umgang mit der Schrift auszeichnen.

Die altprotestantische Orthodoxie hat ihre dogmatische Prinzipienlehre in dem Kernsatz verankert: Die heilige Schrift ist das einzige Erkenntnisprinzip der Theologie, dasjenige also, woraus allein wahre theologische Aussagen hervorgehen. Dennoch steht, bei allem geschichtlichen Verständnis für die eingeschlagene Entwicklung, die dogmatische Arbeit der Orthodoxie zum reformatorischen sola scriptura in unverkennbarer Spannung. Dies zeigt sich einerseits an einem Konzentrationsverlust, dessen Folge der Verlust auch an Freiheit und Weite ist. Das reiche Ausbreiten detaillierter Glaubensartikel in der orthodoxen Dogmatik ist bezeichnenderweise mit Skrupelhaftigkeit und Enge gepaart. Anderseits besteht ein eigentümlicher Widerspruch zwischen der nachdrücklichen Hervorhebung des Schriftprinzips und dem dogmatischen Verfahren der Orthodoxie, das sich von der exegetischen Offenheit gegenüber der Bibel entfernte. So behauptete man nur noch, aus

---

[2] WA 7; 97,23 (Ass. omn. art., 1520). Vgl. meinen Aufsatz: „Sola scriptura" und das Problem der Tradition, in: G. EBELING, Wort Gottes und Tradition. Studien zu einer Hermeneutik der Konfessionen, (1964) 1966, 91–143, und s. o. S. 18, Anm. 3.

der Schrift allein zu schöpfen. Man riskierte es aber nicht mehr, in einer gegebenenfalls traditionskritischen Weise aus dem selbständigen Umgang mit der Schrift theologische Aussagen neu entstehen zu lassen. Infolgedessen stand man nun nicht allein der sich emanzipierenden Vernunft und Erfahrung hilflos gegenüber, sondern sogar einer theologischen Kritik, die sich auf die Bibel selbst berief.

2. Im Unterschied dazu findet sich nun auffallenderweise bei Luther auch die Formel „Schrift und Erfahrung". Man wird ihn nicht eines Widerrufs des sola scriptura verdächtigen. Vielmehr ist von dieser überraschenden Und-Formel eine Erläuterung dessen zu erwarten, in welcher Weise die heilige Schrift sich selbst auslegt und damit die Ausschließlichkeitsformel sola scriptura rechtfertigt. Ich beziehe mich im folgenden auf zwei Äußerungen aus dem Anfang der dreißiger Jahre des 16. Jahrhunderts: auf eine Notiz für die geplante, aber nie ausgeführte Schrift De loco iustificationis[3] sowie auf Bemerkungen in der Predigtreihe über | 1Kor 15[4]. Die Stellen verdienten eine ins einzelne gehende Interpretation. Ich muß mich darauf beschränken, die Hauptgesichtspunkte hervorzuheben.

In jenem Fragment betont Luther: Für seine Lehre sprechen außer dem Schriftgrund, von dem vorher schon gehandelt war, auch Wunder, nämlich seine eigenen Lebenserfahrungen. Sie gelten ihm mehr als sogar das Wunder einer Totenerweckung. Obschon seinen akademischen Graden nach und in seiner geistlichen Laufbahn bestens ausgewiesen, habe ihm doch dies alles nichts eingebracht für das, worauf es im Leben ankommt. Erst als er den Namen Christi ergriff und zum zweiten Mal Christ wurde, sei ihm

---

[3] WA 30,2; 672,37–673,17.

[4] WA 36; 495,1–508,13 = BoA 7; 281,19–283,37. Das Begriffspaar begegnet auch sonst gelegentlich bei Luther, z.B. WA 18;330,10 = BoA 3;66,32 = IL 4,128 (Ermahnung zum Frieden, 1525): Ihr bawern habt auch widder euch, schrifft vnd erfarung. Dies entspricht der unmittelbar vorangehenden Bemerkung 329,29 = 66,18 = 127: Yhr herren habt widder euch die schrifft und geschichte, wie die tyrannen sind gestrafft...

aufgegangen, was er jetzt hat und weiß. Am Verhältnis zum Namen Christi falle die Entscheidung. Durch ihn habe er alles, ohne ihn verliere er wieder alles, und dann bleiben nur Sünde und Tod. Es handelt sich also um eine lebensbezogene Gewissenserfahrung. Sie sei gewisser als das Leben selbst und ersetze viele tausend Wunder. Denn sie stimme mit der Schrift vollkommen überein. So habe er zwei unbedingt verläßliche und unwiderlegbare Zeugen: die Schrift und das Gewissen, nämlich eben diese dem Gewissen zuteilgewordene Erfahrung. Das Bezeugte ist dabei ein und dasselbe, aber es sind zwei Zeugen, gewiß nicht gleichgewichtige – der eine, das Gewissen, stehe für tausend, der andere, die Schrift, für unendlich viele Zeugen –, aber doch gehören sie zusammen, so wie eben auch die Predigt durch dasjenige ihre Bestätigung erfahre, was daraus folgt.

In 1Kor 15,3ff wird der Glaube an die Auferstehung Jesu Christi zwiefach begründet: mit dem Hinweis auf die Schrift – „daß er auferstanden sei am dritten Tage nach der Schrift" – sowie mit der Berufung auf verschiedene Erscheinungen des Auferstandenen – „und daß er gesehen worden ist von Kephas, danach von den Zwölfen" usw. Die Auslegung dieser Stelle gibt darum Anlaß, von einer Zweiheit der Zeugnisse zu reden: der Schrift und der Erfahrung. Luther verallgemeinert sofort: Ebenso wie die Gegner des Paulus in Sachen des Auferstehungsglaubens entbehren überhaupt alle, die von der Wahrheit des Glaubens abweichen, sowohl der Schrift als auch der Erfahrung. Und wie die Apostel die Schrift predigen und von ihrer eigenen Erfahrung zeugen, so könne auch er durch Gottes Gnade vom Glauben predigen, weil er die Schrift und ebenfalls die Erfahrung auf seiner Seite habe. Gemeint ist wieder die Gewissenserfahrung, wie durch die Anspielung auf das frohe Gewissen erläutert wird, das er seinen Gegnern abspricht.

Man könnte sich nun fragen, ob denn diese Äußerungen Luthers für unsere Themenstellung in Anspruch zu nehmen sind: Schrift und Erfah|rung als Quelle theologischer Aussagen. Kommt denn für Luther die Erfahrung unter dem Gesichtspunkt der Quelle in Betracht und nicht vielmehr als nur nachträgliche Bezeugung und Bestätigung? Gewiß stehen hier Schrift und Erfahrung nicht separat nebeneinander, so daß man wahlweise bald hieraus, bald daraus schöpfen könnte. In formal-homiletischer Sicht mag es sich so darstellen, wenn man biblische Darlegungen mit Erzählungen aus dem Leben verbindet. Aber auf den theologischen Sachverhalt gesehen, kann doch über die Aussagequelle kein Zweifel bestehen. Kurz vor dem Zitieren versichert Luther in derselben Predigt: „Wenn ich nicht in der Rüstung der Schrift bin, soll ich wohl Christus, Gott und alles verlieren."[5] Auch seiner Zeit lag es nahe, gegen den Glauben an die Auferstehung die Erfahrung auszuspielen. Im Blick darauf betont Luther, wie hoffnungslos man in diesen schwierigen Artikeln dran sei ohne die Schrift. Er könnte ebenfalls auf solche Weise argumentieren: wo denn einer hinkomme und sein Leib bleibe, wenn er von Vögeln verzehrt wird oder zu Asche verbrennt oder in der Erde stinkend verwest. „Summa: unsere Artikel stehen auf der Schrift."[6] Wenn Luther dann trotzdem sogleich von den zwei Zeugen, Schrift und Erfahrung, spricht, so ist das klar: Er meint nicht die an den Sinnen orientierte Verstandeserfahrung, sondern eben die Gewissenserfahrung, die durch das Zeugnis der Schrift ausgelöst wird: das Angenommensein durch Gott, das sogar gegen den Tod in Geltung bleibt. Freilich schließt diese Gewissenserfahrung nicht nur die Befreiungserfahrung in sich, sondern auch die Nichtigkeits- und Ohnmachtserfahrung, nicht nur das, was man durch Christus ist, sondern auch das, was man ohne ihn ist. Damit wird prinzipiell alle lebensrelevante Welt- und Selbsterfahrung zum Material der Gotteserfahrung, also zu theologisch relevanter Erfahrung.

Zugleich aber verbietet es sich, den unbestrittenen Primat der Schrift dadurch zur Geltung bringen zu wollen, daß man sie von der Erfahrung isoliert. Das wäre bereits dann der Fall, wenn man das Miteinander von Schrift und Erfahrung in ein Nacheinander auflöste. Dann käme eine für sich selbst feststehende und feststellbare Lehre noch zur Anwendung und müßte in die Praxis umgesetzt werden. Das kann dann schnell dahin umschlagen, daß sie als eine

---

[5] WA 36;504,3f = BoA 7;282,20f.

[6] WA 36; 504,6–11 = BoA 7; 282,23–28.

bloße Hypothese gilt, die sich von der vermeintlich eindeutigen Praxis her verifizieren oder falsifizieren lassen muß. Luther verbindet dagegen Schrift und Erfahrung zur Einheit eines unteilbaren Geschehenszusammenhanges, indem er beides durch den Begriff des Zeugnisses verklammert. Es scheint zwar gewaltsam, wenn er den Sachverhalt von 1Kor 15 unmittelbar auf die eigene Situation | überträgt. Für jene Auferstehungszeugen trat zum Schriftzeugnis die Person Jesu hinzu, die in den Erscheinungswiderfahrnissen als Gottes Tat erfaßt worden war. Für uns hingegen ist auch dieses testimonium nun gleichermaßen Schrift geworden. Dadurch hat sich jedoch die Zweiheit von Schrift und Erfahrung nicht erledigt, sondern nur auf uns hin verschoben. Wie diese Zweiheit in die Schrift selbst eingegangen ist, so geht sie auch weiterhin von ihr aus. Das Zeugnis der Schrift ist nur in Verbindung mit dem je eigenen Zeugnis weiterzugeben. Deshalb geht es bei der eigenen Erfahrung, die zum Schriftzeugnis hinzukommt, nicht bloß um eine nachträgliche Bestätigung (oder auch Widerlegung) der Schrift, sondern um den Fortgang des durch sie Bezeugten. Dazu gehören nicht Lehren allein, sondern lebendige Menschen. Und erst aus diesem Integrationsprozeß gehen das rechte Verständnis der Schrift sowie die wahre Erfassung des eigenen Lebens hervor. Erst dieses beides miteinander ermächtigt zu selbständigen theologischen Aussagen. Darum ist das Beieinander von Schrift und Erfahrung nicht teilbar. Entweder kann man sich auf beides berufen oder man hat keines von beidem für sich. Tertium non datur.

III

Diesen beiden Luther-Texten sind zwar wichtige Hinweise für unsere Fragestellung zu entnehmen. Sie wären aber überfordert, wenn man ihnen eine umfassende Auskunft über das Problem der theologischen Bedeutung der Erfahrung abverlangte. Das gilt schon für Luther selbst, der zu diesem Thema sehr viel mehr beizusteuern hätte. Ist doch seine gesamte Theologie eine unerschöpfliche Fundgrube für das Verhältnis von Schrift und Erfahrung. Eine darauf eingehende Untersuchung könnte aber, ganz

abgesehen von ihrer Undurchführbarkeit innerhalb des jetzigen
Vorhabens, der Aufgabe systematisch-theologischer Rechenschaft
ohnehin nicht genügen. Denn diese hat stets den gegenwärtigen
Erfahrungshorizont zu berücksichtigen.

Das kann jetzt nur durch den Versuch geschehen, den Problemkomplex etwas zu entwirren, um von trügerischen Denkge-
wohnheiten freizuwerden[7].

1. Die Gefahr von Verwirrung und Trug lauert schon in dem
Wort „Erfahrung". Dabei fungiert dieses Wort in der Neuzeit,
allerdings mit lang zurückreichenden Wurzeln, gerade als eine
Kampfparole gegen die Ur|sachen von Täuschung. Vereinfachend
kann man sagen: Erfahrung wird beschworen einerseits gegen das
bloß Gedachte, also gegen alle Weisen von Illusion, Dogmatismus
und Ideologie, andererseits gegen das nicht selbst Gedachte, das bloß
Überlieferte, das Ungeprüfte. Das Pathos der Erfahrung gilt darum sowohl der externen Wirklichkeit, die sich der Erfahrung aufdrängt, als auch der inneren Freiheit der autonomen Person, die
selber Erfahrungen macht, wobei dahingestellt sei, wie beides miteinander zusammenhängt. Nun bestehen von diesem Erfahrungsbegriff her zweifellos gewisse Beziehungen zur christlich-religiösen
Tradition – man halte sich nur etwa an den Schöpfungsgedanken,
der das Gewicht des Externen in sich schließt, und an die Verantwortung des Einzelnen, die ihn bei seiner Freiheit behaftet. Jedoch
sind diese Beziehungen zwischen dem neuzeitlichen Erfahrungsbegriff und der christlichen Tradition überwiegend verdeckt durch
beiderseitige Fehlentwicklungen und gegenseitige Mißverständnisse. Infolgedessen gerät der Glaube, nicht ohne Anlaß dazu gegeben
zu haben, in den Verdacht, grundsätzlich in Illusion und Tradition
befangen zu sein. Die nicht unberechtigte kritische Frage, worauf
er denn gründe und was er leiste, orientiert sich dann an einem
ohne weiteres für selbstverständlich gehaltenen Erfahrungsbegriff.

---

[7] Zum folgenden vgl. meinen Aufsatz: Die Klage über das Erfahrungsdefizit in der Theologie als Frage nach ihrer Sache, in: WG III,
1975, 3–28; W. Mostert, „Erfahrung als Kriterium der Theologie",
ZThK 72, 1975, 427–460.

Wenn nun die Theologie in dem richtigen Wissen darum, daß Glaube und Erfahrung letztlich zusammengehören, dieser Kritik zu begegnen versucht, so tut sie dies leicht mit dem schlechten Gewissen, den Erfahrungsbezug tatsächlich schuldig geblieben zu sein, und zugleich in dem apologetischen Bemühen, die Erwartungen des Zeitgeistes zu befriedigen. Läßt sie sich dann dabei kritiklos auf den ihr entgegengehaltenen Erfahrungsbegriff ein, so droht vollends ein verhängnisvolles Durcheinander. Denn dieser auf die berechenbare Empirie ausgerichtete Erfahrungsbegriff hat eine Entwicklungsrichtung eingeschlagen, die ihn zwar für Weltentdeckung und Weltbeherrschung sehr brauchbar macht. Jedoch droht dabei die letztlich entscheidende Intention von Erfahrung verfehlt zu werden, nämlich, daß der Mensch in der Begegnung mit der Welt seiner eigenen Wirklichkeit inne wird, indem er dem Unableitbaren, Unverrechenbaren, Widersprüchlichen, Geheimnisvollen begegnet. Die Folgewirkung einer solchen Abblendung des Lebensbezugs von Erfahrung kann dann sogar die sein, daß die technische Brauchbarkeit der neuzeitlichen Hinwendung zur Empirie sich selbst ad absurdum führt. Mit jener entscheidenden Intention von Erfahrung hat es jedoch die Religion zu tun, freilich nicht ausschließlich sie, aber vornehmlich sie, obschon gewiß nicht nur in hilfreicher, sondern leider vielfach auch in | verworrener Weise. Wenn nun aber die Theologie, anstatt um die wahre, dem christlichen Glauben gemäße Intention von Erfahrung zu streiten, ihren eigenen Beitrag dazu verkennt und sich kritiklos einem Erfahrungsbegriff ausliefert, der in bestimmter Hinsicht zwar sehr praktikabel, aber eben deshalb depotenziert ist, dann wird die Situation hoffnungslos.

Nun soll durchaus nicht einem krassen Dualismus zweier zueinander beziehungsloser Erfahrungsbegriffe das Wort geredet werden. Eine gewisse Antithetik darf freilich keinesfalls verschleiert werden. Man mag sie als Unterscheidung zwischen wissenschaftlicher Empirie und gewissensbezogener Lebenserfahrung kennzeichnen. Diese Antithetik hat polaren Charakter. Darin liegt ein Doppeltes: Zum einen gibt es im Umgang mit der Erfahrung eine weite Skala von Überschneidungen und Verbindungen der Erfahrungsaspekte. Zum anderen dient jene Unterscheidung der rechten Zuordnung und gegenseitiger Förderung beider Erfahrungstendenzen. Die Theologie wird vor viel Torheit bewahrt, wenn sie die wissenschaftlich-empirische Weltforschung ernst nimmt. Und diese wiederum wird ebenfalls vor viel Mißbrauch bewahrt, wenn für die Erfahrung Raum bleibt, die dem Einzelnen als Individuum von seiner Weltverantwortung her erwächst. Dabei geht es dann nicht um einen bloßen Freiraum neben der Weltverwaltung, die mit den Mitteln der Wissenschaft betrieben wird, vielmehr im Gegenteil darum, der Narrenfreiheit Einhalt zu gebieten, in der sich die Menschheit von den Zwängen treiben läßt, in die sie durch die technische Weltbeherrschung hineingeraten ist.

2. Genau das ist es, was von der heiligen Schrift erwartet werden darf oder, mit Luther pointiert zu reden, von dem Namen Christi, in dem die heilige Schrift zusammengefaßt ist: daß dem Menschen seine Situation in der Welt vor Gott zur Erfahrung kommt und sie dadurch zurechtgebracht wird. Darum geht es in allen theologischen Aussagen. Es ist ein verhängnisvoller Irrtum, als müßte der Glaube, auf den die Schrift abzielt, erst noch zusätzlich in die Erfahrung hinein transferiert werden. Vom Lebensbezug des Glaubens zu reden, ist im Grunde eine Tautologie. Der Glaube in wahrem Sinne besteht im Lebensbezug. Der gelebte Glaube ist nichts anderes als geglaubtes Leben. Er bringt in jeder bestimmten Lebenssituation die Grundsituation des Menschen, sein Sein in der Welt vor Gott, zur Erfahrung, wodurch die je gegebene Situation erhellt und verändert wird.

Wird das Verhältnis von Schrift und Erfahrung in dieser Weise bestimmt, dann ist darin schon eine Korrektur zweier gängiger Irrtümer in bezug auf das Erfahrungsverständnis eingeschlossen.

Sosehr Erfahrung darin besteht, daß dem Einzelnen durch den Lebensvollzug selbst etwas aufgeht, ist sie doch auf Sprache angewiesen und | darum auch auf Überlieferung. Der Mensch macht nur in dem Maße Erfahrungen, wie ihm Wirklichkeit geschichtlich zugänglich und erschlossen ist. Darum ist alle ponderable Überlieferung Überlieferung von Erfahrung, wie das schon beim Nachdenken über das Entstehen von Aussagen deutlich wurde. Überlieferte

Erfahrung ersetzt gewiß nicht eigene Erfahrung, kann aber diese freisetzen.

Und ferner: Sosehr Erfahrung der Vergewisserung dient, ist sie doch keineswegs ohne weiteres eindeutig. Je zentraler das Menschsein selbst zum Gegenstand der Erfahrung wird, desto strittiger wird die Erfahrung. Dasselbe Widerfahrnis – etwa eine unheilbare Krankheit – kann sehr verschieden erfahren werden. Es kann darum nicht überraschen, daß der in der Schrift intendierte Lebensbezug die Fundamentalunterscheidung zwischen diesem Leben und dem ewigen Leben aufbrechen, also die radikale Strittigkeit des Lebens selbst erfahren läßt.

Von daher wird die Vielschichtigkeit des Verhältnisses von Schrift und Erfahrung durchschaubar. Um nur Hauptmarkierungen zu setzen:

Zum einen handelt es sich um die in der Schrift selbst überlieferte Erfahrung, die in ihr zum Text geworden und so dauerhaft und verläßlich aufbewahrt ist. Darauf hat sich der Umgang mit der Schrift zu richten: auf die Erfahrungen zu achten, die in ihr ausgesagt sind, damit aus dem Text wieder lebendiges Wort werden kann. Folgt man diesem Hinweis, so verliert der bisher in theologischer Formelhaftigkeit gebrauchte Begriff der Schrift seinen Chiffre-Charakter. „Schrift" wird dann zu dem, als was sie unser Thema meint: zu der Ortsangabe für eine unerschöpfliche Lebensfülle.

Zum andern handelt es sich um diejenige Erfahrung, die der Begegnung mit der Schrift immer schon vorausgeht und als solche in dem rechten Umgang mit ihr auch immer schon vorausgesetzt ist. Hier dehnt sich der Horizont buchstäblich weltweit und umfaßt alles, was nur je und wie immer es erfahren worden ist und erfahren werden mag. Dazu die Schrift in Beziehung zu setzen, richtiger: die Beziehung zu erkennen, in der die Schrift dazu steht, ist für den Umgang mit ihr wesentlich.

Endlich handelt es sich um die durch die Schrift evozierte, durch sie ausgelöste Erfahrung. Angesichts der Strittigkeit der Lebenserfahrung sich auf die gottgemäße Erfahrung mit aller Erfahrung[8] einzulassen, dazu hält der Glaube an, gerade auch dann, wenn sein

---

[8] WG III, 22 und 25.

Lebensmaterial Situationen sind, die dazu nötigen, wider alle Erfahrung anzuglauben.

Daß Schrift und Erfahrung in dieser Zuordnung zueinander zur Quelle theologischer Aussagen werden, ist eine Sache, die jeden Christen angeht, | die aber von den zum Wortdienst Berufenen als Öffentlichkeitsauftrag wahrzunehmen ist. Dazu wiederum ist die Arbeit an einer Dogmatik des christlichen Glaubens, sofern sie gelingt, ein bloßer Hilfsdienst. Was dies für die dogmatische Methode bedeutet, kann nur noch mit wenigen Beispielen angedeutet werden.

In negativer Hinsicht ist deutlich, daß sich ein biblisch-statistisches Verfahren verbietet. Die Lehre von der Schöpfung oder die Eschatologie aus diesbezüglichen biblischen Einzelaussagen mosaikartig zusammenzusetzen, hieße nicht etwa bloß, der gegenwärtigen Welterfahrung nicht gerecht werden. Ein solcher Anschein von Schrifttreue widerspräche auch der Art biblischer Aussagen selbst. Deshalb kann es ein zwar nicht notwendiges, wohl aber hilfreiches Verfahren sein, bei theologischen Hauptthemen jeweils von einer Beschreibung dessen auszugehen, wie sich dem heutigen Betrachter die Welt- und Lebenswirklichkeit darbietet mit all den unbestreitbar vorhandenen Zügen in ihrem Sphinxgesicht samt deren umstrittener rätselhafter Bedeutung. Nicht daß man bei einer solchen Umschau von der Fiktion ausginge, als wüßte man noch nichts von der Bibel. Das Verfahren vollzieht sich keineswegs etwa grundsätzlich remoto Christo, als ob es Christus nicht gäbe. Vielmehr fungiert das von Christus her Erkannte gewissermaßen als Geigerzähler, um das beschrittene Gelände schärfer auf Verborgenes hin zu erfassen, jedoch in der Weise einer bloßen Beschreibung, die, wenn auch nicht mit allgemeiner Zustimmung sicher rechnen, so doch an sie appellieren darf. Auf diese Art habe ich beispielsweise die Darlegungen zur Inkarnation mit einer solchen Beschreibung des Menschseins eingeleitet, die Ausführungen über den Kreuzestod mit Beobachtungen zum Sterben des Menschen und die Behandlung der Auferstehung Christi mit Reflexionen über das Leben des Menschen[9]. Nicht in der Meinung, dadurch

9 D II, 51–63 132–149. 260–279.

ein Argumentationsverfahren in Gang zu setzen, durch das die Notwendigkeit und die Wahrheit der Glaubensaussagen bewiesen werden. Vielmehr geschieht es in der Absicht, das biblische Zeugnis so scharf wie nur irgend möglich der Breite der Wirklichkeitserfahrung zu konfrontieren: die Menschwerdung Gottes dem Menschsein des Menschen, den Tod Gottes dem Sterben des Menschen, das Leben Gottes dem Leben des Menschen. Dadurch wird der Glaube desto deutlicher in seinem Lebensbezug erkennbar.

Ein anderes Beispiel betrifft die Notwendigkeit, in die theologische Aussage das Reflektieren auf deren eigene Situation mit einzubeziehen. Deshalb ist es nicht geraten, etwa von der Schöpfung so zu handeln, daß dabei die Situation des Menschen als Sünders vor Gott ausgeklammert bleibt. Für die Gotteslehre hat sich aus diesem Gesichtspunkt des Situa|tionsbezugs eine doppelte Folge ergeben. Sie ist zum einen nicht von der postulierten Widerspruchslosigkeit des göttlichen Für-sich-Seins her zu entwerfen, sondern von der faktischen Widersprüchlichkeit des Redens über Gott her[10]. Im Gegensatz zu der metaphysischen Tradition dogmatischer Gotteslehre gewinnt dadurch das erste Gebot wieder fundamentale Bedeutung für die Lehre von Gott. Wer Gott in Wahrheit ist, wird nur dann begriffen, wenn die Zusage Gottes ergriffen und durch die Absage an die anderen Götter ernst genommen wird. Ferner hat die Gotteslehre ihren Schwerpunkt in die Situation des Redens zu Gott zu setzen. Das bedeutet, daß nicht nur die Lehre von den göttlichen Attributen, sondern auch die vom Sein Gottes aus der Lehre vom Gebet her zu entfalten ist[11].

Die Tragweite solcher Beispiele läßt sich aufgrund des nur flüchtig Angedeuteten selbstverständlich nicht hinreichend erkennen und beurteilen. Doch hat vielleicht allein schon der Grundgedanke etwas Ermutigendes. Die Verbindung „Schrift und Erfahrung" gibt nicht Anlaß zur Klage, weil sie etwa Ursache von Verlegenheit wäre. Sie ist auch nicht Ausdruck eines Kleinglaubens, welcher der Schrift allein nicht traut. Sie nennt vielmehr die unerschöpfliche

[10] D I, 159–173.
[11] D I, 193–210.

Quelle theologischer Aussagen, indem sie das Geschehen beschreibt, dem sich Glaubensgewißheit verdankt. Aufs kürzeste gesagt: Schrift und Erfahrung – das ist, wie die Luft zum Atmen, das Lebenselement des Glaubens.

*Von der Wahrheit des Glaubens**

Die Wahrheit des Glaubens – das ist eine Lebensfrage. Wer ernsthaft nach der Wahrheit des Glaubens fragt, wird durch das Leben dazu gedrängt. Er erwartet davon entscheidende Lebenshilfe. Und er muß notfalls mit dem Leben selbst dafür bezahlen. Um von der Wahrheit des Glaubens recht zu reden, vergegenwärtigen wir uns deshalb zunächst einige Situationen, in denen der Lebensbezug dieses Themas anschaulich wird.

Da gerät ein Mensch ins Unglück. Schlag auf Schlag wird ihm genommen, was Freude und Zuversicht gewährt: der Besitz, den er sich erarbeitet hat, Menschen, die ihm nahe stehen, seine Gesundheit, auf die er sich bisher verlassen konnte. Er ist ein frommer Mensch. Ist es aber damit nun ebenfalls vorbei? Wird durch die Flut des Unheils auch sein Glaube hinweggeschwemmt? Oder bewährt sich der Glaube gerade jetzt in anscheinend hoffnungsloser Lage? Wir kennen diesen Menschen. Vielleicht kennen wir ihn literarisch: Hiob heißt er in der Bibel, vielleicht aus betroffener Begegnung mit Leidgeprüften und Zerschundenen, vielleicht auch ein wenig aus eigener Lebenserfahrung. Das Unglück muß ja nicht immer so dramatisch geballt auftreten wie im Hiobbuch, nicht so brutal enthüllt werden wie in der Tagesschau. Bloße Nadelstiche können genügen, um dem Herzen so wehe zu tun, daß es verzweifelt aufschreit. Ob nun so oder so – in jedem Fall ist der Glaube von Tatsachen, Eindrücken, Prognosen und Ängsten umringt, die zutiefst in Zweifel ziehen, ob er denn wahr sei und nicht eine bloße Einbildung, die der Härte der Wirklichkeit nicht standhält.

---

* Deutscher Evangelischer Kirchentag Hamburg 1981. Dokumente, 1981, 223–231. Der Vortrag wurde am 20. 6. 1981 gehalten.

Oder: Da befindet sich ein Mensch im Schnittpunkt konkurrierender Wahrheitsansprüche. Nicht auf einem bloßen Bummel über den Markt religiöser und weltanschaulicher Möglichkeiten, sondern in einem echten Konflikt. Vielleicht so, daß eine junge Frau, ihrer Herkunft, Erziehung und inneren Einstellung nach eine Christin, mit einem Fremden, etwa einem Moslem, eine Liebesbindung eingeht. Wie soll sich nun ihr gemeinsames Leben gestalten, wohin sollen ihre Kinder einmal gehören? Oder vielleicht so, daß der Partner zwar derselben christlichen Lebenswelt entstammt, ihr aber entfremdet ist und von Religion überhaupt, welcher auch immer, nichts hält. Sollen sie miteinander um die Wahrheit streiten? Oder soll sich jeder in sich selbst zurückziehen und vor dem anderen das verbergen, was er über die tiefsten Lebensfragen denkt? Oder sollen sie sich auf den ge|meinsamen Nenner religiöser Gleichgültigkeit einigen, einer Toleranz, die nicht schwerfällt, weil sie kaum etwas zu tragen aufgibt? In solcher Lage, so könnte man meinen, dürfe man sich auf Jesus berufen, nicht als den Christus des Glaubens, vielmehr als das Vorbild der Liebe. So schätzen ihn ja die Verschiedensten hoch: Christen und Juden, Mohammedaner und Hindus, aber auch Marxisten und sonstige Atheisten. In der Tat, Jesus steht eigentümlich zwischen den Fronten und ist für alle da, – jedoch so, daß es gerade dadurch mit der Wahrheit Gottes todernst wird: „Gott geht zu allen Menschen in ihrer Not, sättigt den Leib und die Seele mit seinem Brot, stirbt für Christen und Heiden den Kreuzestod, und vergibt ihnen beiden", wie Dietrich Bonhoeffer gedichtet hat. Jesus werden wir nicht mit parteiischem Fanatismus gerecht, aber auch nicht mit der skeptischen Pilatus-Frage: „Was ist Wahrheit?" Fragen wir nach wahrer Toleranz im menschlichen Zusammenleben und orientieren wir uns dabei an dem, was Jesus auf sich nehmen mußte, um für alle Menschen dazusein, so erübrigt sich die Frage nach der Wahrheit des Glaubens keineswegs. Sie stellt sich dann überhaupt erst mit äußerster Schärfe.

Dazu noch ein drittes Situationsmodell: Da ist ein Mensch für die Verkündigung des Evangeliums in der Öffentlichkeit verantwortlich. Freilich ist jeder Christ als solcher berufen, Zeuge Jesu Christi

zu sein, indirekt auch in seiner wie immer gearteten öffentlichen
Tätigkeit. Nur muß er peinlich darauf achten: In seinem bürgerlichen Beruf als Richter etwa oder als Politiker oder als Journalist ist
er kein Evangelist, kein christlicher Prediger, sondern hat zu tun,
was dort seines Amtes ist. An der Sachlichkeit und Gewissenhaftig-
keit, mit der er dies tut, und an der Wachsamkeit gegenüber verant-
wortungslosem Mißbrauch seiner Möglichkeiten wird sich zeigen
und bewähren, daß er ein Christ ist. Nun gibt es in der Christenheit
aber in großer Zahl auch solche, die beruflich zu öffentlicher Verantwortung des Evangeliums bestellt und dafür ausgebildet sind,
soweit dies in Menschenmacht steht. Wenn es jetzt aber darum
geht, uns in eine entsprechende Situation zu versetzen, dann müssen wir an einen einzelnen derartigen Menschen denken, dem
solche Verantwortung – eine schwere Verantwortung! – auferlegt
ist. Ich rede hier aus Erfahrung. Was man an Aussageverantwor-
tung etwa in einem Verhör durch die Geheime Staatspolizei des
Dritten Reiches durchzustehen hatte, konnte, so seltsam dies
klingt, trotz des Zitterns, das einen dabei ankommen mochte,
zuweilen leichter fallen als die Zurüstung auf eine gewöhnliche
Predigt mit ihren unabsehbaren Folgen oder auch auf einen Vortrag wie diesen. Der krasse Unglaube, verkoppelt mit nackter
Gewalt, schafft eine eindeutige Situation. Anders verhält es sich
mit Unklarheiten, Zweideutigkeiten und Entstellungen, die dem
Glauben widerfahren können. Hier mit klarer Erkenntnis auf der
Hut zu sein, nicht irgend etwas daherzureden, keinem Jargon zu
verfallen, keiner Mode zu erliegen, sondern, wie Paulus es ausdrückt, geraden Kurs auf die Wahrheit des Evangeliums zu halten,
das ist ein schwieriges, anfechtungsvolles Geschäft. Paulus hat wie
kaum ein anderer dies durchlitten und ist infolgedessen den Märty-
rertod gestorben. Er hat der Christenheit den Weg gewiesen, daß
sie um des Evangeliums willen, das heißt, damit diese Quelle
wahren Friedens und wahrer Freude nicht | verunreinigt oder ver-
stopft werde, es mit der Wahrheit des Glaubens sehr genau nehme,
sie nicht in Schwärmerei rechter oder linker Observanz verkehre
und sie so verkommen lasse.

Ein Mensch in der Bedrohtheit seines Lebens, im Konflikt wider-

streitender Wahrheitsansprüche und in der Verantwortung für das
reine Evangelium – diese Situationen sind Wegweiser in die Frage
nach der Wahrheit des Glaubens. Dahinter wurden biblische Gestalten erkennbar: Hiob und Paulus und zwischen ihnen Jesus am
Kreuz. Sie sind Wegweiser auch in verworrensten Lebenskonkre-
tionen; und miteinander sind sie im Grunde ein einziger Wegweiser. So stellt sich unser Thema anders da, als man leichthin meint.
Sein Schwerpunkt liegt nicht darin, ob einzelne schwierige Glaubensaussagen wahr seien wie etwa die, daß Jesus von den Toten
auferstanden ist und daß auch unser die Auferweckung vom Tode
wartet. Vor solchen Fragen darf man sich gewiß nicht drücken. Der
Zugang zu ihnen öffnet sich jedoch nicht im Rahmen einer Verstan-
destheorie, vielmehr so, daß man der Lebenspraxis auf den Grund
geht. Dort heißt es, nicht mit bloßen Möglichkeiten zu spielen,
sondern wahrzunehmen, was im Ernstfall letztlich gilt und hält. Ist
der Blick auf den Grund der Lebenspraxis gerichtet, so kann ich
mich nicht in die Masse verlieren und brauche es auch nicht, sondern bin unerbittlich, aber auch befreiend als einzelner aus ihr
herausgerufen. Da wird unvertretbar meine Verantwortung akut,
wie ja auch unvertretbar ich selbst einmal leiden und sterben muß.
Eben darum darf ich mich nicht von Emotionen treiben lassen,
sondern muß selbst erkennen und bekennen, worauf ich mich
verlassen kann.

Eben deshalb, weil die Frage nach der Wahrheit des Glaubens
den Lebensgrund betrifft, mutet sie uns die Anstrengung zu, darüber auch nachzudenken. Denken heißt Unterscheidungen wahrnehmen, um Zusammenhänge zu erfassen. Gehen wir mit kritischer Sonde an den strittigen Komplex „Wahrheit des Glaubens"
heran, so muß sich herausstellen: Löst sich diese Wortverbindung
„Wahrheit des Glaubens" etwa als in sich unstimmig auf? Oder
können uns Unterscheidungen dazu anleiten, den Zusammenhang
von Wahrheit und Glaube zu verstehen?

Allerdings hat es den Anschein, als fielen bei scharfem Hinsehen
Glaube und Wahrheit in unvereinbare Gegensätze auseinander.
Sie dünken uns, getrennte Größen zu sein, die je für sich bestehen.
Der angeblich bekannte Glaube, so scheint es, werde vor das

Forum der vermeintlich verfügbaren Wahrheit zitiert, und damit sei das Urteil über ihn im Grunde bereits gefällt. Glaube sei ein bloßes Gefühl, etwas Irrationales. Darüber könne man nur unklar und verworren, eigentlich aber gar nicht Auskunft geben. Statt zu argumentieren, äußere sich der Glaube in emotionalem Votieren. Obwohl bloße Mutmaßung, gebärde er sich selbstsicher in willkürlicher Entschiedenheit. Obwohl auf Unbegreifliches und Unsagbares gerichtet, werde er in Dogmen trügerisch rationalisiert und so gegen die Wahrheitsfrage immunisiert. Wahrheit hingegen sei klar und kritisch, diskutierbar und beweisbar, Sache heller Vernunft und nicht dämmerigen Glaubens. Deshalb seien nicht nur einzelne Glaubensanschauungen zweifelhaft oder falsch. Der Glaube als solcher sei unwahr, eine Projektion von Wünschen und Ängsten, eine vielleicht schöne, aber gefährliche Illusion oder, wie man sagt – und solche | Religionskritik kann sich heute paradoxerweise durchaus mit Drogensucht paaren –: Opium des Volkes. Mit der Wahrheit des Glaubens, so meint man, sei es nichts. Eben das sei die Wahrheit über den Glauben.

Wie steht es aber sonst mit der Wahrheit? Mit einer nicht bloß verneinenden, zerstörenden, vielmehr bejahenden, aufbauenden Wahrheit? Ist Wahrheit etwa ein Prinzip fortschreitender Auflösung und Zersetzung? Entspricht der Wahrheit allein ein Skeptizismus, dem nichts standhält, ein Relativismus, der alles vergleichgültigt, ein Pluralismus, der sogar das Unverträgliche noch für verträglich hält? Geht daran nicht die Idee der Wahrheit selbst zugrunde? Hier kündigt sich eine eigentümliche Schicksalsgemeinschaft von Wahrheit und Glaube an. Kann überhaupt eines ohne das andere sein? Angesichts eines solchen Problemstrudels drängt sich die Suche nach Differenzierungen förmlich auf. Nicht alles, was Wahrheit heißt, ist einerlei Wahrheit. Nicht alles, was Glaube heißt, ist einerlei Glaube. Wir müssen zu unterscheiden versuchen.

Eine sachlich zutreffende Aussage nennen wir wohl im gängigen Sprachgebrauch wahr. Selten aber bezeichnen wir sie anspruchsvoll als eine Wahrheit, eher als eine Richtigkeit und ihr Gegenteil als falsch. Von dieser Art sind die Sätze und Theorien der Wissenschaft. Sie unterliegen grundsätzlich immer neuer Prüfung, ob sie sich als richtig bestätigen oder als falsch erweisen. Diese Wissenschaftswahrheit, wenn sie überhaupt so heißen soll, beruht auf objektiver Feststellung und ist vom persönlichen Leben und seinen Problemen grundsätzlich unabhängig. Den Gegenpol bildet die Lebenswahrheit. Sie betrifft das Lebensverhältnis aller Erkenntnis. Sie ist darum nicht objektivierbar, sondern auf die innere Einstellung bezogen: wie ich das, was mich angeht, wahrnehme, und ob ich bereit bin, es wahrzuhaben. Zwischen diesen beiden Polen, der Wissenschaftswahrheit und der Lebenswahrheit, liegt ein weites Feld der Überschneidungen und Übergänge. Aber wie auch immer, stets ist es der Mensch, der sich nicht nur täuscht und irrt, sondern auch zu täuschen und zu lügen vermag und damit Wahrheit allererst zum Problem werden läßt. Lüge kann Leben zerstören, Wahrheit kann zu rechtem Leben verhelfen. Durch eine solche freilich oft verborgene Bewährung bewahrheitet sie sich.

Sofern nun von der Wahrheit des Glaubens die Rede sein darf, meint sie offensichtlich nicht Wissenschaftswahrheit, sondern Lebenswahrheit. Glaube ist nicht wissenschaftlich beweisbar oder widerlegbar. Bleibt er aber daraufhin dem Belieben überlassen, oder ist er allein vom Erfolg her zu beurteilen? Auch hier gilt es, nach einer klärenden Unterscheidung zu suchen. Man behilft sich gern mit der Entgegensetzung von Fürwahrhalten und Vertrauen, einem Tatsachenglauben, der leicht mit dem Wissen in Konflikt gerät, und einem personalen Sichanvertrauen, das ein reines Wagnis ist. Diese Unterscheidung führt aber nicht viel weiter. Sie isoliert und verzerrt, was recht verstanden zusammengehört. An den Nerv der Sache rührt dagegen die Unterscheidung zwischen einem wahrheitsunempfindlichen und einem wahrheitsempfindlichen Glauben. Das erinnert noch einmal an die Wurzel des Wahrheitsproblems: an den Menschen als die Ursache und das selbstmörderische Opfer der Unwahrheit. In dieser Perspektive werden Wissen|schaftswahrheit und Lebenswahrheit miteinander akut. Eine methodisch exakte Wissenschaft, die aber das Leben mißachtet und so die Wahrheit halbiert, taugt ebensowenig wie ein dogmatisch korrekter Glaube, der aber gegen das allgemeine Wahrheitsbewußtsein taub ist und damit auch den Anspruch auf Lebenswahrheit verspielt. Die Beispiele eines wahrheitsunempfindlichen Glaubens erstrecken sich von bloßer Vermutung oder blindem Aberglauben bis zu Fanatismus und ideologischer Verblendung, von magischen Praktiken bis zur Terrorpraxis (ob sie nun mit Pflastersteinen und Bomben oder mit mißbrauchten Bibelversen und Gewissensdruck hantiert). Wahrheitsunempfindlicher Glaube ist unfrei und lieblos, weil eine Ausgeburt des Seins in der Unwahrheit. Der wahrheitsempfindliche Glaube dagegen strahlt Freiheit und Liebe aus. Denn er ist nicht das Produkt menschlicher Selbstverwirklichung. Im Gegenteil: Er ist das Versetztwerden des Menschen aus der eigenen Unwahrheit in die Wahrheit Gottes. Wie der Glaube vom Hören lebt, so macht er auch im Kampf des Lebens hörbereit und offen für alle Wahrheit. Und das ist doch ein Zeichen dafür, daß hier Freiheit und Liebe zur Einheit verbunden sind.

Indem wir zu unterscheiden lernten zwischen Wissenschaftswahrheit und Lebenswahrheit sowie zwischen wahrheitsunempfindlichem und wahrheitsempfindlichem Glauben, wurde das Band zwischen Wahrheit und Glaube keineswegs zerschnitten, sondern nur um so fester geknüpft. Für den Glauben kommt es dadurch freilich unumgänglich zur Entscheidung – zur Entscheidung zwischen Wahrheit und Unwahrheit. Nicht so, als wäre ihm die Frage nach der Wahrheit von außen aufgenötigt: etwa durch die neuzeitliche Aufklärung oder in weiterer Perspektive unter dem Einfluß des griechischen Denkens der Antike. Die Wahrheitsfrage ist tief in der biblischen Überlieferung selbst verankert. Wie hier das Wort Glaube als zentrale religiöse Kategorie seinen Ursprung hat, so auch die Verbindung mit dem Wahrheitsbegriff im Sinne der Lebenswahrheit. Charakteristisch dafür ist die biblische Rede von der Wahrheit Gottes und vom Wandel in seiner Wahrheit. Im Hebräischen gehören Glaube und Wahrheit sogar zu demselben Wortstamm, uns allen bekannt durch das „Amen", mit dem der Beter der Wahrheit Gottes Glauben schenkt, indem er sich auf die Verläßlichkeit Gottes verläßt. Im Neuen Testament konzentriert sich dies dahin, daß Jesus als der Grund des Glaubens „der Weg, die Wahrheit und das Leben" heißt.

Diese Verbindung von Glaube und Wahrheit bringt jene Glaubensgewißheit hervor, die das Gegenteil von Selbstsicherheit ist. Der seiner Wahrheit gewisse Glaube widersteht der Unwahrheit. Er führt den Glaubenden zur schonungslosen Selbstkritik, wie sie vor Gott als Bekenntnis des Sünderseins laut wird. Daraus folgt die unüberbietbare Art einer Religionskritik, die dem Glauben selbst entspringt: die Wachsamkeit gegenüber religiöser Heuchelei. Zugleich erwächst aus der Glaubensgewißheit eine religionsgeschichtlich einzigartige Freiheit zur Wahrheit, zu einem theologischen Denken, das sich über die Wahrheit des Glaubens umfassend Rechenschaft ablegt. Diese Freiheit befähigte das junge Christentum zu fruchtbarer Begegnung mit der griechischen Philosophie, die mittelalterliche Scholastik zu scharfsinniger theologischer Reflexion und den christlichen Glauben | in der Neuzeit zu einer nicht etwa bloß apologetischen, sondern verantwortlich mitdenkenden Auseinandersetzung mit der modernen Wissenschaft. Der Begriff der wahren Religion war der Antike völlig fremd. Er wurde erst von Augustin geprägt und ist ein spezifisches Signal der Christentumsgeschichte geworden. Allerdings verführte er weithin zu Selbstzufriedenheit und Rechthaberei, anstatt die Wahrheitsempfindlichkeit des Glaubens zu alarmieren.

Unsere eigene Gegenwart befindet sich im Blick auf die Wahrheitsempfindlichkeit im Zwielicht. Außer Kontrolle geratene Wucherungen in Wissenschaft und Technik, Wirtschaft und Medien, Politik und Privatsphäre zeugen von einer verhängnisvollen Wahrheitsunempfindlichkeit: ein vielfältiges Krebsgeschwür, lebenszerstörend für Umwelt und Innenwelt. Die immer greifbarer werdenden Folgen sensibilisieren allerdings zunehmend das Bewußtsein und die Gewissen. Man fordert mehr Durchsichtigkeit, sammelt und verbreitet Informationen, beteiligt sich an Demonstrationen, um der Wahrheit Bahn zu brechen. Allzu leicht aber gerät solcher Protest in den Sog ideologischer Verkrampfung und demagogischen Agierens und zeitigt auf diese Weise nur andere Auswüchse von Wahrheitsunempfindlichkeit. Soweit hier die Berufung auf das Christliche eingreift, wird auch mit der Wahrheit des Glaubens vielfach kurzschlüssig umgegangen: Sie wird auf Moralisches oder Politisches reduziert; sie wird ökumenisch nivelliert oder fundamentalistisch verengt und verhärtet; oder man flüchtet vor ihr in fernöstliche Meditation.

Dagegen verdichtet sich die Wahrheit des Glaubens zu entscheidungsgeladenen Erkenntnissen, wenn wir der Frage nach ihr wirklich stille halten. Entsprechend den drei Situationen, von denen wir ausgingen, wollen wir dies nun noch in Hinsicht auf drei Problemhorizonte tun: in Hinsicht auf das Bedrohtsein unseres Lebens, in Hinsicht auf den Widerstreit der Lebensauffassungen und in Hinsicht auf die Strittigkeit des christlichen Lebens selbst.

Was ist es angesichts all dieser verschiedenen Widrigkeiten um die Wahrheit des Glaubens? Was ist daran wahr, daß der Mensch zum Glauben gerufen ist, daß allein aus Glauben er zu einem wahrhaft rechten Menschen wird und daß der reine Glaube das Handeln zum Guten verändert? Wenn der Glaube so auf seine Wahrheit hin bedacht wird, ist selbstverständlich nur noch von dem wahrheitsempfindlichen Glauben die Rede. Woran hängt diese Wahrheitsempfindlichkeit des Glaubens? Ich sage es in aller Kürze: Der Glaube verdankt sich – das ist ein unableitbares Faktum – dem biblischen Wort, das als Gottes Wort vernommen wird und als menschliches Wort genaues Hinhören und gewissenhafte Verstehensbemühung verlangt. Der Glaube setzt sich ohne Scheuklappen der Konfrontation mit aller Lebenswirklichkeit aus, auch der widersprechendsten. Der Glaube geht ausnahmslos alle Menschen an und ist durch diese Universalität in seinem Wesen geprägt. Und er hat mit dem innersten Lebensnerv jedes Einzelnen zu schaffen. Das sind Grundvoraussetzungen der Wahrheit des Glaubens.

Was ist nun also angesichts des Bedrohtseins unseres Lebens daran wahr, daß wir zum Glauben gerufen sind? Der Glaube richtet uns auf Gott aus, den Ursprung und das Ziel aller Dinge, unser eigenes Woher und Wohin. Das ist nicht | eine Antwort auf kosmologische oder biologische Fragestellungen. Der Glaube löst keine Welträtsel; für sie ist die Wissenschaft zuständig. Glaube ist vielmehr das anbetende Ja zu dem Geheimnis der Wirklichkeit, wie es in der biblischen Überlieferung kundgeworden ist. Zur Orientierungsinstanz wird uns nicht ein Stück Welt und auch nicht der Weltprozeß als ganzer, sondern Gott der Schöpfer. Damit wird schlechterdings allem in der Welt der Herrschaftsanspruch über uns bestritten, auch uns selbst. Weil wir aus uns heraus orientierungslos und das heißt nun: gottlos sind, klammern wir uns an Dinge der Welt und verkrampfen uns in uns selbst. Darum sind Sorge und Angst, aber auch Langeweile und Ungeduld, Unzufriedenheit, Gier und Vermessenheit Grundbefindlichkeiten unseres Lebens, Gestalten des Unglaubens als der Ursünde. Wird jedoch als unser Woher und Wohin der Gott geglaubt, vor dessen Angesicht wir leben und dessen Gnade und Wahrheit über uns in Ewigkeit walten (Ps 117,2), so rückt der Umgang mit allen Dingen dieses Lebens, den angenehmsten wie den schrecklichsten, in ein völlig anderes Licht. Nichts kann uns dann von der Liebe Gottes trennen, weder die Güter dieses Lebens noch deren Verlust noch auch der Verlust dieses Lebens selbst. Die Worte Hiobs bleiben allem zum Trotz wahr: „Der Herr hat's gegeben, der Herr hat's genommen; der Name des Herrn sei gelobt!" (1,21) Ein christliches Begräbnis, bei dem man in diesem Geist ein Loblied singen kann, ist ein starkes Zeugnis für die Wahrheit des Glaubens.

Fernerhin: Was ist angesichts des Widerstreits der Lebensauffassungen daran wahr, daß allein aus Glauben wir rechte Menschen werden sollen? Die Formulierung schon ist provozierend. Gibt es doch so viele rechte Menschen, die nicht gläubige Christen sind, und so vieles Schlechte und Verkrüppelte auch unter uns Christen. Der Ausdruck „rechte Menschen" spielt hier auf die paulinische Rede von der Rechtfertigung an und will mit aller Eindringlichkeit die Frage nach dem wahrhaft rechten Menschen wecken. Nicht nach dem Ideal unserer Phantasie, sondern nach dem Menschen unserer Lebenswirklichkeit, der sich trotzdem von Gott angenommen wissen darf. Von ihm gilt: Allein der Glaube schenkt ein wahrhaft gutes Gewissen, einen Frieden, der alles übersteigt, was der Verstand ermittelt und begreift. Meist spricht man spöttisch und diskriminierend von dem „allein seligmachenden Glauben". Mit Recht, sofern man darunter eine Art christlicher Parteidoktrin versteht, auf die man so eingeschworen ist, daß man sich dadurch für gerechtfertigt hält. Die Wendung „allein aus Glauben" setzt jedoch nicht die eine Glaubensweise gegen andere Glaubensweisen. Es heißt ja nicht: allein aus christlicher Glaubensdoktrin. Die Wendung „allein aus Glauben" setzt vielmehr den Glauben als ein Wirken Gottes an mir in Gegensatz zu dem menschlichen Wahn, für Gott etwas tun zu können, ihm etwas vorweisen zu können. Dieser Wahn hat sich tief in uns eingefressen, ob nun mit religiösem oder säkularistischem Vorzeichen. Glaube – das sei doch zu wenig, bestenfalls ein Mittel zum Zweck, Motivation unseres Handelns. Das ist die Stimme der Leichtgläubigkeit, des sogenannten Glaubens des Menschen an sich selbst, an das Gute im Menschen. Das Kreuz Jesu Christi gilt diesem Pseudoglauben als bedauerlicher Zwischenfall und das daraus entspringende Evangelium als Ärgernis und Torheit. Man unterschätzt die Tiefe | und das Ausmaß unserer Verkehrtheit und verharmlost Sünde ins Moralistische. Deshalb wird diejenige Art von Toleranz unerträglich, die der Gekreuzigte geübt hat: „Er trug unsre Krankheit und lud auf sich unsre Schmerzen." (Jes 53,4) Vor ihm besteht kein Unterschied. Wir alle sind ursächlich an seiner Passion beteiligt. Wir alle dürfen aber auch an dem Segen dieser Liebe teilhaben und werden dadurch einer in Christus. Ist nicht die Mahlgemeinschaft der Sünder am Tisch des Herrn, ohne Unterschied von Klasse und Rasse, von Geschlecht und religiöser Leistung, ein bewegendes Zeugnis für die Wahrheit des Glaubens?

Was ist endlich angesichts der Strittigkeit auch des christlichen Lebens daran wahr, daß der reine Glaube das Handeln zum Guten verändert? Die Antwort wird den enttäuschen, der nun faszinierende Utopien und lautstarke Appelle zu rasanten Aktionen erwartet. Die Antwort auf die Frage nach der verändernden Kraft des Glaubens lautet sehr nüchtern: Der Glaube weiß zu unterscheiden zwischen Gottes und des Menschen Werk. Was bedeutet das für die Spannungen in der heutigen Christenheit und im besonderen für die beiden Brennpunkte der Zwistigkeiten: die Zertrennung in viele Kirchen mit widerstreitenden Glaubenslehren und die ungeheure Herausforderung zur Mitverantwortung für die Welt? Daß wir um ökumenischen Austausch und um wirksame Welterhaltung bemüht sein müssen, steht völlig außer Diskussion. Jedoch die simplifizierende Tendenz zu einer Einlinigkeit, die unterschiedslos

alles in eins mengt, verfälscht die Wahrheit des Glaubens und
verdirbt eben deshalb auch das Handeln. Symptom dieser simplifi-
zierenden Einlinigkeit ist eine grassierende Sprachverwirrung.
Beim Gebrauch von Worten wie Versöhnung, Freiheit oder Friede
wird der Unterschied der Bedeutung eingeebnet, die sie in der
Sprache des Glaubens und die sie in der Sprache des Handelns,
wenn nicht gar bloß des politischen Handelns, haben. Die fundamentalen biblischen Unterscheidungen zwischen Glaube und Liebe, zwischen ewigem und zeitlichem Leben, zwischen Evangelium
und Gesetz drohen infolgedessen ineinander zu verschwimmen.
Und entsprechend verliert auch die Unterscheidung zwischen Gott
und Welt ihr Profil und ihr Gewicht. Wenn uns entschwindet, was
Versöhnung durch Gott, was Freiheit vor Gott und von Gott her,
was Friede mit Gott bedeutet, dann werden Versöhnung, Freiheit
und Friede unter den Menschen verdorben. Denn wir verlieren
dann den Mut und das gute Gewissen gerade auch zu den unum-
gänglichen und gegebenenfalls unpopulären Notstandsmaßnah-
men, die erforderlich sind, um wenigstens notdürftig Versöhnung
anzubahnen, Freiheit zu ermöglichen und Frieden zu sichern. Allerdings macht dies alles miteinander eine einzige Wirklichkeit aus.
Das Leben wird durchaus nicht in beziehungslose Bereiche zerteilt.
Aber diese unsere eine Wirklichkeit trägt ungeheure Spannungen
in sich. Ihnen können wir nur gerecht werden, wenn wir sie wahrnehmen. Sie wären naiv verharmlost, wenn wir sie auf die Gegensätzlichkeit menschlichen Handelns reduzierten und dann hofften,
sie auch durch menschliche Kraftanstrengung zu überwinden. Eine
solche anscheinend gute Absicht macht alles nur um so schlimmer.
An die Ursache, die Ursünde, kommt man auf diese Weise nicht
heran.

   Gott selbst greift auf zweierlei Art ein: Durch die Welterhaltung
dämmt er die | Folgen der Sünde ein, durch das Evangelium der
Gnade geht er gegen die Sünde selbst vor. An beidem läßt er uns
mitwirken. Und zwischen beidem gibt es wichtige Beziehungen.
Das Evangelium befreit uns von dem titanischen Versuch, das Heil
der Welt zu erstellen. Es befreit uns aber auch zu der Liebe, die das
Motiv und das Regulativ alles rechten Handelns ist, nicht zuletzt

auch des Eintretens für Recht und Gerechtigkeit, um dem Chaos entgegenzuwirken, ob nun dem Chaos der Profitinteressen oder dem Chaos anarchistischer Gewaltakte. Um die Liebe kann es unter Christen nur einen ständigen Wettstreit geben. Sie lebt aber von der Wahrheit des Glaubens. Deshalb muß um die Reinheit des Evangeliums hart gerungen werden. Dies ist der einzig legitime Grund zu kompromißlosem Streiten auch unter uns Christen. Wahrheit – das gilt ganz allgemein – ist oft anstößig, aber auch leicht verletzbar. Es ist ein Zeugnis für die Wahrheit des Glaubens, daß von ihr beides in besonders hohem Maße gilt: Sie ist gewiß eine harte Wahrheit, und sie ist zugleich eine überaus zarte Wahrheit.

Zur Definition des Menschen[1]

Die Geschichte der Definition des Menschen als animal rationale – ihre Vorgeschichte wie ihre Wirkungsgeschichte – ist noch nicht geschrieben. Das Institut für die Wissenschaften vom Menschen sollte diese Aufgabe oder zumindest Teilaufgaben daraus in das Programm seiner Förderungsvorhaben aufnehmen. Das Thema weist auf einen weiten geschichtlichen Bogen, der sich ohne Unterbrechung von der griechischen Philosophie über die römische Antike, das Mittelalter und die Neuzeit bis zur Gegenwart hin erstreckt. Es rührt an die Grundformation des Abendlandes und spricht eine Problematik an, deren Brisanz im Verlauf von dessen Geschichte eher zu- als abgenommen hat. Mein Gesprächsbeitrag kann davon nur wenige historische und sachliche Aspekte andeuten. Er bezieht sich vornehmlich auf eine Thesenreihe Luthers De homine[2], die aber nicht willkürlich gewählt ist. Ich wüßte keinen vergleichbaren Text, der wie dieser an der Schwelle zur Neuzeit die Problemverknotung in der Frage der Definition des Menschen so markant zum Ausdruck brächte.

Den Menschen als animal rationale zu bestimmen, erscheint selbstverständlich und ist auch in bestimmter Hinsicht evident. Meine kurze Einführung beschränkt sich deshalb darauf, an das

---

[1] Als theologischer Diskussionsbeitrag vorgetragen am 12. 8. 1983 in Castel Gandolfo bei der Konstituierung eines interdisziplinären Beirats für das Institut für die Wissenschaften vom Menschen (Wien).

[2] WA 39,1;175–179. Vgl. dazu LuSt II,1: Disputatio de homine. Erster Teil: Text und Traditionshintergrund. Der kritisch edierte Text dort mit Übersetzung: 15–24. Nur in Übersetzung auch: IL 2;293–297. LuSt II,2: Disputatio de homine. Zweiter Teil: Die philosophische Definition des Menschen. Kommentar zu These 1–19.

Fragwürdige dieser Definition zu erinnern, zunächst von der geschichtlichen Erfahrung her, sodann aus theologischer Sicht.

In jener Definition sind zwei gegensätzliche Tendenzen wirksam: das Menschliche einerseits zu verengen, anderseits zu sprengen. Man könnte freilich zwischen beidem auch einen Kausalzusammenhang vermuten: ob die Verengung nicht die Explosivkraft erzeugt hat.

Der Weg von Aristoteles zu Boethius[3] führt von einem höchst lebendig gefüllten, keineswegs stereotypen Reden vom Menschen als zoon logon echon zu der Trivialformel animal rationale, dem logischen Schulbeispiel für das Definieren gemäß der arbor Porphyriana[4]. Bei Aristoteles steht die Rede vom zoon logon echon in engstem Zusammenhang mit dem Verständnis des Menschen als zoon politikon. Hier ist der Logos in seiner kommunikativen Sprachlichkeit präsent und damit der Mensch in seiner Sozialität und unter dem Anspruch des Ethischen. Das alles ist in der Wendung animal rationale zwar nicht ausgeschlossen, jedoch abgeblendet und nicht mehr ohne weiteres kenntlich. Der Mensch ist hier in doppelter Hinsicht abstrakt gefaßt: abgelöst sowohl von der Gemeinschaft mit anderen als auch von seiner Individualität, weil bloß als ein Exemplar der Gattung aufgefaßt. Das logon echein (Sprache haben), das immer auch ein logon didonai (Rechenschaft geben) einschließt, ist zu der ratio erstarrt als dem Vermögen der Abstraktion. Und aus der Sprache als Rede wird begriffliches Bezeichnen. Freilich wirken selbst in dieser verkümmerten Form charakteristische Züge des antiken Menschenverständnisses nach: die Orientierung am Allgemeinen auch bei der species specialissima, während das Individuelle und kontingent Geschichtliche außerhalb des Interesses bleiben; sowie die Erfassung des Bösen als etwas Marginalen, einer korrigierbaren Verfehlung oder eines tragischen Geschicks. Die biblisch-christliche Tradition stand dazu in Spannung, ging aber dennoch eine Verbindung damit ein, eine fruchtbare, freilich nicht gefahrlose Verbindung. Die scholastische Synthese zeigt beides eindrücklich.

---

[3] LuSt II,1;72–89.   [4] LuSt II,1;56–60.

Die sprengende Tendenz ergab sich aus der Verbindung von Antike und Christentum allenfalls nur indirekt. Man könnte eher sagen: durch diese Integration wurde etwas, was in dem Verständnis des Menschen als animal rationale schlummerte, zunächst erfolgreich gebunden, dann freilich unbeabsichtigt entbunden, je mehr sich das Humane aus der Verchristlichung emanzipierte und verändert daraus hervorging. Bei Pico della Mirandola[5] z. B. begegnet, durchaus in Kontinuität mit der traditionellen Definition des Menschen, die Aussicht auf eine unbeengte Freiheit des animal rationale in bezug auf die Möglichkeit, sich selbst zu definieren. Dadurch wird die Definibilität des Menschen überhaupt in Frage gestellt, freilich erst Jahrhunderte später in extremer Verzerrung durch Nietzsche und Sartre. Luthers bejahende Bemerkungen zur ratio als der differentia essentialis des Menschen[6] kennzeichnen deren Erfindungs- und Herrschaftsfunktion in bezug auf die Umwelt noch ganz in den Grenzen damaliger Wissenschaft und Praxis. Als Mensch des 20. Jahrhunderts vernimmt man darin freilich bereits das Grollen des sich anbahnenden Erdbebens, unter dessen noch unabsehbaren Auswirkungen die Menschheit leben, wenn nicht zugrundegehen muß. Der Mensch, der sein Wesen darin sieht, der Mitkreatur überlegen zu sein: den Tieren und was nur immer in der Welt verfügbar ist, so daß ihm alles zum Material der ratio wird, stößt in anscheinend unbegrenzte Möglichkeiten des Schaffens vor, erst recht aber des Zerstörens. Die Einheit des Menschen selbst, immer schon ein Hauptproblem im Umgang mit jener Definitionsformel: wie sich denn hier Sichtbares und Unsichtbares, Animalisches und Geistiges zueinander verhalten, wird um so rätselhafter, je mehr der Mensch die Einheit erzwingen möchte, indem er sich selbst rationalisiert und manipuliert oder in einen Irrationalismus flüchtet.

Wie stellt sich die Theologie zur philosophischen Definition des Menschen als animal rationale? Sie kann, so scheint es, entweder diese Definition als den Rahmen voraussetzen, in den die Glau-

---

[5] LuSt II,2;203–210.
[6] In Th. 4–9, dazu LuSt II,2;184–202.278–307.

bensaussagen einzuzeichnen sind; oder sie muß ihr eine theologische Definition des Menschen entgegensetzen. Den ersten Weg ist die Scholastik gegangen, freilich nicht ohne präzisierende Korrekturen am philosophischen Verständnis jener Definition. Den anderen Weg hat erstmals Luther eingeschlagen, jedoch nicht ohne das relative Recht der Rede vom animal rationale anzuerkennen und sich verpflichtet zu fühlen, sein kritisches Urteil zu begründen. Heute ist die Situation noch einmal eine andere angesichts äußerst fortgeschrittener Erfahrungen mit dem animal rationale sowie infolge innerphilosophischer Auseinandersetzung mit jener Definition. Durch Martin Heideggers Denken z. B. zieht sich diese Auseinandersetzung geradezu wie ein roter Faden. Doch dispensiert dergleichen nicht von der spezifisch theologischen Verantwortung.

Die Theologie muß geltend machen, was in philosophischer Anthropologie oder in den Humanwissenschaften nicht zur Geltung kommt, jedenfalls nicht in der Ausrichtung und Bestimmtheit, wie wir es dem Glauben an Jesus Christus verdanken. In biblischer Sprache ließe sich dies auf „Sünde" und „ewiges Leben" konzentrieren. Daß der Mensch der Sünde unterliegt, jedoch geschaffen und berufen ist zum ewigen Leben als Ebenbild Gottes, definiert ihn in theologischer Hinsicht. Statt durch eine klassifizierende Ortsanweisung innerhalb der Hierarchie des Kosmos wird er nun durch seine Geschichte definiert – seine Geschichte im eschatologischen Sinne von Heilsgeschichte[7]. Die Anthropologie auf den Sachverhalt der Sünde und des ewigen Lebens hin glaubhaft so zu entfalten, daß dabei die Weite der Wirklichkeitserfahrung in den Blick kommt, stellt die Theologie vor eine unerschöpfliche Aufgabe. Dabei befindet sie sich zwar immer schon implizit im Gespräch mit der Philosophie und den Wissenschaften. Jedoch ist es noch einmal ein anderes, wenn sich der Theologe zusammen mit diesen Gesprächspartnern der gemeinsamen Weltverantwortung konfrontiert sieht. Dazu noch eine Bemerkung.

Die Theologie hat in dieses Gespräch nicht primär Erkenntnisse über anthropologische Strukturen und Mechanismen sowie über

---

[7] Vgl. Th. 21–23.

ethische Normen einzubringen. Ihr eigentlicher Beitrag besteht in
der Feststellung: Wird Gott ausgeklammert, so bleibt letztlich auch
der Mensch selbst ausgeklammert, der Mensch nämlich als sündi-
ges, der Rechtfertigung bedürftiges Geschöpf. Die Wissenschaft
soll gewiß nicht mit Gott operieren. Der Wissenschaftler aber muß
sich dessen bewußt sein, was die Ausklammerung Gottes bedeutet,
zumal wenn es um den Menschen geht. Dies ist nicht dogmatistisch
vorzubringen, sondern an Phänomenen verständlich zu machen.
Was allen anthropologischen Gegebenheiten vorausliegt, sie umgreift und bedingt, ist jene Grundsituation des Menschen in seinem
Selbstsein vor Gott. Es sind zwei tief verschiedene Weisen, vom
Menschen zu reden: ob man ihn als species, in Hinsicht auf sein
allgemeines Wesen, im Auge hat, oder als Adam in der eigentüm-
lichen Identität dessen, was alle Menschen sind und was doch jeder
unverwechselbar in seinem Selbstsein als Einzelner vor Gott ist[8].

Von da aus wird deutlich, welches Gewicht für das Menschsein
den Relationen zukommt, viel mehr Gewicht als den Potenzen und
den Hervorbringungen des Menschen. Daß der Mensch als animal
rationale ratio hat, besagt noch nichts darüber, wie er sich zu ihr
verhält, wie er mit ihr umgeht: bekanntlich oft in höchst unvernünf-
tiger Weise bei partiell perfekter Rationalität. Der Mißbrauch der
Kreatur macht dies am offensichtlichsten. Sich dafür auf den göttlichen Schöpfungsbefehl „Dominamini"[9] zu berufen, ist eine blas-
phemische Verkehrung des Gebots, die Schöpfung gottgemäß zu
hüten und zu pflegen, sie zu kultivieren in dem ursprünglichen
Sinne dieses Wortes. Solcher Mißbrauch der Kreatur hat aber seine
entscheidende Wurzel darin, daß der Mensch die ratio als höchste
Urteilsinstanz über sich selbst in Anspruch nimmt. Offene oder
versteckte Selbstrechtfertigung ist die gefährlichste Weise der
Selbsttäuschung samt allen Folgen, die sich aus solcher Selbsttäuschung ergeben: als wäre der Mensch sein eigener Machthaber und
Richter. Er lebt in der Tat von dem Urteil, das ihn bejaht. Dieses
Urteil liegt aber nicht in seiner Macht, sondern allein in der Macht

---

[8] LuSt II,2;265 f.
[9] Th. 7: Gen 1,28. Dazu LuSt II,2;278–307.

Gottes, nicht deshalb nur, weil allein Gott ins Herz sieht, vielmehr
vor allem deshalb, weil ein solches bejahendes Urteil über den
Menschen von schöpferischer Macht sein muß. Denn es zieht nicht
einfach bloß Bilanz, sondern schafft den neuen Menschen, von dem
Luther einmal gesagt hat, der neue Mensch altere nicht[10].

Will man das anthropologische Gesamtgespräch im Blick auf den
theologischen Beitrag führen, so empfehlen sich dafür als Gegenstand der Diskussion vornehmlich zwei Begriffe, die heute zu den
am meisten beschworenen und zugleich am meisten mißhandelten
gehören und, obwohl als politische Parolen gebraucht, in das Zentrum des christlichen Glaubens weisen: Freiheit und Friede. Wie
könnte man Freiheit recht verstehen, ohne von Sünde und Vergebung zu wissen? Und wie könnte man Friede recht verstehen, ohne
von dem zu wissen, was alle Vernunft übersteigt und auch den Tod
hinter sich läßt, dem ewigen Leben?

---

[10] WA 40,3;564,5 f (Enarr.Ps 90, 1534/35): ...nos, qui credimus,
sumus ‚novi homines‘, non senescimus inaeternum.

Die Toleranz Gottes und die Toleranz der Vernunft*[1]

I. Einführende Überlegungen

Ist die Toleranz, diese Errungenschaft der Aufklärung, für uns etwa ein Problem, das wieder oder immer noch der Aufklärung bedarf? Die Idee der Toleranz leuchtet doch so ein und die Fälle ihrer Nichtverwirklichung schrecken so sehr ab, daß es hierzu, so sollte man meinen, nicht Worte brauchte, sondern nur Taten.

Jedoch gibt der Umstand zu denken, daß die sogenannte Neuzeit, die mit dem Pathos der Toleranz einsetzte und ihr die Bahn gebrochen hat, mehr und mehr von einer Flut der Intoleranz überschwemmt wird. Die Blutspur in der Geschichte der letzten zwei Jahrhunderte ist eine erschütternde Anklage auf maßlos gewordene Unduldsamkeit. Gewiß wäre hier nicht nur an religöse Phänomene zu denken, die sich uns historisch mit diesem Begriffs- und Problemfeld primär verbinden und die nach wie vor von brisanter Aktualität sind, ob nun Religion dabei als das Subjekt oder als das Objekt von Intoleranz auftritt. Es wäre auch an die tausendfachen Erscheinungen von Intoleranz in dem vermeintlich rein politischen Bereich zu erinnern: an die Unterdrückung von Minoritäten, die Verweigerung freier Meinungsäußerung, die Verletzung der Menschenrechte, an Terror und Folter, Revolutionen und Kriege, diese

* ZThK 78, 1981, 442–464. Wiederabgedr. in: Glaube und Toleranz. Das theologische Erbe der Aufklärung, hg. v. T. RENDTORFF, 1982, 54–73.
[1] Vortrag am 1. Okt. 1981 auf dem IV. Europäischen Theologen-Kongreß in Wien (28. Sept.–2. Okt. 1981, unter dem Gesamtthema „Glaube und Toleranz. Das theologische Erbe der Aufklärung").

Ausgeburten von Unvernunft und Fanatismus mit pseudoreligiö-
sen Zügen. In das Spektrum der Intoleranz gehören endlich auch
all die Symptome von Unverträglichkeit und Ungeduld in unserem
persönlichen und gesellschaftlichen Leben: daß wir diejenigen
Menschen und Verhältnisse, die für uns schwierig sind, sogleich als
lästig empfinden, sie nicht ausstehen und nicht aushalten können
und wollen. Das ist gewiß nichts Neues unter der Sonne, sowenig
wie die Erscheinungen in jenen ersten beiden Rubriken. Aber wie
sich dort bestimmte Ballungen und Steigerungen abzeichnen, so
könnte auch hier im gesellschaftlichen und persönlichen Bereich
das Gefälle der Neuzeit alarmierend wirken. |

Nun dürfen wir freilich das Problem, das mit dem Worte Toleranz angesprochen ist, nicht ins Uferlose weiten. Der durchaus
nicht zufälligen Konzentration auf die Frage religiöser Toleranz
sollten wir Folge leisten, uns aber auch nicht den weiten Zusam-
menhängen verschließen, in die wir dabei geraten. Wenn die stei-
gende Flut der Intoleranz, wie gesagt, zu denken gibt, wenn ihr also
mit bloßen Appellen und Aktivitäten nicht beizukommen ist, dann
führt das freilich nicht bloß in die Weite, sondern auch in die Tiefe
zu den verborgenen Wurzeln des Problemsachverhalts. Sollte, so
wäre zu fragen, der Bedrohung neuzeitlicher Toleranz allein durch
eine Rückbesinnung auf die verratene Aufklärung zu begegnen
sein? Oder ist die Krise dem Toleranzverständnis der Aufklärung
selbst – wenn auch nicht unmittelbar zur Last zu legen, wohl aber –
indirekt als tragische Auswirkung zuzuschreiben, so daß gewissermaßen eine Aufklärung in zweiter Potenz erforderlich wäre? Wenn
sich der Theologe dieser Frage annimmt, so hat er allen Grund, sich
dabei seiner Mitverantwortung für die Aufklärung bewußt zu sein.

Eine Differenz im Sprachgebrauch kann die Fragestellung vorläufig signalisieren, die mich zur Wahl meines Themas veranlaßt
hat. Einerseits spricht man von Toleranz, anderseits gebraucht man
Zusammensetzungen mit dem Worte Freiheit wie Glaubensfreiheit, Religionsfreiheit, Kultfreiheit oder Gewissensfreiheit. Jeder
dieser Ausdrücke hat seine eigene Herkunft und Geschichte, seine
innere Problematik und seine Verfallstendenz. Es ist jetzt unmöglich, das historische Material durchweg wortstatistisch und begriffs-

geschichtlich zu sichten. Dazu fehlt es auch weithin an Vorarbeiten[2]. Für den augenblicklichen Zweck genügt es, was die Vokabeln
und der geistesgeschichtliche Rahmen hergeben. Zudem wollen
wir uns auf das Gegenüber von Toleranz und – pars pro toto –
Glaubensfreiheit beschränken[3]. Trotz ihrer verschiedenen Sprach-
wurzeln werden | diese Ausdrücke vielfach synonym gebraucht.
Die Bedeutungsnuancen sind jedoch offensichtlich: Im einen Fall –
Toleranz – ist von einer gewährenden Instanz her gedacht, die in
bestimmter Hinsicht Toleranz übt. Im anderen Fall – Glaubensfreiheit – kann zwar ebenfalls von Gewährung die Rede sein; die
Konzeption aber ist an dem orientiert, was der Empfangende von
sich aus eigentlich schon hat. Dementsprechend haftet dem Worte
Toleranz eher eine negative Nuance an, das Ausschließen von
Verboten und entsprechenden Maßnahmen, während der Ge-
sichtspunkt der Glaubensfreiheit den starken Klang einer positiven
Gegebenheit und eines Ideals hat. Man könnte die Akzente freilich
auch etwas anders setzen: Toleranz erinnert an das sogenannte

---

[2] Zu „Toleranz" bemerkt H. BORNKAMM, RGG[3] VI, 934: „Die (noch
nicht untersuchte) Wortgeschichte folgt der Problemgeschichte." Zu
„Gewissensfreiheit": J. LECLER, Liberté de conscience. Origines et sens
divers de l'expression, RSR 54, 1966, 370–406; dt. in: Zur Geschichte
der Toleranz und Religionsfreiheit, hg. v. H. LUTZ (WdF 246), 1977,
331–371.

[3] Zum Vergleich der Begriffe Toleranz und Religionsfreiheit vgl. H.
R. GUGGISBERG, Wandel der Argumente für religiöse Toleranz und
Glaubensfreiheit im 16. und 17. Jahrhundert, in: WdF 246 (s. Anm. 2),
(455–481) 458f: „Ein Mensch übt Toleranz, wenn er einen anderen
Menschen duldet, der sich in seinen Meinungen und Anschauungen
und vielleicht auch in seinem Handeln von ihm unterscheidet. Eine
Obrigkeit praktiziert Toleranz, wenn sie religiöse Minderheiten, die
sich von der offiziellen Kultausübung distanzieren, in ihrem Staatswesen leben läßt. . . . ‚Religionsfreiheit' hingegen bedeutet ein gewährtes
Recht und dadurch einen Zustand, den die Bürger eines Staatswesens
genießen, und zwar als Konsequenz der von der Regierung praktizier-
ten Toleranz. Anders gesagt: Toleranz ermöglicht, gewährt und schafft
Religionsfreiheit, Religionsfreiheit ihrerseits erlaubt die Entstehung
eines religiösen Pluralismus innerhalb der staatlich-politischen Gemeinschaft."

positive Recht, an geschichtlich bedingte und begrenzte Gesetzgebung, während die Parole der Glaubensfreiheit ein Naturrecht oder
allgemeines Menschenrecht als Norm der Gesetzgebung postuliert.
Die Konvergenz ist offensichtlich. Wir wollen aber trotzdem noch
etwas auf die divergierenden Ansätze achten.

Tolerantia, tolerare meint ursprünglich das Ertragen, das Erdulden von Übeln und Unrecht, und zwar nicht durch einen willenlos
oder widerwillig Leidenden, sondern so, daß das Leiden bejaht, die
Last willentlich getragen wird, also nicht aus Schwäche, sondern
kraft einer virtus, einer Tugend, die von innen her bewältigt, was
einen von außen her überfällt. So verstanden, berührt sich tolerantia eng mit patientia. Von ihr spricht die stoische Ethik[4] und, anders
begründet und getönt, die christliche Paränese[5]. Demgegenüber
stellt der wohl erst im 17. Jahrhundert aufgekommene Gebrauch
des Wortes Toleranz als Terminus technicus des Staatskirchenrechts anscheinend eine zweite, neue Bedeutung dar. Aber mit
bloßer semantischer Teilung des Wortfeldes ist es | nicht getan,

---

[4] Bei dem Stoiker L. Annaeus Seneca († 65 n. Chr.) wird die tolerantia (Synonymbegriffe: patientia, ep. moral. 66, 14; 67, 5 und perpessio,
66, 12; 67, 10) als gleichrangiger Wertbegriff den in der stoischen Ethik
geläufigen Einzeltugenden (tranquillitas, simplicitas, liberalitas, constantia, aequanimitas) zugerechnet (66,13). Die explizite Qualifizierung der tolerantia als Manifestation sämtlicher Tugenden (cum aliquis
tormenta fortiter patitur, omnibus virtutibus utitur, 67, 10) sowie die in
Abgrenzung zu anderen Stoikern betonte Bestimmung der tolerantia
als eines erstrebenswerten Gutes (bonum optabile, 66, 5; 67,5) verraten
eine erkennbare Bedeutungszunahme des Toleranzbegriffs innerhalb
der Ethik der kaiserzeitlichen Stoa. – Diese Angaben verdanke ich
meinem Assistenten BERNHARD NEUSCHÄFER.

[5] Patientia vom Frommen ausgesagt, im AT: Hi 4,6 17,15 Ps 9,19
61 (62),6 70 (71),5 Spr 19,11 25,15 Pred 8,12 Jer 29,11 Tob 2,12 Sir
2,4.21 3,9 Weish 2,19 – im NT: Lk 8,15 21,19 Röm 2,7 5,3f 8,25
15,4 2Kor 6,4 12,12 Gal 5,22 Eph 4,2 Kol 1,11 3,12 2Thess 1,4
1Tim 6,11 2Tim 3,10 4,2 Tit 2,2 Hebr 6,12 10,36 12,1 Jak 1,3f
5,10 2Petr 1,6 Apk 1,9 2,2f.19 13,10. Ich beziehe mich auf den
Vulgata-Text mit Rücksicht auf seine Wirkungsgeschichte im kirchlichen und theologischen Sprachgebrauch.

zumal die Grenzen fließend sind. Der Bedeutungsübergang von Geduld zu Duldung ist schon im Mittelalter anzutreffen[6] und verstärkt sich in der Reformation in Verbindung mit dem Aspekt der Rücksicht auf die Schwachen[7]. Unter welchen Umständen und wie lange bestimmte Lehren oder Riten noch tolerierbar seien, wird als ein Gewissensproblem theologisch ernst genommen, auch unabhängig von der politischen Machtkonstellation. So wird das Toleranzproblem reformatorischerseits nicht dazu erörtert, für sich selbst Toleranz zu fordern, sondern um zu klären, wieweit und wielange das Bestehende noch zu tolerieren sei. Dieses Toleranzverständnis ist an der Spannung zwischen Glaubenswahrheit und Liebespflicht orientiert und meint wesenhaft ein leidendes Ertragen von etwas, was eigentlich nicht sein soll. Aber auch mit der späteren Rechtsbedeutung von Toleranz verbindet sich dank diesem Wort zunächst immer noch die allmählich verblassende Erinnerung, daß es sich um die Duldung von etwas eigentlich nicht zu Duldendem handelt. Damit verlagert sich der Leidensaspekt, so grotesk das klingen mag, von demjenigen, der bisher verfolgt war und jetzt geduldet wird, zu dem hin, der ihn samt seiner falschen Religion bisher unterdrückte und nun duldet. Solches Tolerieren büßt freilich in dem Maße den Charakter eines Erduldens von etwas, was nicht sein soll, ein, wie der Horizont der Wahrheitsfrage entschwindet. Dann beruht Toleranz, entgegen dem Wortsinn, darauf, daß zu einem Erdulden überhaupt kein Anlaß mehr besteht. Das nun einmal üblich gewordene Wort Toleranz nimmt jetzt den Sinn der aufgeklärten Tugend indifferenter Weitherzigkeit an.

Die Wortzusammensetzungen mit Freiheit dagegen wie z. B. Glaubensfreiheit setzen an die Stelle des Duldens von Unrecht einen unverlierbaren Rechtsanspruch, dessen Verweigerung nicht zu dulden ist. Gewiß muß man notfalls dafür kämpfen und leiden, jedoch nur, um sich vom Leidenmüssen freizukämpfen. Das Erdulden ist hier so prinzipiell ausgeschlossen, daß die Glaubensfreiheit

---

[6] Z.B. Thomas von Aquin, S. Th. 2/II q. 10a 11: Utrum infidelium ritus sint tolerandi. Dazu s. u. Anm. 50.

[7] S. u. Anm. 30.

nicht nur dann als verletzt gilt, wenn sie unter Verursachung von
Leiden versagt wird, sondern auch dann, wenn sie bloß geduldet
wird und nicht uneingeschränkt anerkannt ist. Geht es dabei doch
um nicht weniger als um den Respekt vor der Würde menschlicher
Person. Hier stellen sich dann aber trotzdem leidige | Probleme ein
mit gegebenenfalls schmerzhaften Folgen. Ein Freiheitsrecht stößt
sich schnell mit den Freiheitsrechten anderer, gerät in Konflikte
und wird zu einschränkenden Kompromissen gezwungen. Gilt dabei etwa das Faustrecht? Oder unterliegen die Freiheitsansprüche
nicht doch gewissen Rechtsnormen und Kriterien? Kann denn etwa
für alles in gleicher Weise Freiheit beansprucht werden? Könnte es
nicht religiöse Erscheinungen sowie Berufungen auf Glaubens- und
Gewissensfreiheit geben, die deshalb nicht ohne weiteres zu dulden
sind, weil sie das Fundament solcher Freiheit untergraben und die
Würde menschlicher Person mißachten? Wie kommt es aber darüber zur Verständigung? Die Schwierigkeiten, die sich hier einstellen, wird man nicht erhellen können, ohne sich des weiten Weges
und tiefen Wandels bewußt zu sein, den Begriffe wie Glaubensfreiheit oder Gewissensfreiheit durchlaufen haben. Dem reformatorischen Denken entsprungen, haben sie sich weit von ihm entfernt.
Die Freiheit, die der Glaube an Jesus Christus gewährt, wurde zu
einer Freiheit, die der Staat jedem beliebigen Glauben gewähren
soll[8]. Die Freiheit, die durch das Evangelium dem Gewissen zuteil
wird, wurde zu einer Freiheit, die jedes Gewissen von sich aus hat
und beansprucht[9]. Nicht mit ungebrochenem Stolz, vielmehr mit
einigem Schrecken und mit Scham denken wir an die Anzeichen
einer gesellschaftlichen Paralyse, die daraus schließlich hervorzu-
gehen droht.

Unter dem Eindruck einer so beunruhigenden Perspektive
drängt sich die Aufgabe einer theologischen Begründung von Toleranz auf[10]. Dafür habe ich eine unkonventionelle Formulierung

---

[8] Vgl. D I, 85 f (Glaubensfreiheit als Beispiel des Säkularisierungs-
problems).

[9] Vgl. Lecler (s. Anm. 2).

[10] H. Bornkamm, RGG³ VI, 943: „Da der Weg zu ihr [der Toleranz]
vom Glauben her, wozu es bei Luther Ansätze gab, nicht gefunden

gewählt. Sicher wäre eine solche Rechenschaft auch in der ursprünglich vorgesehenen Fassung „Wahrheitsanspruch und Toleranz"[11] möglich. Ich wollte aber den Anschein meiden, als verhiel-
te sich die Theologie, die den Wahrheitsanspruch des christlichen
Glaubens vertritt, zum Gedanken der Toleranz in erster Linie
apologetisch. Deshalb sollte schon das Thema zum Ausdruck bringen, daß Gott selbst sich der Toleranz annimmt, allerdings in ei-
nem | nicht unkritischen Verhältnis zum Toleranzverständnis der
Vernunft. Und ferner lag mir an dem Versuch, einen theologisch
zentralen Luther-Text[12], in dem, scheinbar fern von unserem Toleranzproblem, die Wendung tolerantia Dei begegnet, gewissermaßen als Sprungbrett zu benutzen, um mich in dieses schwierige
Thema katapultieren zu lassen, oder sollte ich besser sagen: an ihn
als Planke mich zu klammern, um in dem Sog der Probleme nicht
unterzugehen.

Die nicht gerade häufig gebrauchte Wendung „Toleranz der
Vernunft" verrät zwar eine Akzentuierung aus theologischer Sicht,
bringt aber im Grunde Selbstverständliches zum Ausdruck. Wenn
auch im Humanismus zunächst noch stark religiös bestimmt, findet
die Toleranzidee doch mehr und mehr ihre Begründung in der
Rationalität[13]. Aufklärung und Toleranz sind untrennbar ver-
schwistert. Erst recht bei völliger Säkularisierung hat die Toleranz
keinen anderen Grund als die Vernunft, ist von ihr geboten und
durch sie normiert[14]. Doch kann man nicht sagen, die Vernunft sei

---

wurde, war sie aus der Skepsis gegenüber dem Dogma erwachsen."
Ähnlich Ders., Das Problem der Toleranz im 16. Jahrhundert, in:
Ders., Das Jahrhundert der Reformation. Gestalten und Kräfte,
1966², (262–291), 289 = it 713 (342–379) 377: „...daß es zu einer
Toleranz aus dem Zweifel kam, weil der Weg zur Toleranz aus dem
Glauben nicht gefunden worden war..."
[11] Zu diesem Thema zu sprechen, war ich von dem inzwischen
verstorbenen Kollegen Wilhelm Dantine aufgefordert worden, und so
lautete es noch im gedruckten Programm des Kongresses.
[12] S. u. Anm. 27.
[13] Vgl. dazu den Aufsatz von Guggisberg, s. Anm. 3.
[14] Auch die Wandlung des geistigen Gesamtklimas gegenüber dem
Vernunftoptimismus der Aufklärung ändert daran grundsätzlich

das Subjekt von Toleranz. Das ist vielmehr der Mensch, der mit Vernunft ausgestattet, aber nicht dagegen gefeit ist, von der Vernunft einen höchst unvernünftigen Gebrauch zu machen. So bringt die ausdrückliche Hervorhebung „Toleranz der Vernunft" zumindest auch die Gefährdung und Zerbrechlichkeit von Toleranz zum Bewußtsein.

Die Wendung „Toleranz Gottes" findet sich nicht nur äußerst selten[15], sondern klingt auch befremdend. Dem Gott des ersten Gebots, der keine anderen Götter neben sich duldet, kommt anscheinend eher das Prädikat der Intoleranz zu[16]. Die Bibel nennt

---

nichts. Vgl. A. MITSCHERLICH, Toleranz – Überprüfung eines Begriffs, 1973; in seinem gleichbetitelten Sammelband (Suhrkamp Taschenbuch 213), 1974, 7–34. F. DÜRRENMATT, Über Toleranz, 1977; in: DERS., Werkausgabe 1980, Bd. 27: Philosophie und Naturwissenschaft. Essays, Gedichte und Reden, 125–149.

[15] Ich fand sie nachträglich in einer nur beiläufigen Bemerkung bei FR. J. STAHL, Über christliche Toleranz. Ein Vortrag, 1855, 7: „Die Toleranz Gottes, welche das Urbild aller ächten menschlichen Toleranz ist, geht immer auf Bekehrung des Menschen. Seine Langmuth will zur Buße führen. So auch die christliche Toleranz."

[16] Mit eindrücklichen Formulierungen STAHL (s. vorige Anm.), 3–5: „Grade den äußersten Gegensatz gegen diese Toleranz der Aufklärung bildet die Offenbarung Alten und Neuen Testaments. Der Gott der heil. Schrift ist nicht tolerant, er ist ein eifersüchtiger Gott..." Unter entsprechenden Absicherungen überschreibt E. BRUNNER, Die christliche Lehre von Gott (Dogmatik I), 1946, 185f, einen Exkurs: „Die ,Intoleranz' Gottes". Dort heißt es u. a.: „Die Wahrheit selbst ist intolerant... Und das Gute ist intolerant... Es ist darum kein Zufall, daß die höchsten geistigen Religionen intolerant sind – nämlich alle diejenigen, die Gott als Herrn anerkennen, – daß vor allem der Glaube, der allein den heiligen Herrn kennt, im höchsten Grade intolerant ist. Aber weil diese Heiligkeit mit der Liebe, dieser Herrenwille mit der Selbsthingabe identisch ist, kann echter Christusglaube seine Intoleranz nur in liebendem Missionswillen bewähren, der auf alle, sogar beschützende, Gewalt verzichtet." Vgl. auch K. BARTH, KD II/1, 1946, 500 (in dem § über die Vollkommenheiten der göttlichen Freiheit): „Kein gefährlicherer, kein revolutionärer Satz als dieser: daß Gott Einer, daß Keiner ihm gleich ist! ... Wird dieser Satz so ausgesprochen, daß er gehört und begriffen wird, dann pflegt es immer gleich 450 Baalspfaffen

Gott freilich dennoch gelegentlich | den Deus patientiae[17] und sagt
von ihm longanimitas aus[18]. Die klassische Dogmatik hat in das
umfangreiche Register göttlicher Attribute wohl misericordia und
patientia aufgenommen[19]. Ein Vorkommen von tolerantia in diesem Zusammenhang ist mir jedoch unbekannt. Das ist natürlich
durch den Sprachgebrauch der Vulgata bedingt, die überhaupt nur
ein einziges Mal die Vokabel tolerantia verwendet[20] und nie das
Verbum tolerare, während das Adjektiv tolerabilis zweimal begegnet[21]. Das stärkere Eindringen dieser Wortgruppe in die Theologie
wäre eine Untersuchung wert. Nach Ausweis des Index Thomisticus wird tolerantia – wie im stoischen Sprachgebrauch – nur mit
dem Genitivus obiectivus verbunden, den zu ertragenden Übeln,
zuweilen auch absolut gebraucht und semantisch als patientia er-
klärt[22]. Entsprechend verhält es sich mit | dem wesentlich häufiger

---

miteinander an den Leib zu gehen. Gerade das, was die Neuzeit Toleranz nennt, kann dann gar keinen Raum mehr haben. Neben Gott gibt
es nur seine Geschöpfe oder eben falsche Götter und also neben dem
Glauben an ihn Religionen nur als Religionen des Aberglaubens, des
Irrglaubens und letztlich des Unglaubens." Sowohl für BRUNNER wie für
BARTH ist das Wort Toleranz so belastet, daß die Verbindung „Toleranz
Gottes" gar nicht in Erwägung gezogen wird, obgleich von der Sache
her diese Wortbildung auch für sie nicht grundsätzlich ausgeschlossen
sein sollte. Zu dem pejorativen Verständnis von Toleranz bei BARTH
vgl. KD III/4, 1951, 549 (im Zusammenhang einer Polemik gegen „jene
inhaltslose, unfruchtbare, im Grunde tief langweilige sogenannte
‚Transzendenz'"): „...das etwas öde Gebot der Toleranz, d.h. der
Unterlassung aller ‚Verabsolutierungen', in Wirklichkeit: der Vermeidung aller positiven Aussagen über ihren allfälligen Gehalt oder ihre
allfällige Weisung scheint das einzige, relativ Sichere zu sein, was sich
aus der Anschauung dieses Gespenstes ergeben kann."
   [17] Röm 15,5, vgl. 2,8 9,22 Apk 3,10. Mit negativem Vorzeichen: Jer
15,15 Lk 18,7. Von Christus ausgesagt: 1Tim 1,16 2Thess 3,5.
   [18] Röm 2,8 2Petr 3,15.
   [19] So z. B. J. Fr. König, Theologia positiva acroamatica, 1664, § 68f,
s. C. H. RATSCHOW, Lutherische Dogmatik zwischen Reformation und
Aufklärung II, 1966, 77.
   [20] 2Kor 1,6 als Wiedergabe von ὑπομονή.
   [21] Est 7,4 Mt 10,15.
   [22] Index Thomisticus, Sectio II, Concordantia prima, Vol. 22, 1974,

verwendeten Zeitwort, durch das dann aber auch die Beziehung zu den Ungläubigen und Häretikern, also das Problem der Toleranz im uns gewohnten Sinne, thematisiert wird. In der mystischen Erbauungsliteratur des Spätmittelalters begegnet die Wortgruppe ebenfalls, freilich seltener als ihre Synonyme wie ferre, sufferre, sustinere oder pati samt Derivaten[23]. Auch bei weiteren Stichproben traf ich im mittelalterlichen Sprachgebrauch nirgends die Verbindung tolerantia Dei an und nur selten die Verbindung mit dem Genitivus subiectivus tolerantia Christi. Diesen durchaus korrekturbedürftigen Beobachtungen ist für unseren Zweck nur so viel zu entnehmen: Luthers gelegentliches Reden von tolerantia Dei oder tolerantia divina[24] entsprach jedenfalls keinem geläufigen Topos. Freilich bedürfte es noch der Aufhellung, wieweit diese Ausdrucksweise – neben Luthers traditionellem Gebrauch jener Wortgruppe – durch äußere Einflüsse veranlaßt worden ist[25] und wiewert durch innere Sachmotive[26].

---

242 s. v. tolerantia. So auch J. Altenstaig, Vocabularius theologiae, 1517, fol. CCLVI^r, dessen Ausführung zu diesem Stichwort sich auf den Satz beschränkt: Tolerantia idem est quod patientia, venitque a tolero, quod est patienter fero.

[23] Das ergab die Durchsicht von Thomas Hemerken a Kempis, De imitatione Christi, Op. omnia, ed. M. I. POHL, Vol. II, 1904. In III, 19 (178, 1) findet sich die Vokabel nur in der Überschrift: De tolerantia iniuriarum et quis verus patiens probetur. Aber z. B. III, 18 (176, 15–17; im Munde Christi): Nam ab hora ortus mei, usque ad exitum in cruce: non defuit mihi tolerantia doloris. Etwas häufiger, aber ebenfalls relativ selten begegnet tolerare, z. B. I, 16 (27,27 28,1); III, 12 (166,23); III,26 (194,19 f); III,47 (228,11 229,25).

[24] Das Tübinger Registerarchiv enthält nach meiner Durchsicht 14 Stellen zu tolerantia Dei bzw. divina, während an 22 Stellen von Gottes tolerare die Rede ist. Selbstverständlich sind die Genauigkeit und der Wert solcher statistischen Angaben aus verschiedenen Gründen mit Vorbehalten zu versehen.

[25] Ob hier ein humanistischer Spracheinfluß vorliegt, wäre zu untersuchen. Jedenfalls fällt die Häufung des Gebrauchs von tolerantia und tolerare im Sinne menschlichen Verhaltens in der Druckbearbeitung der Genesisvorlesung auf.

[26] Ich habe den Eindruck, daß die theologischen Motive des im

II. Tolerantia Dei bei Luther

Wenn wir nun Luthers Umgang mit der Wendung tolerantia Dei in der 3. Thesenreihe über Röm 3,28 von 1536[27] näher in Augenschein nehmen, darf nicht etwa eine direkte Äußerung zum Toleranzproblem erwartet werden. Luther-Texte, die dafür in Betracht kämen, bleiben jetzt beiseite, | wie z. B. seine Verwerfung des Ketzerrechts[28], sein Reden von Glaubensfreiheit[29], die differen-

---

folgenden besprochenen Textes über diesen hinaus von symptomatischer Bedeutung für Luthers Reden von Gottes Toleranz sind.

[27] WA 39, 1; 82f.

[28] WA 1; 624,35–38 = BoA 1;142,23–26 (Resol. disp. de indulg. virt., 1518): ... ut non haereses aut errores destruamus, sed haereticos et errantes concrememus... contra voluntatem spiritus... WA 6; 455, 21–25 = BoA 1; 410, 16–20 = IL 1,221 (An den chr. Adel, 1520): ... szo solt man die ketzer mit schrifften, nit mit fewr ubirwinden, wie die alten vetter than habenn. Wen es kunst were, mit fewr ketzer ubirwindenn, szo weren die hencker die geleretisten doctores auff erdenn, durfftenn wir auch nit mehr studierenn, szondern wilcher den andern mit gewalt ubirwund, mocht yhn vorprennenn. WA 7; 139,14–140,17 (Ass. omn. art., 1520): Haereticos comburi est contra voluntatem spiritus. Dieser Satz war in der Bannandrohungsbulle Exsurge domine (1520) (C. Mirbt, Quellen zur Geschichte des Papsttums und des römischen Katholizismus, 1924[4], 258,29) unter die verurteilten Artikel aufgenommen und wurde von Luther in der Assertio omnium articulorum... verteidigt.

[29] WA 11; 264,12–22 = BoA 2; 379,7–17 = IL 4,63 (Von weltl. Obrigk., 1523): Denn so wenig als eyn ander fur mich ynn die helle odder hymel faren kan, so wenig kan er auch fur mich glewben odder nicht glewben, und so wenig er myr kan hymel odder hell auff odder zu schliessen, ßo wenig kan er mich zum glawben odder unglawben treyben. Weyl es denn eym iglichen auff seym gewissen ligt, wie er glewbt odder nicht glewbt, und damit der welltlichen gewallt keyn abbruch geschicht, sol sie auch zu friden seyn und yhrs dings wartten und lassen glewben sonst oder so, wie man kan unnd will, und niemant mit gewallt dringen. Denn es ist eyn frey werck umb den glawben, datzu man niemandt kan zwingen. Ya es ist eyn gottlich werck ym geyst, schweyg denn das es eußerliche gewallt sollt erzwingen und schaffen. – Sebastian Castellio hat sich u. a. auf diesen Luther-Text (in lat. Übersetzung) berufen in:

zierte Erörterung der Rücksicht auf die Schwachen[30] oder jenes
Gutachten von 1541 über die Regensburger Artikel, das übrigens
den ersten Nachweis sprachlicher Eindeutschung von tolerantia
enthält, worauf Heinrich Bornkamm aufmerksam gemacht hat[31]. |

De haereticis an sint persequendi, 1554, 33, s. Faksimileausgabe mit
Einleitung von S. VAN DER WOUDE, Genf 1954.

[30] Außer den Invocavit-Predigten von 1522 (WA 10,3; 1–64 = BoA
7; 362–387 = IL 1, 270–307) ist für dieses Problem besonders aufschlußreich die Enarratio zu Röm 15,4–13 von 1521 (WA 7; 480–487) sowie
Luthers Brief an Kurfürst Johann vom 9. 2. 1526 (WA B 4;27–29).

[31] Vgl. H. BORNKAMM, RGG³ VI, 934; DERS., Die religiöse und
politische Problematik im Verhältnis der Konfessionen im Reich, ARG
56, 1965, 209–218 = WdF 246 (s. Anm. 2), (252–262) 212 f bzw. 256. Die
in Betracht kommenden Dokumente sind ein Entwurf Luthers vom 11.
6. 1541 (WAB 9; 437–439) und seine Überarbeitung durch Brück und
den Kurfürsten vom 12. 6. (440–442). Gegenüber einer Gesandtschaft
vom Regensburger Reichstag soll sich Luther schriftlich äußern, ob er
die 4 articuli concordati (den engeren Umkreis der Rechtfertigungslehre betreffend) des Regensburger Gesprächs anzunehmen und die 10
articuli controversi (Fragen der Ekklesiologie und Sakramentslehre) zu
tolerieren rate (vgl. WAB 9; 434). Zum Sprachlichen: In dem deutsch
verfaßten Schreiben steht in Luthers Entwurf einmal die verdeutsche
Form „tolerantien“, kurz danach aber tolerantia (439,70.74). In der
korrigierten Fassung begegnet nur die deutsche Form, und zwar nun
dreimal (441,57.61.65), einschließlich der Stelle, wo Luther noch das
lateinische Wort gebrauchte. Zum Sachlichen: Luther rät, „das k.Mt.
ausschriebe, diese vier verglichene artickel zu halten fur die reine
Christliche lere…“ (439,53–55). Die anderen 10 Artikel solle man
vorläufig um der Sache willen anstehen lassen, aber dies keinesfalls mit
ausdrücklicher Verfügung, da sonst daraus eine Dauerregelung würde:
„Doch rate ich nicht, Sondern wider rates hart, das k. Mt. solt solch
tolerantien als ein Dogma oder decret lassen aus gehen ynn S. k. Mt.
ausschreiben, Sondern solts lassen ein frey opus bleiben, wo man zu
schwachen keme oder sie funde. Denn wo es ein Dogma wurde, So
wolten sich die hallstarrigen geistlichen tyrannen des selben halten vnd
solche artickel verteydigen als recht durch eine ewige tolerantia…“
(439,69–74). Es solle sich also um eine befristete brüderliche „Toleranz“ evangelischerseits in bezug auf noch bestehende Lehrdifferenzen
handeln, nicht um eine politische Toleranz des Reichs den evangelischen Ständen gegenüber.

Die genannte Thesenreihe[32] könnte als ganze die Überschrift
tragen: Das Geheimnis der Toleranz Gottes. Von dem mysterium
Gottes, der mit seinen Heiligen wundersam umgeht, spricht Luther
in Anspielung auf Ps 4,4 und im Blick auf die Rechtfertigungsaussa-
ge in Röm 3,28 als von etwas, was den Unfrommen zu begreifen
unmöglich, aber auch den Frommen zu glauben schwierig ist[33]. Er
bezieht sich dabei auf das spannungsvolle Beieinander zweier Weisen von Rechtfertigung: vor Gott und vor den Menschen, orientiert
einerseits am Glauben, andererseits an den Werken, und mit umgekehrt reziprokem Effekt in den beiden Foren: Wer vor den Menschen Ruhm hat, hat dies nicht vor Gott; wer vor Gott angenommen ist, gilt vor den Menschen und vor sich selbst als verwerflich[34].
Dieses In- und Widereinander der fundamentalen Lebensrelatio-
nen ein und desselben Menschen erscheint wirr und ist doch von
überwältigend elementarer Lebenswahrheit, wie Luther im folgenden zeigt.

Denkt man der irdischen Rechtfertigung nach, der bürgerlichen
Gerechtigkeit, wie Luther anderwärts sagt, so stößt man auch hier
auf Widersprüche. Daß wir auf die Vorstellung fixiert sind, der
Mensch könne und müsse sich allein durch seine Leistungen legiti-
mieren, ist die Folge ursündlicher Blindheit, der Grundverkehrung
menschlicher Urteilskraft[35]. Dabei ist solche Gerechtigkeit, wenn
man sie richtig einschätzt, durchaus anzuerkennen[36]. Und das tut

---

[32] Über ihren Aufbau werde ich mich an anderer Stelle äußern.

[33] WA 39, 1; 82, 12–14: Hoc est mysterium Dei Sanctos suos mirifi-
cantis, quod non solum est impiis impossibile intellectu, sed etiam ipsis
piis mirabile et difficile creditu. – In bezug auf die Interpunktion sowie
die Groß- und Kleinschreibung weiche ich stillschweigend von der WA
ab, wo es mir um der Verständlichkeit willen nützlich erscheint.

[34] 82, 4–11.

[35] 82,15 f: Natura enim vitio originalis peccati corrupta et excaecata
non potest ultra et supra opera ullam iustificationem imaginari aut
concipere.

[36] 82,19 f: Concedimus itaque hypocritis seu Philosophis opera et
iustificationem legis, modo retineamus eam iustitiam esse hominum,
non Dei.

sogar Gott durch zeitliche Belohnung, ob|wohl seinem Urteil nach
das so Belohnte, weil zur Selbstrechtfertigung mißbraucht, übelste
Heuchelei ist[37]. Der Problemknoten, aber auch seine Lösung sind
nicht in der Person des Gottlosen aufzusuchen, sondern in Gott[38]:
nicht als rational zu entwirrendes Gedankenknäuel, sondern als ein
unbegreiflicher und doch schlicht hinzunehmender Lebensakt göttlicher Weisheit und Güte[39], seine Toleranz. Dieser scheinbare
Widerspruch, daß durch Gott belohnt wird, was vor ihm nichtig
und böse ist, hat seine Entsprechung in unser aller Erfahrung:
politisch im Ertragen schlechter Menschen, falls die Rücksicht auf
den öffentlichen Frieden zur Vermeidung größeren Übels dies
erzwingt[40]; medizinisch im Ertragen eines unheilbaren Gebre-
chens, um nicht durch eine Radikalkur das Leben selbst aufs Spiel
zu setzen[41].

　Diese Toleranz den impii gegenüber übt Gott, wohlgemerkt,
nicht im Blick auf verwerfliche Handlungen, sondern, was schwerer wiegt, im Blick auf verkehrte Einschätzung rechter Handlungen. Daran dürfen nun aber die Frommen weder Ärgernis nehmen
noch sich in hochmütiger Selbstgefälligkeit erbauen. Denn alle, die
sich um Christi willen an die Rechtfertigung vor Gott allein aus
Glauben halten – die Kirche also, die im urchristlichen Sinne Heili-

---

[37] 82, 21–24: Iustitia vero hominis, ut eam Deus temporaliter honoret donis optimis huius vitae, tamen coram Deo larva est et hypocrisis
impia. Et mirum est problema, quod Deus remuneret iustitiam, quam
ipse reputet iniquitatem et malitiam.

[38] 82, 29–32: Igitur non est respiciendum neque ad personam impii,
qui iustitiam operatur, neque ad pulchritudinem talis operis, sed ad
incomprehensibilem tolerantiam et sapientiam Dei minus malum feren-
tis, ne maiore malo omnia subvertantur.

[39] 83,6f: Deus enim pro magnitudine suae bonitatis parum reputat,
tam indignis et malis iustis seu sanctis tot et tanta donare.

[40] 82,27f: Simile videtur, ac si quis Princeps malum servum toleret,
quem sine maiore periculo regni non possit occidere. 83,8f: Sicut sa-
piens Magistratus civi malo et improbo interdum connivet et frui sinit
civitate pro bono pacis publicae.

[41] 82,33f: Sicut vomica, claudicatio aut alius morbus in corpore
insanabilis toleratur, necessitate vitae corporalis fovendae.

gen –, sind ebenfalls und nicht minder weiterhin auf Gottes Toleranz angewiesen[42]. Haftet den Gerechtfertigten doch immer noch
die Sünde an[43]. Toleranz also nach beiden Seiten, so daß Gott
selbst geradezu als ein Heuchler erscheint, der anders tut, als er |
denkt, bzw. anders spricht, als es sich verhält. Im einen Fall hält er
sein richtendes Urteil vorläufig zurück und läßt das Gegenteil
erfahren: Belohnung; im andern Fall nimmt er sein freisprechendes
Urteil vorweg im Widerspruch zur erfahrbaren Wirklichkeit: der
Sünde.

An diesem Umgang mit dem Begriff der Toleranz Gottes ist
besonders beachtenswert, daß ein ungemein komplexer Sachverhalt auf einen einzigen Nenner gebracht wird. Es geht hier nicht um
die bloße Duldung von Bösem durch Gott, jenes unbegreifliche
Gewährenlassen, das in die Abgründe des Deus absconditus weist.
Vielmehr wird die widerspruchsgeladene geschichtliche Wirklichkeit im Bereich der iustitia civilis so auf Gott bezogen, daß sie in das
Licht des Urteils Gottes rückt und dennoch die innerweltlich relati-
ven Unterschiede nicht ausgelöscht, aber auch nicht mit Gottes
Urteil gleichgeschaltet werden. Es geht ferner nicht um die bloße
Vergebung[44], die Rechtfertigung vor Gott als das schlechterdings
Neue und Neumachende. Vielmehr findet die spannungsvolle Lebenswirklichkeit des Christen Beachtung und wird von dem impu-
tativen Rechtfertigungsverständnis umgriffen[45]. Als simul iustus et
peccator befindet er sich nicht im Sein, sondern im Werden, nicht

---

[42] 83,12–15: Quin et cum Ecclesia et Sanctis suis in terra non dissimili
tolerantia et bonitate agit. Ut quos et tolerat et fovet propter initium
creaturae suae in nobis, deinde et iustos esse et filios regni decernit.

[43] 83, 16–19: Iustificari enim hominem sentimus, hominem nondum
esse iustum, sed esse in ipso motu seu cursu ad iustitiam. Ideo et
peccator est adhuc, quisquis iustificatur, et tamen velut plene et perfecte iustus reputatur, ignoscente et miserente Deo.

[44] Die innere Nähe zwischen Gottes Toleranz und seiner Vergebung
ist freilich so eng, daß in der Disputationsnachschrift beides identifiziert
werden kann. 125,4f: Tolerantia... divina est remissio peccati, sub qua
semper manet homo.

[45] 83,18–23.

am Ziel, sondern in der Bewegung und im Lauf auf die Gerechtigkeit hin[46]. Die beiden so scharf unterschiedenen Sphären der
Rechtfertigung vor den Menschen und vor Gott, also des in weitestem Sinne Politischen und des ebenso in weitestem Sinne Theologischen, werden je auf ihre differenzierte geschichtliche Wirklichkeit hin reflektiert und rücken so unter den gemeinsamen Begriff
der Toleranz Gottes.

Für diesen Begriff von Toleranz sind drei Momente konstitutiv:
der veranlassende Gegenstand, das motivierende Ziel und die bewirkende Art der Toleranz Gottes.

Veranlassender Gegenstand ist durchweg die Sünde, das Wider-
göttliche, das, was Gott zuwider ist, bei den Unfrommen wie bei
den Frommen. Dabei muß man sich freilich vor der kategorialen
Einebnung hüten, vor dem Verlust mehrdimensionaler Wirklich-
keitserfassung. Wie Gott als Gegenüber entschwindet, wenn er
zum Vorspann des Menschen erniedrigt wird, so kommt die Sünde
nur dann als spezifisch religiöse Kategorie zur Geltung, wenn sie in
kritische Beziehung gesetzt wird zum ganzen menschlichen Leben,
das sich selbst als ein Gemisch von Gut und Böse erfährt. Die
Sünde des Unfrommen darf nicht auf moralische Schlechtig|keit
reduziert und so vergröbert, die Sünde des Frommen nicht zu
marginalen Verfehlungen verkleinert und so verharmlost werden.
Die Toleranz Gottes hat es stets mit eigentlich unerträglichem
Widerspruch zu Gott zu tun.

Das motivierende Ziel der Toleranz Gottes, das als solches sie
zugleich begrenzt und beendet, ist die Erfüllung seines Heils-
plans[47]. Um der Sünde willen dem menschlichen Leben ein Ende

---

[46] S. o. Anm. 43. Vgl. WA 40, 2; 532, 14 f (Prael. in Ps 45, 1532): Iam
sumus in fieri sancti, non in facto esse.

[47] 83,10 f: Deus enim alio spectat, scilicet ad futuri Regni gloriam, in
quo non pertransibit incircumcisus aut immundus, ut Scriptura loquitur
etc. Vgl. auch 83,14 f (s. o. Anm. 42) und 83,20–23: Ignoscit autem et
miseretur nostri Deus, intercedente et sanctificante nostrum initium
iustitiae Christo advocato et sacerdote nostro. Cuius iustitia, cum sit
sine vitio et nobis umbraculum contra aestum irae Dei factum, non sinit
nostram inceptam iustitiam damnari.

zu machen, wäre als Triumph göttlicher Intoleranz die Verewigung
der Sünde. Um der Herrlichkeit seines künftigen Reiches willen
toleriert Gott vorläufig das Elend seines jetzigen Reiches zur Lin-
ken. Weil die neue Kreatur in uns bereits begonnen hat und die
Bewegung durch das zeitliche Leben und durch das Sterben hindurch zu voller Gerechtigkeit hin schon im Gange ist, toleriert Gott
vorläufig die noch vorhandene Sünde um Christi willen. Wer das
Ziel göttlichen Heilshandelns nicht vor Augen hat oder – im Unterschied zu Gott – dessen nicht sicher ist, dem muß Gottes Toleranz,
obwohl täglich erfahren, mißverständlich und völlig unbegreiflich
sein.

Die bewirkende Art dieser Toleranz ist nicht großzügige Vergleichgültigung, sondern die Bereitschaft, in einem Maße Widerspruch zu ertragen, wie dies sonst nirgends anzutreffen ist, kraft
einer hingebungsvollen Güte, der nichts gleichgültig ist. Eine Toleranz, die nicht bloß notgedrungen und notdürftig duldet, vielmehr
mit den höchsten Gütern dieses Lebens beschenkt, erscheint fast
als widersinnig. Dahinter verbirgt sich ein abgründiges Leiden
Gottes, die Aufhebung der Glut des Zornes in die Glut seiner
Liebe[48]. Im Christusgeschehen kommt die Toleranz Gottes zu
innerster Verdichtung. Tolerantia Dei ist letztlich tolerantia
crucis[49].

Für die Verbindung zur menschlichen Toleranz seien jetzt nach
Luther nur einige Ansatzpunkte angegeben. Wollten wir die Linien
in seine Stellungnahme zu konkreten Aspekten des später so genannten Toleranzproblems hinein weiter ausziehen, so müßten wir
auf die historischen Bedingungen des 16. Jahrhunderts genauer
eingehen. Was zum Grundsätzlichen zu sagen ist, läßt sich auf drei
Punkte konzentrieren: die weltliche Toleranz, die geistliche Toleranz sowie die innere Grenze von Toleranz.

Den Grundsatz, gegebenenfalls etwas Schlimmes zu tolerieren,
um noch | Schlimmeres zu verhüten, auf den sich Luther analogie-

---

[48] Vgl. 83,22 f (s. vorige Anm.).
[49] Die Wendung tolerantia crucis gebraucht auch D. Lerch, Das
Problem der Toleranz in theologischer Sicht (KZF 22), 1948, 24.

weise bezieht, hat Thomas von Aquin unter Berufung auf das göttliche Weltregiment zur Lösung der Frage herangezogen, wann religiöse Riten der Häretiker oder Nichtchristen notfalls zu tolerieren seien[50]. Es ist wohl kein Zufall, daß Luther jenen Grundsatz weltlicher Regierungsweisheit nicht theologisch ableitet, sondern umgekehrt solche vernünftige Einsicht als ein fernes Analogon verwendet, um zugleich die tiefe Andersartigkeit von Gottes Toleranz deutlich werden zu lassen. Des weiteren fällt auf, daß bei Luthers Bemerkungen zur Toleranz im weltlichen Regiment überwiegend die rein weltlichen Angelegenheiten zu der Mahnung Anlaß geben, nicht legalistisch und rigoristisch zu verfahren, sondern nachsichtig durch die Finger zu sehen. Das Bewußtsein, daß alle ohne Ausnahme Sünder sind und von Gottes Toleranz leben, ist dafür ausschlaggebend[51].

---

[50] S.th. 2/II q. 10 a. 11 crp.: ... humanum regimen derivatur a divino regimine, et ipsum debet imitari. Deus autem, quamvis sit omnipotens et summe bonus, permittit tamen aliqua mala fieri in universo, quae prohibere posset, ne, eis sublatis, maiora bona tollerentur, vel etiam peiora mala sequerentur. Sic igitur et in regimine humano illi qui praesunt recte aliqua mala tolerant, ne aliqua bona impediantur, vel etiam ne aliqua mala peiora incurrantur ... Sic igitur, quamvis infideles in suis ritibus peccent, tolerari possunt vel propter aliquod bonum, quod ex eis provenit, vel propter aliquod malum quod vitatur.

[51] Vgl. z.B. folgende Äußerung Luthers aus der Vorlesung über den Prediger Salomo (1526) zu Pred 7,21 (Quia non est homo ullus in terra, qui operetur bonum et non peccet) mit der bezeichnenden Abgrenzung gegen die rigoristische Auffassung eines Cicero und Erasmus, WA 20; 146, 25–36: Vult ergo Salomo: Noli irasci, si vides ea fieri et geri, quae te offendunt. Neque enim tu semper agis, quod fieri abs te oportuit. In plurimis enim connivendum et tolerandum est. Etenim ut iusticiae fidei et spiritualis est infirmos in fide ferre et eos leniter erudire, sic iusticiae politicae (de qua hic loquitur) est ferre aliorum defectus, ut sit mutua tolerantia, qua toleramus invicem et connivemus. Cicero in libello de amicicia nihil dissimulare vult in amicis. Et Erasmus in Moria omnia amicorum vitia vult corrigi. Speculationes sunt etiam passionatissimorum saepe hominum, stulti libris mundum regunt non videntes, quod nemo praestare possit, quod praescribitur. Sic Stoici stultissime sapientem finxerunt sine sensu, ipsi omnibus molestissimi. Reliquum ergo est,

Unter die geistliche Toleranz ist alles zu rechnen, was einem
Menschen an Schwerem und Anfechtendem zu tragen auferlegt ist
und zu dessen Übernahme ihn der Glaube willig macht. Nicht erst
die spezifischen Leiden um des Glaubens willen gehören zur Kreu-
zesnachfolge, obschon sie in besonderer Weise. Alles Praktizieren
von Toleranz hängt letztlich an der geistlichen Kraft zum Tragen,
wobei zu berücksichtigen ist, daß die sogenannten „Schwachen",
die es zu tragen gilt, gerade die sind, die sich für stark halten und
eben deshalb zur Intoleranz neigen. |

Luthers scheinbar paradoxe Aussage über die Freiheit eines
Christen, daß er ein freier Herr über alle Dinge und niemandem
untertan und daß er ein dienstbarer Knecht aller Dinge und jedermann untertan sei[52], liefert den Schlüssel auch zur inneren Grenze
der Toleranz. Der Glaube kann nichts dulden, die Liebe hingegen
duldet alles[53]. Das heißt: In Sachen des Wortes Gottes, der die

---

ut toleremus invicem et conniveamus. Non enim est homo, qui non
peccet, qui non agat, quod aliis molestum sit.

[52] WA 7;21,1–4 = BoA 2;11,6–9 = IL 1,238 (Von der Freih. eines
Chr., 1520).

[53] WAB 2;431 (Nr. 451,35–37): Charitas omnia sustinet, omnia suffert, omnia sperat; fides vero seu verbum nihil sustinet prorsus... Im
Kontext begegnet auch tolerare. WA 14; 204,2–5 (Pred. 1.Mos, 1523/
24): Duplex praedicatio. Fides nihil potest pati, dilectio omnia suffert.
Quod in Christo videmus, qui nos tulit. Fides nihil fert et dicit ,non
possum sustinere falsas doctrinas', mit der sol man nit schertzen, mit
dem leben kan man wol gedult haben... 669,14–18 (Deut. Mosi cum
annot., 1525): Charitas omnia suffert, omnia tolerat, fides nihil suffert
et verbum nihil tolerat sed perfecte purum esse debet verbum, sana per
totum doctrina semper, ut scopus sit vitae et operum dirigendorum.
Charitas autem infirma et impura esse potest quottidie augenda et
perficienda. WA 40, 1; 21, 7 (Gal. Vorl., 1531): Caritatis est omnia
tolerare, fidei nihil. WA 40, 2; 46,6–8 (ebda.): Doctrina non nostra, vita
nostra. Cum doctrina zu thun, ut deus velit. De doctrina nihil possum
remittere, de vita omnia, charitas omnia [sc. ferre potest], sed tamen
salva semper doctrina... 10 f: salva doctrina nihil est, quod non tolerare
velimus. 47,12–48,2: ... quantum ipsi amplificent charitatem et concor-
diam, Nos dei verbum. Ibi nihil concessum. Sed in charitate omnia
volumus tolerare et credere. Quid nocet, quod alius me bescheisset?
Das schad mir nichts.

Lebenswahrheit betreffenden Lehre, kann man nichts nachgeben
und keine Kompromisse schließen. In bezug auf das gelebte Leben
selbst dagegen muß und kann man sich unter sehr vieles beugen.
Wird der Glaube in falsch verstandener Toleranz verletzt und
Gottes Toleranz verdunkelt, so beschädigt man dadurch, weil die
Wurzel der Liebe, auch deren schönste Frucht: die wahre Toleranz.

III. Theologische Durchleuchtung des Toleranzproblems

Soll nun von daher das Toleranzproblem, wie es sich heute
darstellt, durchleuchtet werden, so heißt das nicht, konkrete Kon-
fliktlösungen von einst in die Gegenwart zu übernehmen, sondern
Anhaltspunkte grundsätzlicher Art für unsere theologische Orientierung in dem Problemdickicht zu gewinnen. Luthers Darlegungen zu Gottes Toleranz und zu deren Ausstrahlung in die menschliche Toleranz hinein erwuchsen aus dem Kern reformatorischer
Theologie, dem Verständnis von Rechtfertigung im Horizont der
Zweireichelehre. Dort mit dem weiteren Nachdenken über Toleranz einzusetzen, mag mühsam, wenn nicht gar ärgerlich erscheinen, stellt aber das Vorhaben einer theologischen Begründung von
Toleranz auf eine strenge Probe. Der Kontrast zur Toleranz der
Ver|nunft drängt sich damit schon aus geistesgeschichtlicher Sicht
auf. Jedoch wäre das Vorurteil einer ausschließenden Antithetik
ebenso falsch wie das Trugbild harmonischen Hervorgehens der
Aufklärung aus der Reformation. Das Erbe beider, das wir als
heutige Theologen notwendig in uns tragen, freilich meist schlecht
verarbeitet und auf keinen Fall konfliktfrei, dürfte vereint mehr
sein als ein bloßes Zweckbündnis angesichts gemeinsamer Gefahr.
Gerade das Austragen der inneren Spannungen dieses Doppel-
erbes könnte in unserer kritischen Situation der Erhellung des
Toleranzproblems förderlich sein.

Statt einer Definition seien einige ordnende Gesichtspunkte an
den Anfang gestellt. Der Einwand, Toleranz sei ein schwammiger
Begriff[54], spricht nur gegen einen unbesonnenen Gebrauch dieses

---

[54] MITSCHERLICH (s. Anm. 14), 7.

Wortes. Es steht in der Tat für einen höchst komplexen Sachverhalt und bietet darum die Chance, in ein ungemein reiches Beziehungsfeld einzuführen. Der Wandel der geschichtlichen Bedingungen von Toleranz, der Bestimmung des Tolerablen und der Modalitäten des Tolerierens muß jeweils berücksichtigt werden, die Veränderung der geistigen Selbstverständlichkeiten, der politischen Machtverhältnisse, der gesellschaftlichen Strukturen, der ökonomischen Gegebenheiten usw. Daß mit dem Ketzerrecht auch der Ketzerbegriff ins Wanken geriet oder daß die Meinung der Unregierbarkeit religiös nicht einheitlicher politischer Gebilde durch geschichtliche Erfahrung widerlegt wurde, das sind nur zwei von unendlich vielen Beispielen. Komplex wie die geschichtliche Dimension ist auch die der Lebensbereiche, in denen sich das Toleranzproblem stellt. Von der klar umrissenen Thematik politischer Religionsfreiheit ausgehend erstreckt es sich auf alles, was nur immer Gegenstand der Konfliktforschung sein könnte, betrifft also in allgemeinster Form das Problem, wie Menschen in den Unverträglichkeiten dieses Lebens verträglich miteinander zu leben vermögen.

Daß dabei verschiedene Auffassungen von Toleranz miteinander in Konkurrenz treten, vermehrt die Komplikationen, lenkt aber auch hin auf eine Grunddifferenz zweier Aspekte, der eine ordnende Funktion zukommt. Toleranz hat eine juristische und eine moralische Seite. Oder um statt dieser hochbefrachteten Termini schlichtere Ausdrücke zu verwenden, die zum Nachdenken einladen: Man muß unterscheiden zwischen geregelter und spontaner Toleranz. Wie auch immer formuliert, die Beziehungen innerhalb solcher Unterscheidung sind eng. Die gesetzlich geregelte Toleranz unterliegt nach Begründung, Anwendung und Auswirkung ethischen Gesichtspunkten und Bedingungen. Und die spontane Toleranz moralischen Verhaltens hat für entsprechende Regelungen und ihren rechten | Gebrauch zu kämpfen und sich darüber hinaus alles dessen anzunehmen, was sich Regelungen entzieht. Dennoch handelt es sich um zwei deutlich unterscheidbare Pole des Toleranzproblems.

Die Notwendigkeit, Toleranz durch Gesetze und Konventionen

zu regeln, sie rechtlich und gesellschaftlich zu sichern, könnte nur bestreiten, wer den Segen von Toleranz und ihre Gefährdung unterschätzt. Dennoch liegt der entscheidende Angelpunkt bei der spontanen Toleranz. Sie betrifft nicht die Regelung, sondern den Vollzug des Lebens selbst. Gewiß besteht immer die Gefahr, daß Theorie und Praxis auseinanderklaffen. Toleranz meint aber von Hause aus etwas Gelebtes, also die lebensmäßige Umsetzung einer Denkweise in ein bestimmtes Verhalten. Darum die Wendung: spontane Toleranz. Ihre Stoßrichtung zielt entschieden auf den Einzelnen, ohne dessen verantwortliches Verhalten Staat und Gesellschaft verkommen. Wenn hier aber der Angelpunkt der Problemerörterung liegt, wie es sich für die theologische Blickrichtung ohnehin nahelegt, dann meldet sich innerhalb dessen, was spontane Toleranz meint, notwendig das spannungsvolle Verhältnis zwischen dem spezifisch Religiösen und dem Ethischen an. Aber nicht etwa nur, soweit es die Theologie selbst betrifft, weil sie primär von religiösem Interesse geleitet ist, vielmehr deshalb ganz allgemein, weil das Ethische stets so oder so mit dem Religiösen wesenhaft in Problemkontakt steht. Eine theologische Erörterung des Toleranzproblems ist deshalb ein besonders aufschlußreicher Testfall in der Beziehung von Dogmatik und Ethik. Von daher verschärft sich sogar noch die Stoßrichtung auf den Einzelnen.

Für den nun folgenden knappen Aufriß werden schon durch die Orientierung am Leitwort Toleranz die Weichen gestellt. Das Zweite Vatikanum hat in seiner Declaratio de libertate religiosa die Vokabel tolerantia ganz gemieden und den Begriff der dignitas humanae personae zugrunde gelegt[55]. Für die Funktion jener Erklärung ist dies durchaus verständlich, dem theologischen Eindringen in das Gesamtproblem der Toleranz jedoch nicht förderlich. Bei dem Durchgang durch das äußerst dichte Problemgeflecht halten wir uns an drei Leitfragen: Wodurch wird Toleranz erforderlich? Wie wird sie möglich? Und wo hat sie ihre Grenze?

---

[55] LThK, Das Zweite Vatikanische Konzil, Kommentare II, 1967, 712. Dazu auch E.-W. Böckenförde, Einleitung zur Textausgabe der „Erklärung über die Religionsfreiheit", in: WdF 246 (s. Anm. 2), (401–421) 406f.

Die Struktur des alten Toleranzbegriffs: daß ein Übel (die Häresie, die religio falsa, die Pluralität gegensätzlicher Wahrheitsansprüche) zur Verhinderung eines noch größeren Übels (der Bedrohung der pax publica) zu dulden sei, wurde durch die Aufklärung umgestülpt: Toleranz ist geboten, um dem edelsten Gut, der Freiheit des Menschen, Raum zu geben | gegenüber dem Grundübel, der intoleranten Verquickung von Wahrheitsanspruch und Zwangsgewalt. Der Ort des Bösen im Toleranzphänomen hat somit gewechselt: Einst war das Böse dasjenige, was notgedrungen zu tolerieren ist, nun ist es dasjenige, was durch Toleranz beseitigt werden soll. Damit veränderten sich auch Zweck und Ziel. Einst fügte man sich in ein unvermeidliches Übel, obschon dem Modus und, wie man hoffte, auch der Zeit nach nur beschränkt. Von einer Vernichtung des Bösen konnte auf diesem Wege gerade nicht die Rede sein. Nun dagegen entsteht die Hoffnung auf einen unbegrenzten Sieg des Guten über das Böse.

Allerdings konnte dadurch die Einsicht nicht völlig eliminiert werden, daß Toleranz bis zu einem gewissen Grade auch dem eigentlich nicht zu Duldenden zugute kommt. Die Verbindung der Rechtswahrung mit dem staatlichen Machtmonopol, diese Grundlage der Zivilisation, mutet nicht nur dem Einzelnen durch den Verzicht auf Rache ein erhebliches Maß an Selbstüberwindung und Geduld zu, sondern schließt auch dies ein, daß die Rechtsmittel im Kampf gegen das Böse nur sehr begrenzt Erfolg haben können und noch dazu ambivalent sind. Aber auch in sittlicher und religiöser Hinsicht bleibt die Toleranz der Vernunft von der Nötigung nicht verschont, Grenzen zu ziehen und sogar zu nicht gutgeheißenen Grenzüberschreitungen den Anstoß zu geben. Die Idee einer reduzierenden Konzentration auf natürliche Sittlichkeit und natürliche Religion vermittelte einen starken Halt und gab zur Beschränkung der Toleranz ein gutes Gewissen, so daß z.B. John Locke dem Atheismus die Duldung verweigerte mit der Begründung: The taking away of God, though but even in thought, dissolves all[56].

---

[56] John Locke. Ein Brief über Toleranz. Übersetzt , eingeleitet und in Anmerkungen erläutert von J. Ebbinghaus (Englisch-deutsch),

(Gott auch nur in Gedanken wegnehmen, heißt alles auflösen.) Die weitere Entwicklung des Toleranzprinzips durchbrach alsbald auch solche Dämme. Der in der Toleranz der Vernunft angelegte, wenn auch zunächst nicht gewollte Trend zur Formalisierung untergräbt zumindest potentiell das Sittliche wie das Religiöse durch eine Vergleichgültigung, die der Nährboden neuer Intoleranzen ist. Man kann nicht der Toleranz der Vernunft, wie sie es verdient, zustimmen, ohne diesen hohen Preis einzukalkulieren.

Die Toleranz der Vernunft gehört, theologisch geurteilt, zur iustitia civilis. Hier ist nicht wie bei der tolerantia Dei der Sündenbegriff unmittelbar am Platz. Das entspricht dem Selbstverständnis der Vernunft. | Ihr ist die biblische Sündenerkenntnis im radikalen Sinne wesenhaft unzugänglich. Es fügt sich aber ebenfalls zum theologischen Verständnis von iustitia civilis. Für sie kann ein Glaubensurteil, wie es das Wort Sünde darstellt, nicht Vorbedingung sein. Dennoch muß in theologischer Sicht der Komplex der iustitia civilis zum Sündenbegriff in Beziehung gesetzt werden. Zum einen, der göttlichen Bestimmung nach: Die iustitia civilis dient der Eindämmung der Sündenfolgen. Und das ist nicht etwa wenig! Zum andern, gemäß der Einschätzung coram Deo: Die iustitia civilis steht, was die Rechtfertigung des Menschen betrifft, im Zwielicht. Sie könnte sehr wohl Frucht des Geistes sein, gehört aber zumeist als Mittel der Selbstrechtfertigung zu den Werken des Fleisches. So weist das Reden von Sünde nicht nur an die verborgene Wurzel der Intoleranz, sondern zugleich auch an den verborgenen Mißbrauch von Toleranz. Dieser Mißbrauch bleibt nicht auf die Person beschränkt, die sich in gottloser Weise vor Gott rühmt. Er zeitigt auch den geschichtlich folgenschweren Wahn, durch die menschliche Güte und Weisheit sei die Sünde aufgewogen und zu überwinden. Der Verlust der Sündenerkenntnis bedeutet für die Toleranz der Vernunft eine gesteigerte Gefahr. Er verursacht eine quantitative und qualitative Unterschätzung des Bösen. Aber mehr

---

1966[2], 94: Those are not at all to be tolerated who deny the being of God. Promises, covenants, and oaths, which are the bonds of human society, can have no hold upon an atheist. Fortsetzung oben.

als dies: Er liefert der Illusion einer Ein-Reich-Lehre[57] aus, die
auch in der Theologie wie eine Seuche um sich greift. Das göttliche
Heilsziel löst sich in menschliche Handlungsziele auf. Die politischen Gegensätze werden religiös aufgeladen und zu konfessionellen hochstilisiert. Das Ethische und das Theologische verschmelzen
ununterscheidbar ineinander. Gott wird eine überhöhende und
dann schon besser eine überflüssige Vokabel. Und es entfällt die
Relativierung der Differenzen unter den Menschen, wenn das Wissen um die Toleranz Gottes entschwindet, von der wir alle miteinander als Sünder getragen sind. Die Theologie, die in ihrer Geschichte so viel Mitschuld an Intoleranz auf sich geladen und allzu
wenig zu deren Bekämpfung beigetragen hat, schuldet den Bahn-
brechern von Toleranz, gerade auch den Häretikern und Philo-
sophen unter ihnen, dankbaren Respekt. Das berechtigt jedoch
nicht dazu, nun auch die Differenz in der Toleranzbegründung zu
übersehen.

Die Frage, wie Toleranz möglich wird, erhält vom Wortsinn her
die Antwort: durch Erdulden. Diese Auskunft wirkt heute höchst
anstößig. An Luthers Formel: Fides nihil, charitas omnia tolerat[58],
ruft die ja gewohnte Vorstellung von einem intoleranten Glauben
weniger Wider|spruch hervor als die Zumutung einer alles erdul-
denden Liebe. Das hervorstechende Merkmal unserer Zeit ist akti-
vistische Ungeduld. Sie äußert sich aber in extrem gegensätzlichen
Symptomen: einerseits einer gesteigerten Sensibilität und Einsatzbereitschaft für Behinderte und Unterdrückte, andererseits einem
schamlosen und zugleich wehleidigen Anspruchs- und Interessen-
denken. Dabei können sich extreme Erscheinungsweisen von Toleranz und Intoleranz vermischen. Das Eintreten für andere wird
leicht zu eigenen Agitationszielen benutzt. Und was die Belastbar-
keit betrifft, so ist die allzu menschliche Perversion heute vielleicht
besonders stark ausgebildet: bereitwilligst zu ertragen, was man
nicht ertragen sollte, und keinesfalls zu ertragen, was man ertragen
sollte. Nun steht hinter der Animosität gegenüber einer grenzenlo-

---

[57] Zu diesem Begriff s. auch o. S. 54 und mein Buch: Kritischer
Rationalismus? Zu Hans Alberts „Traktat über kritische Vernunft",
1973, 12 (Th. 69) und 113 f.   [58] S. o. Anm. 53.

sen Toleranz der Liebe der an sich berechtigte Protest gegen ver-
antwortungslosen Passivismus und bequeme Untertanenmentali-
tät. Das wäre jedoch nicht die Art starker, leidensfähiger Liebe.
Ihrer aber bedarf es zu echter Toleranz. Denn alle Verständigungs-
bemühungen in Konflikten religiöser, politischer, wirtschaftlicher
oder privater Art erfordern von den Partnern ein Tragen an den
Differenzen, ein Hinhören und gegenseitiges Geltenlassen, viel
Geduld und gegebenenfalls ein Leiden unter unüberbrückbaren
Gegensätzen. Die Vernunft kann zwar dergleichen fordern sowie
zu sachlicher und persönlicher Disziplin anhalten. Aber wie die
Vernunft als solche weder lieben kann noch leiden darf, so ist sie
auch nicht die rechte Kraftquelle dafür. Die Toleranz der Vernunft
ist angewiesen auf den Geist der Toleranz, der jeden Einzelnen
durchdringen muß. Hier liegt der entscheidende Beitrag des christlichen Glaubens zum Toleranzproblem, nicht in Gestalt einer indif-
ferenten resignierenden Duldsamkeit, vielmehr als eine Toleranz
der Freiheit und der Wahrheit. So entspräche Toleranz der Toleranz Gottes.

Die Verbindung von Toleranz und Freiheit erscheint selbstverständlich: ob man nun dabei an das Zugeständnis einzelner Frei-
heitsrechte denkt, minimaler oder weitgehender, oder an die Anerkennung des Anrechts auf Freiheit als zur Menschenwürde gehö-
rig. Die Radikalisierung im Verständnis von Freiheit zu etwas, was
das Wesen des Menschen selbst betrifft, ist theologisch in der Tat
ernst zu nehmen. Allerdings genügt es nicht, die Freiheit des Menschen, wie dies in Patristik und Scholastik der Fall war, so kurzschlüssig in seiner Gottebenbildlichkeit zu begründen, daß der
Eindruck entsteht, als wäre Freiheit sein selbstverständlicher Besitz. Vielmehr ist die Frage nach der Ursache von Unfreiheit aufzu-
werfen und über äußere und partielle Phänomene hinweg an den
Menschen selbst zu richten. Wie steht es mit seiner Freiheit zur
Freiheit, mit dem Gebrauch, den er von ihr macht, mit den Auswir-
kungen ei|ner äußeren Befreiung, der keine innere Befreiung ent-
spricht[59]? Indem das Augenmerk darauf gerichtet wird, wandelt

---

[59] Vgl. D III, 180–183 (Das Geschick der Freiheit in der Moderne).

sich auch das Freiheitsverständnis selbst: Aus der unbestimmten Freiheit der Wahl wird die entschiedene Freiheit des Erwähltseins, aus der Freiheit egozentrischer Souveränität die souveräne Freiheit zum Dienen in Liebe. Das ist Geist der Toleranz.

Mit der Beziehung von Toleranz und Wahrheit scheint es sich entgegengesetzt zu verhalten. Die Toleranzidee der Neuzeit beruht doch offensichtlich auf der politisch notwendig gewordenen Suspendierung der Wahrheitsfrage. Eine Entscheidung zwischen konkurrierenden Wahrheitsansprüchen ist rechtlich nicht vollziehbar und polizeilich nicht vollstreckbar. Die Wahrheitsfrage fällt deshalb nicht in die Kompetenz politischer Instanzen und verliert darum die Relevanz für das Gemeinwesen. Daran ist wohl etwas Richtiges, aber es erfaßt das Problem nicht erschöpfend. Wie könnte von Toleranz der Vernunft die Rede sein, wenn es dabei auf Wahrheit überhaupt nicht ankäme? Selbstverständlich ist vorausgesetzt, daß der Wahrheit Respekt gezollt wird, daß man im öffentlichen wie im privaten Leben die Wahrheit sagt, daß die Wissenschaft unbehindert die Wahrheit erforscht und daß auch allem Erfragen und Bezeugen von Lebenswahrheit[60] Raum gegeben wird. Das gilt in dem Maße, daß für die Aufklärung Toleranz gar nicht denkbar war ohne die Verankerung in letzten, Gewißheit verleihenden Grundwahrheiten. Nun ist aber der Konsens, auf den die Aufklärung ursprünglich baute, zerbrochen. Die Toleranz der Vernunft hat sich aus ihrer Verankerung gelöst und ist allen Winden und Strömungen der Zeit preisgegeben. Dient jetzt die Toleranzidee nur noch zur Rechtfertigung einer chaotischen Entwicklung? Oder birgt sie selbst den Keim lebenerhaltender Wahrheit in sich? Für die Theologie erwächst daraus die Aufgabe, die lautere christliche Glaubenswahrheit gewißheitsbildend so zu vertreten, daß zugleich eine allgemeine, nicht spezifisch christliche Konsensbildung in elementaren Fragen der Lebenswahrheit gefördert wird. Auch das diente dem Geist der Toleranz.

---

[60] Zu der Unterscheidung zwischen Wissenschaftswahrheit und Lebenswahrheit vgl. meinen Vortrag auf dem Kirchentag Hamburg 1981: Von der Wahrheit des Glaubens, s. o. S. (82–94) 86–88.

Die Antwort auf die Frage, wo Toleranz ihre Grenze habe, ist so einfach, daß sie fast sophistisch klingt: an der Intoleranz. Wer Toleranz verneint, kann sie nicht beanspruchen. Wer sie benutzt, um ihre Voraussetzung: Freiheit und Wahrheit, zu mißbrauchen und zu zerstören, | kann nicht geduldet werden. Die Toleranz hat da ihre Grenze, wo sozusagen ihr Sitz im Leben untergraben wird, die wesensnotwendigen Bedingungen derjenigen Gemeinschaft, auf die sich Toleranz bezieht und der gemäß sie sich differenziert gestaltet. Jede spezifische Art von Toleranz bedarf somit einer gewissen, ihr entsprechenden Intoleranz. Freilich ist der pejorative Klang dieses Wortes so penetrant, daß man die notwendige Intoleranz kaum so bezeichnen kann, ohne ihre innere Zugehörigkeit zur Toleranz zu verdunkeln[61].

Die im Grunde einfache Antwort auf die Frage nach der Grenze der Toleranz wird jedoch kompliziert, sobald man an Hand des Dargelegten sowie im Blick auf die jeweils gegebenen Umstände fragt, wann denn der kritische Punkt erreicht ist, an dem die Toleranz mit aller Entschiedenheit, gegebenenfalls mit äußerster Härte zu verteidigen ist. Das betrifft keineswegs nur den Staat und seine Organe oder auch kirchliche Institutionen und religiöse Gruppen, sondern ebenfalls jeden Einzelnen, sei es im Eintreten für oder im Auftreten gegen eine der eben genannten Instanzen. Die Frage ist nicht nur, was man notfalls ertragen und dulden soll, sondern auch, was man keinesfalls ertragen und dulden darf. Zwei Beispiele.

Im Bereich des Staates ist in unseren Breiten das Anarchie-Syndrom ein höchst akutes Beispiel für das Toleranzproblem. Die Vielzahl der einwirkenden Faktoren macht die Diagnose schwer. Aber auch ohne auf die Einzelheiten und Hintergründe einzugehen, kann man als theologische Wegweisung ohne Zögern zweierlei sagen. Das eine: Es muß alles Erdenkliche getan werden, um

---

[61] Zum positiven Gebrauch des Wortes Intoleranz innerhalb der Theologie: M. PRIBILLA, Dogmatische Intoleranz und bürgerliche Toleranz, 1948/9, in: WdF 246 (s. Anm. 2), 93–110. E. WOLF, Toleranz nach evangelischem Verständnis, 1957; ebd. 135–154. R. BULTMANN, Das Evangelium des Johannes, (1941) 1950[11], 288 f. S. auch o. Anm. 16.

heilend und helfend einzugreifen. An die Fähigkeit, darunter mit zu leiden und daran mit zu tragen, sind die höchsten Anforderungen zu stellen. Das gilt nicht nur für Behörden, Sozialarbeiter und kirchliche Helfer, sondern auch je in ihrer Weise für die Mächtigen in den Massenmedien und deren wehrlose Konsumenten. Diesem Appell an die Kraft hingebungsvoller tolerantia wird nicht das geringste abgebrochen durch das andere: Diejenigen, die in Politik, Justiz und Polizei für die Wahrung des Rechts und einer freiheitlichen Gesellschaftsordnung verantwortlich sind, müssen zur Wahrnehmung ihrer Pflicht als ihrem Gottesdienst ermahnt und dazu ermutigt werden, der Rechtsverletzung und illegalen Gewalt mit allen notwendigen und zulässigen Mitteln entgegenzutreten, unerschrocken und guten Gewissens | und doch leidenden Herzens. Die Kirche macht sich schuldig, wenn sie mit verdächtiger Einseitigkeit nur das eine tut und das andere unterläßt.

Aus dem Bereich der Kirche ein anderes Beispiel. Vergegenwärtigt man sich den weiten Spielraum, der heute dem Pfarrer dafür gelassen wird, was er sagt, womit er experimentiert und wie er persönlich lebt, so wird man über Mangel an Toleranz schwerlich klagen können. Ist es aber echte Toleranz und nicht vielfach ein Gemisch aus Verlegenheit und Schlamperei? Freilich gibt es auch über Intoleranz zu klagen. Ob die Anlässe dazu mehr von oben oder von unten kommen, von Rückständigen oder Progressiven, das stehe dahin. Wichtiger ist die Sorge, der überwiegende Anschein einer toleranten Haltung trüge deshalb, weil man sich selbst und den anderen oft gar nicht mehr die Konflikte um dasjenige zumutet, was in der Kirche Gegenstand äußerster Sorgfalt und Gewissensempfindung sein müßte: die Wahrheit des Evangeliums. Deshalb wird die eigentliche Reizschwelle des Toleranzproblems innerhalb der Kirche so selten erreicht. Zweifellos wird im Stillen auch viel gelitten. Geschieht dies aber unter der Devise: Fides nihil, charitas omnia tolerat[62]? Die Christenheit bliebe ihren unersetzlichen Beitrag zum Toleranzproblem schuldig, wenn sie nicht mehr an diesem Summar des Christlichen orientiert wäre.

---

[62] S. o. Anm. 53.

Die beiden genannten Beispiele wären im übrigen auch als Texte zum Thema der Toleranz Gottes zu bedenken. Aber ich brauche nicht weiter auszuführen, was seinen eigentlichen Ort ohnehin da hat, wo Theologie zum Gebet wird.

Usus politicus legis – usus politicus evangelii[*][1]

Die beiden Formeln: usus politicus legis und usus politicus evangelii, samt ihrer Beziehung zueinander signalisieren den Gegenstand unseres Nachdenkens. Sie tragen ihren geschichtlichen Ort
und ihre theologische Intention gewissermaßen an der Stirn geschrieben. Usus politicus legis – das ist ein von Luther geprägter
Schlüsselbegriff reformatorischer Ethik. Usus politicus evangelii –
das ist eine von mir ad hoc gebildete Wendung, die als Generalnenner heutiger Bemühungen um die politische Effizienz des Evangeliums dienen kann. Diese Formulierung verrät zwar ihre Abkunft
von der reformatorischen Terminologie, sie findet sich aber in ihr
selbst nicht, wie der Kundige weiß, und zwar offenbar nicht zufällig
nicht. Die Vermutung liegt nahe, mit der Bildung dieser Formel
verbinde sich eine polemische Absicht. Die Spitze der Polemik
könnte sich aber je nachdem gegen das eine wie gegen das andere
richten. Was vom reformatorischen usus politicus legis her gesehen
geradezu als Häresie erscheinen könnte, weil als abusus evangelii,
würde kein heutiger Vertreter einer evangeliumsgemäßen Politik
als verzerrendes Schimpfwort empfinden. Obwohl keine selbstge-
wählte Parole, würde doch usus politicus evangelii dem Sinne nach
sehr treffend zum Ausdruck bringen, was man gegen die reformatorische Theologie meint kritisch einwenden zu müssen. Deshalb
trifft das Thema durchaus den heutigen status controversiae, wenn
es ihn auch keineswegs bereits befriedigend definiert. Von subtile-

---

[*] ZThK 79, 1982, 323–348. Wiederabgedr. in: Theologie und Kirche
in Gesellschaft und Politik, hg. von H. Chr. Knuth, Th. Ex heute 217,
1983, 53–83.
[1] Vortrag auf der V. Konsultation „Kirchenleitung und wissenschaftliche Theologie" am 30. 3. 1982 in der Evangelischen Akademie
Tutzing.

ren Nuancen abgesehen – ob man denn in beiden Fällen mit „Gebrauch" oder mit „politisch" dasselbe meine –, bedarf vornehmlich dies der Klärung: Ist nicht im Begriff usus politicus legis das Evangelium enthalten? Und bringt nicht etwa die Losung usus politicus evangelii das Gesetz anders ins Spiel, als es dem Evangelium gut ist?

Dieser vorläufigen Problemexposition versuche ich auf folgendem Wege gerecht zu werden.

Zunächst ist über die Bedeutung des Begriffs usus politicus legis nachzudenken. Man sollte zwar erwarten, dies sei ein bekanntes Stück Theologiegeschichte. Dennoch erübrigt es sich m. E. nicht, sich um Verständi|gung darüber zu bemühen, es sei denn, man verweigere sich von vornherein der Frage nach dem Verhältnis von Gesetz und Evangelium sowie der Zumutung, sich in den angeblichen Irrgarten der Zweireichelehre zu begeben. Dazu in Kürze Wesentliches klarstellen zu wollen, erscheint allerdings anmaßend. Jedoch sehe ich darin im Gegenteil einen strengen Test dafür, ob mit der reformatorischen Theologie heute überhaupt noch etwas anzufangen sei.

Auf einer zweiten Stufe unserer Besinnung muß es zu einer Konfrontation mit der gegenwärtigen Problemlage kommen. Dafür habe ich einen repräsentativen Text gewählt: die Denkschrift der EKD „Frieden wahren, fördern und erneuern" (hg. von der Kirchenkanzlei der EKD, 1981). Durch einige Randbemerkungen dazu will ich ermitteln, was in der heutigen Situation in bezug auf das Verhältnis von Evangelium und Politik eigentlich kontrovers ist.

I

Statt daß wir uns verlieren in dem faszinierenden Detail der Texte Luthers sowie in der Wirrnis ihrer Inanspruchnahme und der Äußerungen über sie, wollen wir in gesammeltem Nachdenken uns am inneren Leitfaden seiner theologischen Urteilsbildung entlangtasten. Wir geraten dabei in die hermeneutische Differenz von verbum und res. Es genügt nicht, Luthers verba korrekt zu erfas-

sen. Wir müssen uns vielmehr auch den zugrunde liegenden res
stellen, die uns trotz des tiefen geschichtlichen Wandels der Verhältnisse mit ihm gemeinsam sind. Der folgende Gedankengang
reiht nicht verschiedene Lehrtopoi additiv aneinander, sondern
beschreibt die Bewegung des Sachverhalts. Die wichtigsten Zäsuren im Nachvollzug kann man wohl äußerlich kenntlich machen.
Der Sachverhalt selbst läßt sich aber nicht schematisieren. Unange-
messene Versuche solcher Art haben das Luther-Verständnis immer wieder verdorben. Der Sachverhalt ist die Bewegtheit des
Lebens in umfassendstem Horizont. Er läßt sich nur so darstellen,
daß man sich von einer Einsicht zur andern weiterleiten läßt.

1. Der Begriffsprägung usus politicus legis ist deutlich zu entnehmen: Ihr Ursprung und ihr Sinnkriterium liegen in dem zentralen Spannungsfeld von Luthers Theologie. Ist vom Gesetz die
Rede, so ist als Korrelat das Evangelium präsent. Desgleichen:
Wenn Luther den Begriff des Politischen einführt, den er mit dem
Begriff des Zivilen synonym gebraucht und in dem weiten Sinn des
allgemein verbindlich Moralischen versteht, so ist der unmittelbar
mitgesetzte Gegenbegriff das Theologische, und zwar nicht in sei-
ner neuzeitlichen Verengung zum Wissenschaftlichen, | sondern in
seiner inhaltlichen Bestimmtheit als das Geistliche. Von einem
usus politicus legis könnte bei Luther gar nicht die Rede sein ohne
den Gegenbegriff des usus theologicus legis. Deshalb weist das
Stichwort, von dem wir ausgehen, außer auf die Unterscheidung
zwischen Gesetz und Evangelium auch auf die Unterscheidung der
zwei Reiche und, unter dem Aspekt der Rechtfertigungslehre beides verklammernd, auf die Unterscheidung zweier Weisen von
Rechtfertigung und zweier Arten von Gerechtigkeit: der iustitia
civilis und der iustitia christiana, der iustitia operum und der iustitia
fidei. Man steht in Versuchung, solche Begriffspaare auf zwei
Kolumnen zu verteilen und sie mechanisch einander gleichzuschal-
ten. Dem widersteht aber Luthers Umgang mit ihnen. Obwohl in
der Tat immer wieder mit erstaunlicher Sicherheit des Urteils dieselbe Grundorientierung durchschlägt, verändert sich doch jeweils
die Problemkonstellation und erfordert ein immer neues Erfassen
vom Zentrum her. Das ist höchst unbequem und erklärt, warum

viele so tölpelhaft mit Luther umgehen. In der zur Diskussion stehenden Formel gibt uns das Wort usus einen Fingerzeig, auf was für einen Gegenstand man sich hier einzustellen hat: nicht ein separates Ding, sondern einen Lebensvorgang, nach dessen Subjekt zu fragen allein schon zur Besinnung darauf nötigt, was hier an Unausgesprochenem mitzubedenken ist. So wird schon beim ersten Blick auf Luthers Formel klar: Sie ist kein Neben- und Abstellgeleise für solcherlei Fragen der Weltverantwortung, welche die Theologie von sich abschiebt. Diese Formel ist vielmehr eine zentral theologische Ortsbestimmung des Politischen.

2. Das Auffallende und vielen Anstößige an Luthers Theologie begegnete uns soeben schon massiert: eine Fülle von Unterscheidungen, deren Absicht nicht, wie bei den vielen scholastischen Distinktionen, problemlösender Art ist, sondern die darauf abzielen, den Knoten allererst zu schürzen. Nicht einzelne Denkfehler sollen entwirrt und die irrtümlich darin vermengten Elemente in gesonderte Schubladen verteilt werden. Vielmehr soll die andauernd bestehende Wirrnis des Lebens aufgedeckt, auf ihren Grund zurückgeführt und so überhaupt erst zum Austrag gebracht werden. Dadurch sind die Spannungen nicht gelöst, sondern erst wahrhaft dargestellt. Die Sache ist nun mit der Einführung einer Unterscheidung nicht etwa erledigt, sondern jetzt wird der Prozeß um den Streitfall eröffnet und in Gang gesetzt. Ich habe dafür den Begriff der Fundamentalunterscheidung geprägt und wiederholt seine Wichtigkeit hervorgehoben. Das Phänomen der Fundamentalunterscheidung findet sich keineswegs nur bei Luther. Es gehört wie zum Denken so zum menschlichen Dasein überhaupt. Bei Luther findet es sich aber in einer Intensität, die nur mit Paulus vergleichbar ist. Die Einschätzung als Dualismus wäre | töricht, sofern man ihn als metaphysisch endgültig verstünde. Irrig wäre aber auch die Meinung, man könne die Gegensatzpaare in Luthers Theologie säuberlich auseinanderdividieren in solche von ausschließender und solche von polar zueinander gehörender Art. Gewiß ist auf die unterschiedliche Modalität der Relationen zwischen den opposita zu achten. Aber da es sich nicht bloß um die Verhältnisbestimmung statischer Größen zueinander handelt, son-

dern um Lebensvorgänge des Widersprechens, des Versprechens und des Entsprechens, treffen das Widereinander und das Dennoch-Miteinander so zusammen, daß auf diese Weise das Leben selbst getroffen wird, während es sich einem abstrahierenden Denken entzieht.

Die Fundamentalunterscheidung zwischen Gott und Welt erhebt den ungeheuren Anspruch, alles in der Welt, weil die Welt als ganze, auf ein schlechthinniges Gegenüber hin zu relativieren, für davon abhängig und davor Anbetung schuldig zu erklären und so gegen den trügerischen Augenschein die Dimension unsichtbarer Wahrheit zur Geltung zu bringen. Davon hängt ab, was man als groß und klein einschätzt, was als gut und böse, als Glück und Verhängnis, als Leben und Tod. Die biblische Ausrichtung dieser Fundamentalunterscheidung zwischen Gott und Welt ist dreifach bestimmt: als Leben gewährende Entsprechung zwischen Gott und Kreatur, als tödlicher Widerspruch zwischen Gott und dem Sünder sowie als rettender Einspruch Gottes gegen den Tod des Sünders, als der Zuspruch von Gnade und neuem Leben, als das Versprechen ewiger Vollendung. Es hat sein gutes Recht, diese verschiedenen, untereinander wiederum gegensätzlichen Relationen zwischen Gott und Welt, dem biblischen Zeugnis folgend, als Stufen in einer Heils- und Erwählungsgeschichte aufzufassen. Aber in gegenwärtiger Verkündigung ist all dies nur dann wahr, wenn alles zugleich gilt und ohne Abschwächungen miteinander bedacht wird. Dann gewinnt das gegensatzgeladene theologische Thema aber nur so eine Einheit, daß alle Varianten der Fundamentalunterscheidung auf unsere wirkliche Situation bezogen werden: das Sündersein vor Gott. Eben diesen Bezug meint und bewirkt die konzentrische Ausrichtung der Theologie auf Jesus Christus, den Gekreuzigten. Das einzuschärfen im Wissen um den stets drohenden Verlust des eigentlichen theologischen Themas, darin liegt das Pathos von Luthers Theologie.

3. Wird die Fundamentalunterscheidung auf Jesus Christus und auf die Situation des Sünders vor Gott ausgerichtet, so rückt der Einzelne in den Brennpunkt. Dies als „religiösen Individualismus", als „Rückzug in die Innerlichkeit" oder als „Heilsegoismus" zu

denunzieren, zeugt ebenso von Mißverstand wie das Propagieren schiefer Antithesen dazu. All das ist ein Symptom theologischer Seichtheit. Den Verlust der Kategorie des Einzelnen, wie auch immer er beschönigt werden mag, haben wir | angesichts des Mannes zu verantworten, der von Gott und den Menschen verlassen am Kreuz starb, sowie im Blick auf den nur allzu gern verdrängten Zusammenhang, der bei uns selbst zwischen der Notwendigkeit des eigenen Glaubens und der Unumgänglichkeit des eigenen Sterbens besteht. Nur dadurch, daß Jesus bis zum äußersten Einzelner wurde, vollbrachte er Gottes Liebe zur Welt und wurde zum Haupt seines Leibes. Nur dadurch, daß der Einzelne selbst im Innersten von Gottes Wort getroffen wird, sammelt sich das Volk Gottes aus Juden und Heiden zur Sendung in die Welt. Deshalb ist die Rechtfertigung allein aus Glauben kein Spezialthema unter vielen anderen, das man nach Belieben bevorzugen oder vernachlässigen mag. In dieser paulinischen Reflexionsgestalt wird vielmehr der Grundriß aller theologischen Aussagen erfaßt und ein Kriterium rechter theologischer Urteilskraft vermittelt.

Das sei an der Rolle des Menschen zwischen Gott und Welt verdeutlicht. Der im wahren Sinne rechte Mensch weiß zwischen Gott und Welt so zu unterscheiden, daß er beiden gibt, was er ihnen schuldet: Gott den Glauben, der Mitkreatur Liebe. So empfängt der Mensch Gottes Liebe und gibt sie weiter an den Nächsten. Statt dessen hat nun aber der Mensch diesen Lebensstrom der Liebe Gottes weder empfangen wollen noch weitergegeben, vielmehr das Leben in eigene Regie genommen. Bei solcher Zerstörung des wahren Lebens ist Gott nicht einfach abgeschrieben. Darüber täuscht sich nur der Atheist. Aber die Unterscheidung zwischen Gott und Welt ist in Verwirrung geraten, so daß sich nun alles verkehrt. Ein Stück Welt, an das man sein Herz hängt, erhebt man zu Gott. Die Mitkreatur erniedrigt man zu bloßem Material. Aus Glaube wird Unglaube. Liebe entartet zur Selbstsucht. Und Angst zerstört den Frieden der Welt und des eigenen Herzens. Was daraus folgt, ist vor aller Augen, freilich nur ganz bruchstückhaft und in parteiischer Wertung. Aber die Menge des Schrecklichen und Bösen unter all dem Guten und Schönen dieser Welt macht

eher blind für die Wurzel des Übels. Je stärker man mit morali-
schem Einsatz die Auswirkungen bekämpft, desto leichter täuscht
man sich darüber, wie tief die eigene Person der verborgenen
Macht der Ursünde verhaftet ist. Demgegenüber werden wahre
Erkenntnis der Sünde und Empfang der Vergebung zu einem un-
trennbaren Befreiungsgeschehen.

4. In diese Freiheit zu versetzen, das ist die Weise, wie Jesus
Christus der Herr ist und seine Herrschaft ausübt. Versteht man
das Wort Reich in der primären Bedeutung von regnum, also im
Sinne von Herrschaft, und nicht in Angleichung an den augustini-
schen Sprachgebrauch von civitas als der Körperschaft derer, die zu
einer bestimmten Herrschaft gehören, und auch nicht etwa im
Sinne eines Territoriums, eines geogra|phisch begrenzten Herr-
schaftsbereichs, so erübrigt sich das terminologische Jonglieren, ob
und wieweit der Gebrauch von regnum oder der von regimen
besser angebracht sei, die Rede von einer Zweireichelehre oder
von einer Zweiregimentenlehre. Auf Luther kann man sich für
diese Alternative ohnehin schwerlich berufen. Vom Rechtfertigungsverständnis her ergibt sich nun aber folgendes.

Christi Reich ist unteilbar eines. Das Szepter, mit dem er seine
Herrschaft ausübt, ist das Evangelium. Deshalb ist sein Reich nicht
von dieser Welt, weder der Herkunft noch der Art nach. Es ist auch
nicht etwa *ein* geistliches Reich (der unbestimmte Artikel könnte
zu metaphysischen Subsumptionen verführen), sondern, weil das
einzige seiner Art, *das* geistliche Reich – eine Ausdrucksweise, die
mit dem Verständnis von Evangelium steht und fällt. Reiche von
dieser Welt gibt es viele, neben- und nacheinander und so oder so
meist widereinander. Wenn diesem Zustand zum Trotz singula-
risch von dem Reich dieser Welt die Rede ist, so nicht als der
Utopie eines universalen Weltreichs und auch nicht als einer pau-
schalen Gattungsbezeichnung. Aus der chaotischen Pluralität wird
allein durch die Konfrontation mit dem einen Reich Christi die
Einheit eines Gegenreichs, dessen Machthaberbezeichnungen je
nach der Perspektive wechseln können: die Welt, das Fleisch, die
Sünde, die ratio, der Teufel. Dies alles auf denselben Nenner zu
bringen, erscheint höchst gewaltsam. Das Verbindende ist jedoch

der feindselige Unverstand gegenüber dem Evangelium, das man
als inhuman empfindet. Denn sein Freispruch gründet allein in dem
Zuspruch der Liebe Gottes und nicht im geringsten in einem Anspruch des Menschen. Und die vom Evangelium geschenkte Freiheit läuft allen Freiheitsvorstellungen zuwider: Nicht kraft des
freien Willens, sondern allein kraft des Glaubens, der Gott uneingeschränkt recht gibt, macht sie zu Herren, und zwar zu Herren
über diejenigen Mächte, die – nicht mit den menschlichen Wünschen, vielmehr – mit Gott konkurrieren. Und in gottgemäßer
Liebe macht diese Freiheit allen untertan, weil sie alle von Gott
geliebt sind. Was in Antithese dazu das eine Reich der Welt ausmacht, hat freilich auch in sich selbst den Trieb zur Einheit, indem
es alles Widerstrebende zu unterwerfen oder zu vernichten trachtet. Das kommt zuhöchst darin zum Ausdruck, daß Gott als Vorspann und Bestätigung des Menschen mißbraucht wird. Deshalb
stellt im Lichte des Evangeliums sogar der mit moralischer Anstrengung geführte Kampf gegen das Böse eine gottwidrige Heuchelei dar. Der anstößige Satz, daß ohne den Glauben auch gute
Werke Sünde sind, ist ein Eckpfeiler von Luthers Theologie.

Es hieße nun aber doch das Reich Christi als ein Reich von dieser
Welt mißdeuten, wenn man in ihm den Partisanentrupp sähe, der
das Reich | der Welt zum Einsturz bringt. Der Gegensatz stellt sich
von beiden Seiten her sehr verschieden dar. Das Reich der Welt
kann, sofern überhaupt, höchstens auf dem Wege der Einverlei-
bung – und das bedeutet dann: der Vereinnahmung, der zwangs-
weisen Anpassung und Verfälschung – das Reich Christi dulden.
Hingegen nicht so das Reich Christi. Es duldet und erduldet das
Reich der Welt kraft der Unterscheidung zwischen Gott und Welt.
Nur vom Evangelium her gibt es eine legitime Zweireichelehre.
Denn das Kreuz ist nicht das Signal zum Kreuzzug, sondern das
Zeichen der Versöhnung, und zwar der von Gott her vollbrachten
Versöhnung der Welt mit Gott. Von ihr leben die Christen und zu
ihr laden sie die Welt ein. Die von Gott gestiftete Versöhnung ist
kein Kompromiß mit dem Reich der Welt. Das beweist das Kreuz.
Und der Preis dafür ist der Tod nicht des Sünders, sondern des
Sündlosen, wie das Wort vom Kreuz bezeugt. Gott erhält den

Sünder vorläufig am Leben um der Versöhnung und des ewigen
Lebens willen. Gott der Versöhner ist und bleibt der die Welt
erhaltende Schöpfer. Deshalb begegnet er der Sünde auf zweierlei
Weise: durch die Eindämmung ihrer Folgen sowie durch ihre Ent-
machtung kraft der Vergebung ihrer Schuld. Das sind zwei tief
verschiedene Weisen, wie Gott seine Herrschaft geltend macht.
Und doch sind sie eng aufeinander bezogen und in Gottes Heilswil-
len vereint. An der Zweireichelehre erscheint als der Hauptwider-
spruch dies, daß Gott nicht nur auf einerlei Weise regiert, vielmehr
eine Toleranz übt, die unser Begreifen weit übersteigt. Wer sich
dieser Erkenntnis nicht nur beugt, sondern sich ihrer auch freut,
der wird den nun noch ausstehenden Fragen seinerseits mit Geduld
begegnen.

5. Den zwei Weisen, wie Gott um der Sünde willen seine Herrschaft ausübt, entsprechen die zwei Weisen seines Wortes: Gesetz
und Evangelium. Es ist dringend davor zu warnen, mit solcher
Kurzformel kurzschlüssig umzugehen. Die Unterscheidung der
beiden Reiche sowie die Unterscheidung zwischen Gesetz und
Evangelium hängen zwar in der Tat aufs dichteste miteinander
zusammen. Entgleitet uns die eine, dann notwendig auch die andere. Aber keine von beiden ist der bloße Abklatsch der andern. Es
wäre absurd, das Gesetz dem vermeintlich autonomen Reich der
Welt zu überlassen und dem Reiche Christi ein Evangelium vorzu-
behalten, das für das Gesetz angeblich irrelevant ist. Allerdings
steht das Reich der Welt im Zeichen des Gesetzes und das Reich
Christi im Zeichen des Evangeliums. Aber da das Evangelium
bedeutungslos und gar nicht sagbar ist ohne Hinsicht auf das Gesetz
und da sich das Gesetz nur vom Evangelium her theologisch definieren läßt, bildet die Unterscheidung zwischen Gesetz und Evan-
gelium den Schlüssel zu einer differenzierten Zweireichelehre. |

Diese Verwendung der Worte Gesetz und Evangelium ist aus der
Bibel geschöpft. Sie ist des weiteren geprägt von der Erfahrung, die
aus zweitausendjährigem Umgang mit diesen Worten der christlichen Verkündigung, Frömmigkeit und Theologie erwachsen ist.
Beide Vokabeln finden sich auch außerhalb dieses Traditions-
stroms: „Gesetz" überaus mannigfach, während „Evangelium" sei-

ner außerbiblischen Wurzel nach in die politische Theologie heidnischer Antike zurückweist, nun aber durch die christliche Okkupation zu einem Eigennamen geronnen ist. Der Sache nach jedoch ist das menschliche Leben jeder Zeit in den verschiedensten Gestalten und Mischungen prall voll von beidem: von Vorschriften und guten Nachrichten, von Gefordertsein und Beschenktsein. Der beachtlicherweise auch hier wieder streng singularische Sprachgebrauch der Theologie: „das Gesetz" und „das Evangelium", befindet sich dazu zwar in weiter Distanz, ist aber dennoch genau auf jenen pluralistischen Sachverhalt bezogen.

Die Frage, was denn das Evangelium im strengen Sinne eigentlich zu bieten habe, beantworten wir jetzt besser als mit einem der vielen möglichen kerygmatischen Sätze mit der Angabe von Kriterien aller Evangeliumsverkündigung: Evangelium weist uns nicht an einen Katalog von Satzungen, sondern an die Person Jesus Christus. Frohe Botschaft beansprucht es zu sein nicht trotz, sondern wegen des Kreuzes. Die Gabe des Evangeliums ist kein Glücksgeschenk nach dem Geschmack dieses Lebens, vielmehr ewiges Leben angesichts dieses vergänglichen Lebens. Und der Adressat des Evangeliums ist deshalb jeder Mensch, weil vor Gott alle ausnahmslos Sünder sind. Damit ist nicht etwa ausgeschöpft, was das Evangelium ist und wirkt. Jedoch auch nur mit einem einzigen der genannten Kriterien in Widerstreit zu geraten, bedeutete den Verlust der Wahrheit des Evangeliums. Zusammenfassend könnte man sagen: Das Evangelium ist das reine Gottesgeschenk an den Sünder, deshalb aber nicht dessen zusätzliche Ausstattung, nicht ein Zuwachs für ihn an Macht und Ansehen, kein Lohn für vollbrachte Leistung. Der reine Geschenkcharakter kommt darum viel deutlicher zum Ausdruck durch privative Wendungen: als ein Wegnehmen von Schuld, Angst und Sorgen, ja als unser eigenes Weggerissenwerden durch Gott aus einer Fremdherrschaft, die uns im Bann hält wie ein Traum, aus dem zu erwachen wir uns sträuben. Die positive Kennzeichnung als Gabe des heiligen Geistes und seine Frucht beschreibt nur eine Folgewirkung des Herrschaftswechsels, den das Evangelium proklamiert. Man darf sie nicht für das Evangelium selbst halten, als stünde wie zuvor der Mensch auf sich allein, nur daß er jetzt mit besserer Ausrüstung sich verwirklichte und vor Gott darstellte. Es gibt deshalb nur einen einzigen usus evangelii: den Glauben. Die Lebens|äußerungen, in denen er wirksam wird, wachsen nicht über den Glauben hinaus, als müßten sie ihn erst verwirklichen und das Evangelium zur Erfüllung bringen. Sie bleiben vielmehr auf den Glauben angewiesen. Im Unterschied zum Evangelium – nicht nur als der Erfüllung der Verheißung, sondern auch und vor allem: – als der Erfüllung des Gesetzes sind die Folgewirkungen des Glaubens bestenfalls ein bloßer Anfang der Erfüllung des Gesetzes. Nur deshalb erliegen nicht auch sie seiner Anklage und seinem Fluch, weil sie dank dem Glauben völlig frei sind von dem Mißbrauch zur Selbstrechtfertigung.

6. Dem exklusiven Verständnis von Evangelium, wie es die reformatorischen particulae exclusivae unter verschiedenen Aspekten hervorheben, steht ein nicht minder befremdendes Verständnis von Gesetz gegenüber. Die gängige Auffassung, es sei ein Kodex von Vorschriften oder eine Summe kodifizierbarer Verhaltensregeln mit entsprechenden Sanktionen, wandelt sich zur Vorstellung von einer universalen Macht, die überall im menschlichen Leben präsent ist, nicht nur in verbaler Gestalt, sondern auch in Sitten und Gebräuchen, in Institutionen und gesellschaftlichen Strukturen, in allen Herausforderungen und Zwängen, Sehnsüchten und Problemen des Lebens, kurz, als die Vielgestalt dessen, wie das Reich dieser Welt die Menschen in seinem Griff hat. Darüber scheint freilich der Inhalt des Gesetzes ins Unbestimmte zu verschwimmen. Dem entspricht in der Tat, daß Sittlichkeit und Sitte, religiöse und soziale Ordnungen und Wertsetzungen starken kulturellen und geschichtlichen Veränderungen unterliegen, wenn auch gewisse Konstanten, wie sie mit den Grundbedingungen menschlichen Daseins gegeben sind, nicht unterschätzt werden dürfen. Was bedeutet das Evangelium angesichts dieser Problematik des Gesetzes?

Gewiß konnte Luther von dem grundsätzlichen christlichen Konsens seiner Zeit ausgehen, daß das Gesetz im strikten Sinne Gottes Gesetz ist und sich inhaltlich unbestritten in Texten wie den zehn

Geboten, der Bergpredigt und dem Doppelgebot der Liebe darbiete. Aber aus der reformatorischen Erfassung des Evangeliums ergab sich eine Umwälzung im Verständnis des Gesetzes mit enormen materialethischen Folgen. Der entscheidende Angelpunkt ist der: Das Evangelium ist nicht ein neues Gesetz, nicht etwa im Unterschied zu einer Minimalethik der Höhenweg zur Vollkommenheit. Nova lex ist das Evangelium auch nicht in dem tieferen Sinne, daß es das durch den heiligen Geist ins Herz gegebene Gesetz, die lebendige Willenseinung mit ihm sei. Der Glaubende bleibt als simul iustus et peccator um eines getrosten Gewissens willen auf die Unterscheidung zwischen Gesetz und Evangelium angewiesen. Es wäre tödlich, wenn daraus ein Zweistufengesetz würde: ein weltliches und ein | religiöses Gesetz, eine lex politica oder civilis und eine lex theologica oder evangelica. Vom reformatorisch erfaßten Evangelium her schließt sich das Gesetz zu einer unteilbaren Einheit zusammen. In all seinen mehr oder weniger verworrenen Erscheinungsformen will es auf Gott als Gesetzgeber hin und entsprechend auf den lauteren, unverfälschten, unverkürzten Gotteswillen hin ausgelegt werden. Dem widerspricht nicht, fügt sich im Gegenteil, daß diese Ganzheitserfassung des einen Gesetzes Gottes die Freiheit gibt, auch die gesamte außerchristliche Gesetzeswirklichkeit mit einzubeziehen.

Also keinesfalls eine duplex lex, wohl aber ein duplex usus legis! Die Unterscheidung zwischen Gesetz und Evangelium spiegelt sich am Gesetz wider in dieser Unterscheidung zweier Abzielungen, auf die hin Gott sein Gesetz walten läßt und auf die hin durch die Verkündigung des Evangeliums die Predigt des Gesetzes auszurichten ist. Der eigentliche, der theologische Gebrauch des Gesetzes entfesselt sozusagen die eschatologische Macht des Gesetzes, die nur die Kehrseite seiner Ohnmacht ist. Es vermag nicht lebendig zu machen, es ist unfähig zur Rechtfertigung des Sünders. Eben deshalb hat es die Macht, durch sein zum Schweigen bringendes Anklagen zu töten. Es versperrt alle Auswege, so daß die einzige Zuflucht Jesus Christus bleibt: der Weg, die Wahrheit und das Leben. Von sich aus treibt das Gesetz den Sünder nicht selten ins Extrem der praesumptio oder der desperatio, überwiegend freilich zu Abstumpfung und Gleichgültigkeit und nur selten zu einer Sinnesumkehr, die dem Evangelium gewissermaßen entgegenkommt. So ist der usus theologicus legis zwar überall in der Menschheit latent, wird aber erst durch die Verkündigung des Evangeliums voll entbunden. Sie legt das Gesetz in seiner Schärfe aus, sie interpretiert seine geistliche Funktion und sie moderiert zugleich seine tötende Wirkung durch den Glauben, der aus dem Sein unter dem Gesetz fort zu Jesus Christus hin versetzt und nun in dessen Namen dem Gesetz Schweigen gebieten kann.

Jedoch um der Erhaltung des geschöpflichen Lebens willen und mit Rücksicht darauf, daß die wahren Christen als Minorität in der Diaspora leben und auch ihrerseits immer wieder schwach und angefochten sind, bejaht Gott auch den usus politicus legis. Vor allem hier ist die Warnung angebracht, nun nicht doch ein doppeltes Gesetz einzuschmuggeln, etwa durch die Unterscheidungen von Legalität und Moralität oder zwischen Eigengesetzlichkeit und Liebesgebot oder zwischen Sozial- und Individualethik. Die Körnlein Wahrheit, die man in solchen Unterscheidungen finden könnte, wären als Momente innerhalb des komplexen usus politicus legis sehr wohl zu beachten. Wie denn auch die Rücksicht auf die rudes, die im Verständnis des usus politicus legis oft dominiert, nur einen | Teilaspekt ausmacht. Allerdings gilt es hier, das Gesetz so zur Geltung zu bringen, daß auch die Primitivsten oder die Skrupellosesten gestellt werden und das Recht zumindest notdürftig gewahrt wird, notfalls mit harter Gewalt. Aber im usus politicus soll das Gesetz ja nicht primär anklagen oder gar töten, sondern das Leben, wenn auch nicht schaffen, so doch pflegen. Deshalb muß die meist verengte Vorstellung vom usus politicus legis zu der ganzen Weite und zu dem Reichtum menschlicher Kultur hin geöffnet werden. Nicht etwa nur der christlichen. In der konkreten Ausgestaltung des usus politicus legis spielt in der Reformationszeit selbstverständlich noch die Idee des Corpus Christianum eine gewisse Rolle. Aber gerade Luther hat den usus politicus legis so konzipiert, daß jede Gestalt weltlicher Ordnung und Moral darunter fällt (innerhalb seines Gesichtskreises z. B. auch die der Türken). Sein Grundverständnis hat sich von dem ohnehin damals schon brüchig werdenden Corpus Christianum unabhängig gemacht. Damit ist er dem Geschichtslauf weit vorausgeeilt. Wichtiger jedoch ist, daß selbst der Christ in seinem Handeln keine höhere Stufe erschwingt als die iustitia civilis, sofern man sie nicht leichtfertig zu etwas Minderem degradiert, sondern an der hohen, ja unüberbietbaren Aufgabe mißt, die Welt und das menschliche Leben inmitten der Kreatur zu erhalten.

So erwächst aus dem Evangelium ein gar nicht hoch genug zu wertender Einfluß auf den usus politicus legis.

Zum einen wird der ganze Bereich des politischen Handelns von soteriologischem Mißbrauch befreit. Und das Wissen um die Macht der Sünde hält zu illusionsloser Nüchternheit an. Obwohl auch dort, wo Mißbrauch und Illusionen grassieren, der usus politicus legis in Kraft steht, wird er doch allein kraft des Evangeliums als das eingeschätzt, was er nach Gottes Willen sein soll, und dadurch in seiner Heilsamkeit gefördert.

Zum andern hält die Gesetzesauslegung, die aus dem Evangelium entspringt, dazu an, auch im usus politicus legis sich nicht für dispensiert zu halten vom Liebesgebot als dem Inbegriff des Gesetzes. Wie stets, so hat sich aber auch hier die Liebe danach zu richten, was die Umstände nach Gottes Willen erfordern. Es wäre ein Zerrbild von Liebe, wenn man meinte, zwischen ihr und etwa dem Amt eines Richters bestehe ein unlösbarer Widerspruch. Allerdings ist für die Wahrnehmung des usus politicus legis ebensowenig wie der Glaube die Liebe die conditio sine qua non. Aber daß im politischen Handeln meist Ehrgeiz, Gewinnsucht oder Haß die treibenden Kräfte sind, berechtigt nicht dazu, hier von der Forderung einer Sorgfaltspflicht abzugehen, die der Liebe zu den Mitmenschen gemäß ist und die im je eigenen Zuständigkeitsbereich das Handeln bestimmen soll. Das wird sich dann auch sachlich auf die Entscheidungen | und Verhaltensweisen auswirken, etwa zu einem Handeln in Festigkeit gegen den Strom der öffentlichen Meinung oder als Bereitschaft zum Kompromiß und als Rücksicht auf das Billigkeitsprinzip, anstatt den Rechtsstandpunkt stur oder gar in eigener Rechthaberei durchsetzen zu wollen.

Schließlich ergibt sich aus all dem, daß ein Christ besser als jeder andere dazu motiviert sein sollte, je nach Fähigkeit und Berufung der Menschheit im Rahmen des usus politicus legis zu dienen. Freilich garantiert die Motivation nicht das Gelingen, und schon gar nicht kann christliche Gesinnung den erforderlichen Sachverstand ersetzen. Das Problem, ob nicht der Umgang mit Recht und Gewalt zu dem, was die Bergpredigt von einem Christen verlangt, in krassem Widerspruch steht, deckt sich mit der Frage, ob sich nicht Gott selbst widerspricht, wenn er mit beidem der Sünde begegnet, mit dem Gesetz und mit dem Evangelium. Der fromme Wahn, es besser und konsequenter machen zu wollen als Gott, zeugt von Mißachtung des Evangeliums, weil vom Verlust der Unterscheidung zwischen Gesetz und Evangelium. Wie sich denn beides in ein und derselben Person vertragen solle, kann nur dann als grundsätzlicher Einwand empfunden werden, wenn man den Sinn für den Unterschied zwischen Amt und Person verloren hat (den man sich an einem beliebigen Bestechungsfall illustrieren mag). Wenn Luther dafür gelegentlich die Begriffe Weltperson und Christperson gebraucht, so kann auf den Verdacht der Schizophrenie nur derjenige verfallen, der hier nicht die Nuancierung des Personbegriffs bedenkt: im zweiten Fall die durch den Glauben konstituierte Person des Christen (fides facit personam), im ersten Fall den durch Gottes Wort und Auftrag konstituierten Beruf, so daß gerade der Begriff Weltperson auswechselbar wird mit göttlicher Person. Ohne Konflikte und Anfechtungen geht es dabei sicherlich nicht ab. Davor sollte sich aber gerade der Christ nicht drücken. Steht er jedoch im kirchlichen Amt, so erstreckt sich normalerweise seine Mitverantwortung für den usus politicus legis auf die entsprechende Verkündigung und Unterweisung. Wen das zu wenig dünkt, der nimmt es damit offenbar zu leicht.

Wenn Luther – das sei nur noch als Appendix hinzugefügt – gelegentlich von den drei Hierarchien spricht: Priesterstand, Ehestand und weltlicher Obrigkeit (oder auch status ecclesiasticus, oeconomicus und politicus), so tritt dieses Schema mit der Zweireichelehre nicht in Konkurrenz, kann vielmehr nur von ihr her richtig eingeschätzt werden. Hier wird im Rahmen eines christlichen Gemeinwesens auch das kirchliche Amt auf seine Sozialfunktion hin bedacht. Es handelt sich also bei den drei sogenannten Hierarchien, genau genommen, nur um eine Auffächerung dessen, was in den Horizont des usus politicus legis gehört. |

II

Meine Darstellung des usus politicus legis war der Versuch, statt bloß zu referieren, das Wesentliche daran gewissermaßen nachbildend aus den Grundeinsichten von Luthers Theologie wieder hervorgehen zu lassen. Ich verweilte dabei deshalb so lange, um für das Weitere unverrückbar einen Maßstab zu setzen – einen Maßstab nicht der theologischen Aussagen im einzelnen, wohl aber des theologischen Niveaus, auf dem nun mit Nachdruck und rückhaltlos zur Gegenwartsproblematik Stellung genommen werden soll. Mir ist selbstverständlich klar, daß ich jetzt nur einen Bruchteil dessen vorzubringen vermag, was dazu gesagt werden könnte. Insbesondere verzichte ich auf eine politische Diskussion der in der Denkschrift berührten Probleme, etwa der Frage, auf welches strategische Schwerefeld die sogenannte Friedensbewegung unbeabsichtigt oder absichtlich verstärkend einwirkt und ob sie damit den Weltfrieden wirklich fördert, falls aber tatsächlich: was für einen Weltfrieden? Ich bin mir gleichwohl der Schwere der Verantwortung bewußt, nichts von dem schuldig zu bleiben, was jetzt unbedingt gesagt sein muß.

Die Friedensdenkschrift der EKD ist ein Text, der höchsten Respekt verdient[2]. Vorbildlich daran ist vor allem dies, daß evan-

---

[2] Über meinen kritischen Bemerkungen zur Friedensdenkschrift der EKD ist diese betonte Anerkennung des darin Geleisteten gelegentlich übersehen worden. Besonders verwirrend mußte es wirken, daß sich H.-J. KRAUS zugunsten der erst später erschienenen Erklärung des Moderamen des Reformierten Bundes auf meine Äußerungen berufen zu können meinte (FAZ 15. 12. 1982 Nr. 290 S. 8 und Ev. Komm. 1982, 686 ff), während ich mich doch offensichtlich von jener Erklärung theologisch ungleich schärfer distanzieren muß. Vgl. meine Richtigstellung FAZ 22. 12. 1982 Nr. 296 S. 6.

gelische Christen sehr verschiedener theologischer und politischer Richtungen das Gespräch über ein so brisantes Thema durchgehalten und ein gemeinsames Wort dazu gefunden haben. Angesichts der verbreiteten gegenteiligen Erfahrung, daß man außerhalb wie innerhalb der Kirche über ernsthaft Strittiges kaum noch vernünftig reden, weil nicht mehr aufeinander hören kann, ist eine solche Äußerung nicht zuletzt deshalb wohltuend, weil darin der trotzdem noch bestehende Dissens nicht verschwiegen worden ist. Dieses positive Urteil über die Denkschrift im ganzen und über sehr vieles einzelne in ihr nehme ich im folgenden nicht etwa zurück, wenn ich einige kritische Bemerkungen zu ihr mache. Das bedeutet freilich nicht, daß die Bedenken nur nebensächlicher Art wären. Sie greifen im Gegenteil so tief an die Wurzel des Ganzen, daß mit partiellen Korrekturen gar nicht wesentlich zu helfen wäre. Aber auch die Aufforderung, ein Gegenkonzept vorzulegen, trüge nicht der entscheidenden Schwierigkeit Rechnung. Denn die Mängel, auf die ich hinweisen muß, haften überwiegend so sehr unserer kirchlichen und theologischen Gesamtsituation an, daß sich der Einzelne gar nicht ohne weiteres dem entziehen kann. Wir rühren dabei an ein Versagen, an dem wir alle mehr oder weniger mitschuldig sind. Dennoch hoffe ich, es nicht bei einer unfruchtbaren Klage bewenden zu lassen. |

1. Von der Dehnbarkeit und Vieldeutigkeit des Wortes Frieden wird offensichtlich bewußt ausgiebig Gebrauch gemacht. Den eigentlichen Anlaß, die politische Sorge um den Weltfrieden, will man mit dem zentralen christlichen Zeugnis vom Frieden Gottes in engsten Zusammenhang bringen, um den Beitrag der Kirche zur Friedensaufgabe zu verdeutlichen und aufs äußerste zu aktivieren. Diese Verknüpfung durch dieselbe Vokabel ist nicht nur vorgegeben und unbedingt festzuhalten. Sie stellt auch mit Recht der Denkschrift die Hauptaufgabe. Die Identität der Vokabel übt nun aber eine so starke Suggestion aus, daß die Frage nach dem Verhältnis von Gottesfrieden und Weltfrieden dagegen kaum aufzukommen vermag. Dabei herrscht selbstverständlich mit der Penetranz des unmittelbar Dringenden und Bedrängenden diejenige Bedeutung von Frieden vor, die sich – wie eine apotropäische

Geste – dem Schreckensbild einer nuklearen Kriegskatastrophe
entgegengestellt. Deshalb steht das „Frieden wahren" am Anfang.
Noch haben wir Frieden! Das ist der Ausgangspunkt. Diesen Frieden dafür zu nutzen, ihn zu erhalten, ist – in einer geradezu erschüt-
ternden Wörtlichkeit – lebensnotwendig. Gelegentlich wird freilich
auch differenziert. Die Unterscheidung zwischen äußerem und
innerem Frieden klingt an (10.49f), wohlgemerkt: im Sinne von
außenpolitischem und innenpolitischem Frieden, also als Auffä-
cherung der pax publica. Die Abwesenheit von Krieg mache noch
keinen Frieden. Frieden sei überhaupt nicht als politischer Zustand
zu begreifen, sondern als ein Prozeß schrittweiser Verbesserung
derjenigen gesellschaftlichen Bedingungen, welche die Qualität
des Friedens ausmachen (67). Hingegen wird nicht erwähnt die
Perversion des Wortes Frieden zu einem politischen und demagogischen Kampfinstrument. Die Vokabeln „friedliebend" oder „Friedensbewegung" sind doch, so wäre zu betonen, ehrlicherweise nur
noch in Anführungszeichen zu gebrauchen. Nicht daß man etwa
allem, was sich so nennt, die Lauterkeit abstreiten dürfte. Aber
faktisch sinkt das Wort Friede zu einer parteiischen Etikette in der
politischen Auseinandersetzung um die Friedenswahrung ab – das
Symptom einer Sprachvergiftung, die dem Frieden nicht förderlich
ist. Das ist aber nicht nur eine bedauerliche Nebenerscheinung. Es
verrät die bestehende Friedlosigkeit, die nicht einmal unter dem
Druck der Angst vor extremer Friedenszerstörung, welche doch
niemand will, zu einer Verständigung gelangt. Infolgedessen bedeutet gerade in unserer überaus gefährdeten Situation das Wort
Frieden nicht mehr schlicht Frieden, ist vielmehr zum politischen
Zankapfel geworden.

   Schwerer als dies wiegt aber, daß es ebenfalls und anscheinend
absichtlich unterlassen wird, die Spannungen im Gebrauch des
Wortes Frieden nach einer anderen, ungleich wichtigeren Seite hin
bewußt zu machen. | Nur ein einziges Mal wird innerhalb eines
Zitats aus dem kirchlichen Friedenswort von 1979 ausdrücklich
betont: „Friede mit Gott und Friede auf Erden sind nicht dasselbe." (38) Aber statt diesen aufregenden Satz nun aufzugreifen und
durch erläuterndes Unterscheiden die Beziehung zueinander nicht

nur klarzustellen, sondern sie auch auf ihre stärkste Spannkraft zu bringen, läuft die Tendenz eher zu einer unklaren Harmonisierung. Dort, wo die Denkschrift ihrerseits die christliche Orientierung in bezug auf die Friedensaufgabe theologisch fundiert (43–48), fällt zum einen die Neigung zum biblischen Zitat auf. Dem wird nicht genügend die Waage gehalten durch ein selbstverantwortetes auslegendes Zeugnis. Man entbehrt dies um so mehr, als der Adressatenkreis sich doch keineswegs auf diejenigen beschränken soll, die mit der Bibelsprache vertraut sind. Und selbst sie, vielleicht gerade sie, wären dessen bedürftig, daß die geläufigen Wendungen neu zum Leuchten kommen. Zum andern macht sich in den beigefügten Erläuterungen die Neigung zur Gleichschaltung geltend. Die Abzweckung der Denkschrift lenkt die Aufmerksamkeit begreiflicherweise in erster Linie auf das Gefälle vom Frieden Gottes her zu dem hin, was die Kirche für den Frieden tun kann. Deshalb wird der Akzent von dem bereits geschenkten Frieden auf den Friedenswillen Gottes, auf den verheißenen und angebotenen Frieden, verlegt, von der Versöhnungstat Gottes auf die durch Gott geforderte, von uns zu gebende Antwort, von dem Glauben auf die Hoffnung, von dem Gewißheitsgrund auf das Handlungsziel.

Die einzelnen Formulierungen können und sollen jetzt nicht unter die Lupe genommen werden. Je für sich genommen, sind sie recht. Einem innerlich beteiligten Leser vergeht ohnehin die Lust an beckmesserischer Kritik, zumal wenn er aus eigener Erfahrung weiß, wie mühsam solches Formulieren, noch dazu eines gemeinschaftlichen Textes, ist. Auf den Gesamtduktus gesehen, ist jedoch der Eindruck kaum abzuweisen, daß der Unterschied nicht deutlich wird zwischen dem Frieden, den Gott in Jesus Christus gestiftet hat, und dem Weltfrieden, den zu wahren, zu fördern und zu erneuern die Christen aufgerufen sind samt allen andern und in gewisser Weise vor allen andern. Man muß sofort hinzufügen: Diese Unklarheit gereicht dem Weltfrieden zum Schaden, sofern es wahr ist, was der christliche Glaube vom Frieden Gottes sagt. Denn wenn mitten im Unfrieden der Welt und in ihrer höllischen Angst vor dessen immer noch nicht eingetretenen schlimmsten Folgen hier wirklich Friede geschenkt worden ist, dann sollte doch die

Kirche alles daran setzen, diesen gegebenen Frieden überzeugend
zu verkünden, zu ihm einzuladen, für ihn zu werben, ihn durch ihr
eigenes Leben auszustrahlen. Statt dessen haben wir größte Mühe,
eben dies zu tun, was sonst niemand in der | Welt tut, gehen
vielmehr schnell darüber hinweg, als wäre es eine Selbstverständlichkeit, um in aller Breite und Ausführlichkeit das Thema aufzugreifen, das in aller Munde ist, und können dazu doch kaum anderes sagen als vernünftige, besonnene Menschen sonst, seien sie nun
Christen oder nicht. Gewiß wird auch betont: „Die Kirche hat
zuerst und vor allem anderen die Aufgabe, zu bezeugen, daß Frieden für die Welt nur in Christus Jesus gegeben ist." (67) Aber diese
für die gesamte nichtchristliche Welt und auch für viele sogenannte
Christen höchst dunkle und befremdende Aussage wird unentfaltet
als bloßer Anspruch hingestellt. Denn die unmittelbar folgende
Erklärung: an diesem absoluten Maßstab gemessen, könne jede
Friedensordnung nur von relativer Tragweite sein und bleibe stets
überholbar, gibt auf die Frage nach dem Sinn der vorausgegange-
nen Behauptung keine Antwort und wäre als Einsicht in die Relati-
vität aller geschichtlichen Erscheinungen völlig ablösbar vom
christlichen Glauben.

2. Die Vernachlässigung der theologischen Fundamentalunterscheidung im Umgang mit dem Worte Frieden wirkt sich darauf
aus, was über die Wurzel des Unfriedens gesagt wird und wie die
Berufung auf das Evangelium erfolgt.

Die Frage, wodurch der Friede heute bedroht sei, wird vor allem
durch die ausführliche Erörterung der Rüstungssituation beant-
wortet, darüber hinaus allgemeiner in Anlehnung an die gegenwärtige Konfliktforschung mit dem Hinweis auf soziale Spannungen
und Ungerechtigkeiten, auf widerstreitende ökonomische Interessen sowie auf die Unterschiedlichkeit und Gegensätzlichkeit moralischer, religiöser und vor allem politischer Überzeugungen (51,
vgl. 49). In der theologischen Grundlegung dagegen spricht die
Denkschrift kurz und dürftig von der unerlösten Welt, die des
Beistandes Gottes bedürfe, und stellt dazu fest: „Der Friede in der
Welt, unter Menschen und Völkern, ist seit jeher durch Sünde und
Feindschaft bedroht." (44) Das Stichwort Sünde erscheint etwas

verschämt m. W. nur an dieser Stelle. Dafür gibt es Gründe. Kaum
ein biblischer Begriff ist heute so in Verruf geraten wie dieser.
Keines der unbestreitbar konstitutiven Lehrstücke christlicher
Dogmatik bereitet so sehr Verlegenheit wie die Lehre von der
Sünde. Man beklagt heute mit Recht vielfach die moralistische
Überfremdung des Wortes Sünde, findet aber keinen rechten Zu-
gang zu der Wirklichkeit, die es meint, bleibt vielmehr selbst vor-
nehmlich auf die moralische Dimension fixiert und meidet deshalb
die dafür mit guten Gründen als unpassend empfundene Vokabel.
Jedoch ist dem theologisch fundamentalen Sachverhalt, den die
Bibel damit meint, nicht auszuweichen, und ihm ist auch nicht
durch wenigstens gelegentliches Reden von Schuld und Vergebung
(45) genügend Rechnung | zu tragen. Bringt man in christlicher
Weise die Frage des Weltfriedens mit Gott in Zusammenhang, so
muß – mit welchen sprachlichen Mitteln auch immer – vom Sachverhalt der Sünde die Rede sein. Das tritt zu den humanwissen-
schaftlichen Erkenntnissen der Friedensforschung solange nicht in
Widerspruch, wie die Theologie sich nicht den so verschiedenarti-
gen Bedingungen und Erscheinungen des Bösen verschließt und
die Humanwissenschaften nicht ihrerseits die Phänomene durch
eine Erklärungstheorie vergewaltigen. Das biblische Verständnis
von Sünde allerdings ist keine derartige Erklärungstheorie, sondern das Hineinnehmen aller Welt- und Selbsterfahrung in das
eigene Sein vor Gott.

Hier wirkt sich nun verhängnisvoll aus, daß in der Denkschrift
dem Schwund der Fundamentalunterscheidung nachgegeben wurde. Gewiß kann man sagen, der Friede in der Welt sei seit jeher
durch Sünde und Feindschaft bedroht (44), obschon das Wort
„bedroht" eigentlich zu schwach ist, um zum Ausdruck zu bringen,
daß der Friede immer auch schon gebrochen und vielfältig verletzt
ist. Wenn man nun aber darauf Wert legt, trotz gewisser Hemmun-
gen mit dem Worte Sünde in die religiöse Tiefenschicht des Problems vorzustoßen, und wenn man zugleich bestrebt ist, den Frieden Gottes zugunsten des Weltfriedens aufzubieten, dann muß
man Farbe bekennen, was man sich dabei eigentlich denkt und was
man sich davon verspricht. In Hinsicht auf Gott kann Sünde nie

bedeuten, daß sie seit jeher den Frieden mit ihm bedrohe. Sie ist wesenhaft der Verlust des Friedens mit Gott. Und nur daraufhin hat die auch von der Denkschrift hervorgehobene Aussage Sinn und Recht: „Die christliche Kirche bezeugt den Frieden Gottes in der Versöhnung durch Jesus Christus." (43) Dann muß man aber klar unterscheiden: Beim Frieden mit Gott geht es um die Aufhebung der Sünde und deshalb primär um den Frieden des Herzens und Gewissens, beim Weltfrieden dagegen im Extremfall um die Verhinderung des Krieges als einer der Folgewirkungen der Sünde – unter den heutigen Weltbedingungen sicher ihrer global fürchterlichsten Folgewirkung. Zwischen der pax conscientiae und der pax publica zu unterscheiden ist die conditio sina qua non dafür, daß man sich in angemessener Weise um des Weltfriedens willen auf den Frieden Gottes bezieht und den Frieden Gottes wirklich und nicht bloß ideologisch zugunsten des Weltfriedens in die Waagschale wirft. Denn der Friede Gottes wirkt in die Welt hinein durch die Verkündigung des Wortes Gottes und deshalb durch Herz und Gewissen des Einzelnen hindurch. Sieht sich dagegen der Christ durch die Sorge um den Weltfrieden nicht mehr zurückverwiesen auf die Macht der Sünde und das eigene Sündersein, so verliert das biblische Reden vom Frieden mit Gott durch Jesus Christus seinen Ort im Leben und wird zu einer überflüssigen reli|giösen Phrase. Fällt die Unterscheidung dahin, so ergibt sich nicht etwa ein lebendiges Ganzes, sondern im Gegenteil, man verliert das eine und beeinträchtigt dadurch das andere. Der Gottesfriede wird dann zu einem bloßen Ideal, dessen Verwirklichung von denen abhängen soll, die keinen Frieden haben. Und der Weltfriede wird zu einem utopischen Ziel der Weltgeschichte, das zu erreichen jedenfalls den Toten versagt ist: all denen, die schon gestorben sind und die, wie wir, noch vor Erreichung jenes Zieles sterben werden. Auch wenn man sich dafür der hebräischen Vokabel bedient, wird solches Friedensverständnis dadurch nicht biblisch.

Unter ethischem Aspekt ist es allerdings durchaus richtig, dazu aufzurufen, dem Gefühl der Ohnmacht entgegenzuwirken (38). Es wäre jedoch grundfalsch, die faktische Erfahrung von Ohnmacht zu überspielen, anstatt nach ihrem Grund zu fragen, sie zur Erkenntnis der eigenen Nichtigkeit vor Gott schärfen zu lassen und im Glauben mit Freuden das Ausgeliefertsein an Gott zu bejahen. In reformatorischer Terminologie gesprochen, ist heute der usus theologicus legis aus dem christlichen Bewußtsein und der kirchlichen Verkündigung weitgehend verschwunden. Diese Verkümmerung des usus theologicus legis ist das Pendant des unbekümmerten usus politicus evangelii. Erhebt man jedoch um der Christlichkeit der Kirche und Theologie willen dagegen Einspruch, so bedeutet das ganz und gar nicht, die Ohnmacht gegenüber der Welt resigniert hinzunehmen. Wenn es gegen Ende der Heidelberger Thesen von 1959 heißt: „Die Kirche muß sich sagen, daß es erschreckend ist, wie wenig sie vermag" (87), so könnte diese Feststellung in politischer Perspektive zwar durchaus zutreffen. Es wäre aber noch erschreckender, wenn die Kirche das, was sie dank dem Evangelium in geistlicher Hinsicht vermag, geringschätzte und an dem Maßstab politischer Effizienz mäße. Die politischen Wirkungen der Kirche sind leider oft viel größer, aber auch sehr anders, als es ihrem Auftrag entspricht. Und nur dann gelangt sie gegebenenfalls auch in politischer Hinsicht zu fruchtbarem Einfluß, wenn er aus geistlicher Vollmacht entspringt. Von geistlicher Vollmacht ist aber anderes zu erwarten als nur eine zusätzliche Zielbestimmung und Motivation für allgemeine politische Aufgaben. Geistliche Vollmacht hat es mit dem zu tun, was politischer Machbarkeit entzogen ist, jedoch den archimedischen Punkt aller Weltverantwortung betrifft. Geistliche Vollmacht geht, nach dem Glauben der Christen, allein vom Evangelium aus: Sie macht uns des Urteils Gottes über uns gewiß, das den alten Menschen tötet und den neuen zum Leben erweckt. Sie macht uns dadurch aber auch dessen gewiß, daß wir und wie wir in politischer Hinsicht Mitverantwortung tragen.

3. Dieses letzte Thema ist heute zum Hauptthema aufgerückt. Das | erscheint einleuchtend angesichts einer sich universal ausbreitenden und in alles eingreifenden Macht des Politischen, man möchte geradezu sagen: seiner Allgegenwart und Allmacht, wäre es nicht am Tage, daß das Politische weder dafür zuständig ist, wovon der Mensch letztlich lebt, noch über diejenigen Mächte

Gewalt hat, die es selbst entfesselt. Es wäre eine ganz törichte Argumentation, zu sagen: Da heute das Politische das Thema Nr. 1 ist, das unser aller Leben auf Gedeih und Verderb darein verwikkelt sein läßt, deshalb müsse es auch in der Kirche alles beherrschen und durchdringen. Die Expansion und Faszination des Politischen ist eine Folge neuzeitlicher Machbarkeitsbesessenheit, die mit seelischer Unterernährung gepaart ist. Wenn Kirche und Theologie diesem Sog der Zeit verfallen, dann bringen sie sich um die entscheidende Möglichkeit sinnvollen Eingreifens in die politische Turbulenz. Zu ihr Distanz zu schaffen und Stille der Besinnung zu ermöglichen, ist zwar nicht Sache der Kirche allein. Aber von wem wäre dies primär zu erwarten, wenn nicht von ihr? Und wenn es dabei mit rechten Dingen zugeht, so bietet Gottes Wort Schutz vor der Versuchung, weltflüchtig oder drogensüchtig aus der politischen Mitverantwortung auszusteigen.

Diesen letzten Problemkomplex stelle ich unter die Leitfrage der Denkschrift: „was die Kirche für den Frieden tun könne" (10). Dabei verstehe ich unter Frieden die pax publica im weitesten Sinne als den Frieden dieser Welt, dem nach reformatorischer Sicht der usus politicus legis dient.

a) Die Kirche kann gar nichts Besseres und Dringenderes für den Frieden tun, als in deutlicher Unterscheidung von der pax publica den Frieden Gottes zu verkünden. Das heißt zunächst: Sie soll überhaupt äußerste Zurückhaltung üben nicht bloß gegenüber politischer Geschäftigkeit, sondern auch gegenüber politischer Geschwätzigkeit. Über politische Themen kann man bekanntlich immer etwas sagen und findet dafür jederzeit Interessenten. Man verstehe dies jetzt bitte nicht als einen Angriff auf die Friedensdenkschrift. Denn sie ist in ihrer Art und zu ihrem Zeitpunkt ein sehr ernst zu nehmender Diskussionsbeitrag. Dennoch veranschauliche ich an ihr, was in bezug auf die normale Tätigkeit der Kirche: die Verkündigung, Unterweisung und Seelsorge, zu sagen ist.

Man mache einmal das Experiment und streiche aus der Denkschrift alle theologischen Aussagen samt den Berichten über das, was in der Kirche bisher dazu gesagt worden ist, und samt den

Appellen, was von ihr dazu getan werden soll. Die eigentliche
Substanz des Ganzen, würde ich meinen, bliebe dann dieselbe.
Schon quantitativ überwiegen die theologieunabhängigen Informationen, Analysen und Strategievorschläge. Sie sind überdies das
eigentlich Anregende und Bedenkenswerte, so sehr man auch im
einzelnen anderer Meinung sein mag. Die theologische Begrün-
|dung ist eingeflochten, ohne daß von ihr Entscheidendes abhinge.
Ein auf vernünftige Überlegungen emotionsfrei ansprechbarer Politiker nichtchristlicher Observanz wird, vielleicht mit mancherlei
Vorbehalten oder Einwänden, den Darlegungen im ganzen zustim-
mend folgen können und sich dabei durch die christlichen Einschü-
be nicht stören lassen. Wenn dies so ist, dann ließe sich die Denkschrift, freilich anscheinend entgegen ihrem Selbstverständnis sowie unter Abzug gewisser theologischer Wendungen, als ein Beispiel rechten usus politicus legis auffassen: daß hier Christen nicht
etwa aus der Offenbarung politische Motive und Ziele propagie-
ren, sondern in vernünftiger Besonnenheit ein hochexplosives politisches Thema erörtern, wobei das Gegründetsein im Frieden Gottes für sie eine wesentliche Hilfe ist, für andere aber nicht die
unerläßliche conditio ihrer Zustimmung darstellt. Wenn man sich
jedoch darauf zurückzieht, man habe hier gar nicht gleichsam
missionieren wollen, freue sich aller Übereinstimmung mit Anders-
gläubigen, wende sich aber primär an die Christen, um sie zu
motivieren, so fragt sich, auf welchen Konsens man dabei baut. Es
ist bezeichnend, daß die Denkschrift in Fragen des politischen
Urteils Differenzen unter den Verfassern eingestanden und angegeben hat. Entsprechendes begegnet nicht in Sachen des theologischen Urteils. Hier waren sich offenbar alle einig. Der Konsens
scheint hier mühelos erreichbar oder zumindest der Dissens nicht
der Rede wert gewesen zu sein. Man könnte freilich auch vermuten, der Dissens war so tief, daß man sich durch Diskussionen über
ihn nicht aufhalten lassen durfte, wollte man überhaupt zum eigentlichen Ziel gelangen.

    An diesem repräsentativen kirchlichen Dokument kann man
also studieren, worin die entscheidende Verlegenheit besteht, die
uns heute – selbstverständlich mit Ausnahmen! – überall innerhalb

der kirchlichen Praxis begegnet, nicht selten in groben Erscheinungsformen. Das Elend ist nicht, daß der politische Dissens quer durch die Pfarrerschaft und die Gemeinden geht. Das könnte dazu veranlassen, sich in geduldigem Hören und Bedenken, in stichhaltiger Argumentation oder auch im Ertragen unüberwindbarer Differenzen zu üben. Das eigentliche Elend ist, daß weithin ein tragender theologischer Konsens und darum auch ein unmittelbar bedrängender theologischer Dissens fehlt und in das Vakuum anderes einströmt. Entweder hat man das Theologische resigniert begraben oder vermag es nicht begründet zu vertreten oder nimmt es auf die leichte Schulter oder reibt sich im stillen wund an einer überschweren Aufgabe. Beides scheint mir heute ein kaum noch erträgliches Maß erreicht zu haben: bei nicht wenigen offensichtlich eine theologische Verwilderung und Verkommenheit, bei anderen dagegen, zumeist verborgen, ein mühevolles und vielfach freudloses Ringen um die Sache der Theologie. Mir | liegt es fern, über die Einzelnen zu urteilen, so wahr es allerdings in der Kirche Fälle von Geschmacklosigkeit gibt, die man nur mit Verachtung strafen kann. Menschliches Versagen ist selbstverständlich mit im Spiel, so oder so zweifellos bei uns allen. Aber die Ursache des heutigen kirchlichen und theologischen Elends sitzt tief in unserer geschichtlichen Situation, die uns alle miteinander zu Schicksalsgefährten jener noch lange nicht durchgestandenen Metamorphose christlicher Sprach- und Lebenstradition in die – sich selbst ständig überholende – Neuzeit hinein macht. Wir alle haben – hoffentlich! – Mühe bei dem Versuch, auszusagen, was es um Gott und Jesus Christus, um Schöpfung und Versöhnung, um heiligen Geist und Auferstehung, was es um Gesetz und Evangelium in Wahrheit ist. Wir sind darin ausnahmslos am Buchstabieren und Stammeln. Das ist ganz in der Ordnung, wenn wir nur nicht darin nachlassen, der bloßen Gewöhnung an einen Jargon zu widerstehen, und keineswegs uns damit abfinden, daß das Evangelium dazu degradiert wird, nichts anderes als Norm und Antrieb in Moral oder Politik zu sein. Die Verkündiger müssen darauf aus sein, den Ruf zur Buße und den Zuspruch der Gnade in menschlicher Konkretion auszurichten: die Gleichgültigen und in Eigensucht Gefangenen wachzurütteln, die

im Gewissen Alarmierten zu klarer Erkenntnis zu führen, die am
Lebenssinn und an sich selbst Verzweifelnden aufzurichten, die
Zerstrittenen wieder ins Gespräch miteinander zu bringen und die
von Anmaßung oder Angst Besessenen aus ihrem Bann zu befrei-
en, gewiß auch für die Armen und Unterdrückten einzutreten, aber
dann nicht in parteiischer Auswahl und mit politischen Nebenab-
sichten, als ziehe man für die gerechte Sache in einen heiligen
Krieg.

Kirchenleitungen und Theologische Fakultäten, Synoden und
Pfarrkonvente, übergemeindliche Dienste und Gemeindekreise
sollten ihre Aufmerksamkeit intensiv darauf richten, die zentralen
biblischen Aussagen so in ihrem Lebensbezug zu erfassen, daß der
Unterschied zwischen diesem und dem ewigen Leben nicht ver-
schüttet, sondern als Lebenswahrheit wieder entdeckt wird.

b) Was die Kirche für den Frieden tun kann, ist also primär dies,
so hingebungsvoll wie möglich bei ihrer Sache zu sein, und die ist
offensichtlich nicht die Politik. Aber nun beachte man wohl: Das
Evangelium kann nur in Relation zum Gesetz, das Wort Gottes nur
auf unsere Lebenserfahrung hin ausgesagt werden und zur Wirkung kommen. Das heißt gerade nicht, das Evangelium dem Gesetz unterzuordnen, das Wort Gottes in das Prokrustesbett unserer
Erfahrungsenge zu zwängen. Aus der Herrschaft des Gesetzes
sollen wir befreit, die Wirrnis und das Dunkel unserer Erfahrungen
sollen gelichtet und erleuchtet werden. Am unmittel|barsten von
der Verkündigung angesprochen ist unser persönliches Menschsein
im Schnittpunkt seiner vielen Lebensbezüge. Dazu gehört allerdings in erheblichem Maße der Anteil des Politischen an unseren
Ängsten und Hoffnungen, Sorgen und Pflichten. Aber darauf einzugehen, hat nur zu einem Teil direkt politischen Charakter, und
auch dieser Teil wiederum hat vornehmlich die Funktion, Ent-
krampfung, Nüchternheit, Geduld oder Einsatzbereitschaft zu ver-
mitteln. Es müssen schon sehr besondere Anlässe sein, daß es
notwendig wird, ganz bestimmte politische Maßnahmen und Entscheidungen kirchlicherseits zu diskutieren, sie anzuraten und dann
sogar entsprechend gezielte Aktionen in Gang zu setzen. In solchen
Fällen gilt es sehr auf der Hut zu sein, daß man nicht von dem

Strudel politischer Leidenschaften weggerissen wird und daß das politische Thema nicht alles überwuchert und erstickt, was die Kirche zu sagen, zu tun und zu sein hat.

Dazu ist noch eine weitere Unterscheidung zu bedenken. Alles, was in der Kirche kraft des Amtes geschieht – durch den Pfarrer, durch die Kirchenleitung oder durch welche Instanz auch immer –, hat sich in politischer Hinsicht auf das Handeln mit dem Wort zu konzentrieren. Die einzelnen Christen hingegen haben die Pflicht, sich je nach Möglichkeit und Eignung auf politische Tätigkeiten einzulassen. Natürlich gibt es Überschneidungen. Der einzelne Christ soll dabei durchaus auch von dem Wort so Gebrauch machen, wie es sich ihm von seinem Glauben her aufdrängt. Riskanter sind die Überschneidungen auf der anderen Seite. Amtsinhaber müssen mit größter Selbstdisziplin dafür sorgen, bei politischen Äußerungen nicht mit der Autorität des Wortes Gottes vorzubringen, was Sache des Ermessens ist. Im übrigen hielte ich es für das Sauberste, wenn kirchliche Amtsträger möglichst ganz auf öffentliche politische Tätigkeit, auf Parteizugehörigkeit und auf Teilnahme an Demonstrationen verzichten, um nicht die Urteilsfreiheit und die Gewissen der andern zu verwirren. Diese politische Askese wäre alles andere als Ausdruck der Gleichgültigkeit. Sie sollte um so mehr das unabhängige Beobachten der Lage und das sorgfältige Wahrnehmen der geistlichen Redepflicht fördern. Die Unterscheidung von Wort und Tat hat selbstverständlich auch ihre Grenzen. Etwa einem zu Unrecht Verfolgten (also nicht jedem von der Polizei Gesuchten!) Versteck oder sonstige Hilfe zu gewähren, steht einem Pfarrer wohl an. Oder: Der Umgang mit kirchlichen Finanzen impliziert möglicherweise Entscheidungen von erheblicher politischer Tragweite. Der Eindruck, daß in dieser Hinsicht z. B. der Ökumenische Rat zuweilen die Grenze mindestens des Taktes, wenn nicht gar seiner Kompetenz, überschritten hat, ist in der Kirche weit verbreitet.

Die Friedensdenkschrift scheint mir aufs Ganze gesehen den schwieri|gen Weg einer solchen politischen Äußerung mit bewundernswerter Sorgfalt beschritten zu haben. Trotzdem möchte ich wenigstens an einer Stelle noch zum Weiterdenken anregen: was den Staat betrifft. Denn ich empfinde es als besonders alarmierend, daß sich heute das Eintreten für den Frieden nicht selten mit dem Unverständnis dafür paart, was wir am Rechtsstaat als einer Friedensinstitution haben, die weder selbstverständlich noch unbedroht ist.

Die politischen Urteilsdifferenzen, welche die Denkschrift anerkennenswerterweise umspannt, könnten nun doch Anzeichen einer tiefer liegenden latenten theologischen Differenz sein. Daß sich alle Mitverfasser einig sind in der Verurteilung anarchischer Bestrebungen (und ihrer Devise: Krieg nein!, aber Bürgerkrieg ja!) und daß sie alle den Rechtsstaat einschließlich Polizei und Strafjustiz bejahen, ist nicht zu bezweifeln. Nicht ganz so sicher bin ich mir darin, wieweit der Konsens in der theologischen Begründung des Staates reicht. Es überwiegt, wie mir scheint, die Tendenz, den Staat unmittelbar von dem christlichen Hoffnungsziel des Gottesfriedens her zu verstehen und nicht von der Welterhaltung her, die für den Glaubenden zwar letztlich ein Zeichen von Gottes gnädiger Toleranz ist, aber keineswegs auch der Anzeichen von Gottes Zorn und der Unerkennbarkeit des Deus absconditus entbehrt. Im Gegensatz zu den in der Denkschrift mit Recht stark aufgetragenen apokalyptischen Farben des Weltfriedensproblems erweckt sie für mein Empfinden in bezug auf die Probleme von Staat und Gesellschaft, die begreiflicherweise nur beiläufig behandelt werden, den Eindruck eines eher harmlosen Optimismus in bezug auf die Vernunft und das Gute im Menschen.

Die Verpflichtungen, die aus dem Umkreis verschiedener christlicher Friedensaktionen in der Denkschrift zitiert werden, hätten einer deutlichen Stellungnahme bedurft, wenn nicht der Anschein entstehen soll, dies wären durchaus akzeptable christliche Äußerungen. Die Selbstverpflichtung: „Ich bin bereit, ohne den Schutz militärischer Rüstung zu leben" (39), ist rein im Blick auf die Einlösbarkeit ein Gemisch von Naivität und Demagogie. Der Wortlaut einer anderen Verpflichtung: „Ich werde nach meinen Kräften und Möglichkeiten dazu beitragen, die Stationierung neuer US-Mittelstreckenraketen in unserem Lande zu verhindern" (40), bewegt sich in der Grauzone von Drohungen, welche rechtswidrige oder gar terroristische Aktionen zumindest nicht ausschließen. In beiden Fällen geht man mit der Funktion des Staates recht leichtfertig um. Wenn es in der Denkschrift ferner im Blick auf den Unmut der jungen Generation heißt: „Die Identifikation mit unserem Staatswesen erweist sich als abhängig von positiver Zukunftserwartung" (21), so wird damit ein gegenwärtiger Zustand sicher richtig beschrieben. Aber es unterbleibt leider die | Charakterisierung dieser Einstellung als staatszerrüttend: als dürfte die Pflicht meinem Gemeinwesen gegenüber von dem Gewinn abhängig gemacht werden, den es mir einbringt.

In diesem Zusammenhang muß ich wohl auch das allerheißeste Eisen anrühren. Von der allgemeinen Wehrpflicht aus Gewissensgründen zu entbinden zugunsten eines zivilen Ersatzdienstes, ist, abgesehen von den Problemen der Durchführbarkeit, sozusagen ein Gütezeichen freiheitlicher Demokratie. Man muß sich jedoch darüber Gedanken machen, ob sich die staatliche Gesetzespflicht und das individuelle Gewissensurteil des Einzelnen ohne weiteres vereinbaren lassen. Das schließt nicht aus, daß im Konfliktfall der Einzelne seinem Gewissen folgt und als Christ Gott mehr gehorcht als den Menschen, ohne einen entsprechenden Rechtsschutz dafür in Anspruch nehmen zu können. Die Bemühung um strenge Parität veranlaßte die Verfasser der Denkschrift, beiden, den Wehrdienstverweigerern und denen, die in der Bundeswehr Dienst leisten, mit derselben Formel „Achtung und Verständnis" zu bekunden (57f). Angesichts des Gesamtduktus der Denkschrift erscheint dennoch das Gleichgewicht eher gestört durch den vorherrschenden Eindruck: das eine sei doch das konsequent Christliche, das andere das christlich allenfalls zu Duldende. Es geht mir jetzt aber nicht um eine Klärung dieser strittigen Sachfrage, sondern um das folgende grundsätzliche Problem: Könnte es nicht sein, daß die Kirche ihrerseits zwar Gewissensentscheidungen gegensätzlicher Art respektiert und den Respekt davor ausdrücklich verlangt, daß sie aber dennoch davon unterscheiden muß, was sie grundsätzlich über den Sachverhalt zu lehren hat, auf den Christen gewissensmäßig so verschieden reagieren (sofern, das sei vorausgesetzt, bei dieser

oder jener Entscheidung das Gewissen tatsächlich die ausschlagge-
bende Rolle spielt)?

c) Was die Kirche für den Frieden dieser Welt und für ein
gedeihliches Zusammenleben in den politischen Gemeinwesen verschiedenster Größenordnung und Reichweite von der lokalen Bür-
gergemeinde bis hin zu den Organen der Völkergemeinschaft tun
kann, ließe sich schließlich noch unter dem Gesichtspunkt christlicher Mitverantwortung für die Bildung erörtern. Die Denkschrift
erwähnt beiläufig die „Aufgabe einer geistigen und sittlichen
Selbstbesinnung des deutschen Volkes" (32). Daran mitzuwirken,
wäre für die Kirche nächst der Teue zu ihrer eigentlichen Aufgabe,
der Verkündigung, das wichtigste Betätigungsfeld in – weit verstanden – politischer Hinsicht. Ich habe den vielleicht korrekturbedürftigen Eindruck, die Kirche in der Bundesrepublik, aber nicht nur
hier, greife die Probleme der allgemeinen Bildungspolitik nicht
energisch genug an. Daran zeigt sich sehr begreiflich die Einwir-
kung von Zeitströmungen, gegen die anzugehen, wenn auch viel-
leicht nicht die Bereitschaft, wohl | aber die Kräfte fehlen. Ich kann
nur einige Aufgaben nennen und scheue mich nicht, auszuspre-
chen, was als banal erscheinen könnte.

Um im engsten Horizont zu beginnen: Die Kirche sollte in ihrem
unmittelbaren Wirkungsbereich mehr Gewicht legen auf Kenntnis
der Bibel, der Kirchengeschichte und der christlichen Lehre, um
einzuüben in die Muttersprache des christlichen Glaubens und in
seine überlieferte und verarbeitete Erfahrung. Der Sache nach
vermittelt dies einen sehr weiten Horizont geistiger Bildung überhaupt und ist für ein sozial und kulturell schöpferisch wirksames
Christentum unerläßlich.

Die Kirche sollte ferner mit Nachdruck dafür eintreten, daß in
den Schulen die Beschäftigung mit der allgemeinen Geschichte,
den Sprachen und unserem kulturellen Erbe als das Hauptbil-
dungsmittel gepflegt und freigehalten wird von tendenziösen Expe-
rimenten und Ideologien. Je mehr dabei auf Vermittlung einer
geistigen Nahrung Wert gelegt wird, die eine Ausrüstung für das
ganze Leben darreicht, desto eher wird auch eine Charakterbil-

dung ermöglicht, die durch Liebe zur Wahrheit, zur Freiheit und zum Frieden gemeinschaftsfähig macht.

Die Kirche sollte auch über das hinaus, was in den Schulen geschehen muß, in die weite Öffentlichkeit hinein alle Bestrebungen fördern, welche dem kulturellen Zerfall entgegenwirken. Dafür genügt nicht eine konservative Haltung, sowenig sie als Schimpfwort abzutun ist. Es stellt sich die Aufgabe, aus den Quellen unserer Überlieferung Kraft und Elastizität zu gewinnen sowohl für die Begegnung mit anderen Kulturen wie auch insbesondere für die immer noch so brach liegende Aufgabe, die industrialisierte Welt kulturell zu gestalten und umzuwandeln. Dazu genügt nicht die Hebung des allgemeinen Wohlstands. Er verschärft im Gegenteil, trotz evidenter Vorteile, die desolate Situation.

Die Kirche sollte sich für ein humanes Ethos einsetzen, dessen erzieherische Pflege, auch wenn grundsätzliche Probleme noch der Klärung bedürfen, vor allem die Zusammenarbeit mit politischen Instanzen und mit anderen Religionen erfordert. Ein Ansatzpunkt dafür hat sich weltweit durchgesetzt: die Idee der Menschenrechte. Sie ist aber gegen das Mißverständnis zu schützen, als decke sie sich mit dem korrumpierenden Anspruchsdenken, das nur auf die eigenen Rechte pocht und nicht um Pflichten weiß. Wie auch immer das Besondere einer christlichen Ethik gegen das humane Ethos abgehoben werden mag, darin jedenfalls haben die Christen eine unbegrenzte Entfaltungsmöglichkeit der Liebe, aus der sie leben und die sie weiterzugeben haben: daß sie ein Vorbild der Opferbereitschaft und einer genügsamen Zufriedenheit sind. Denn wenn die Menschheit überhaupt ihre heutige Krise einigermaßen heil übersteht, dann nur durch die Bereitschaft, dafür einen sehr hohen Preis zu zahlen. | Ich meine, daß sich hier Aufgaben stellen, welche die wie eh und je begeisterungsfähige Jugend aus der Haltung des bloßen Protestes zu hingebungsvollem Einsatz herausfordern können. Es ist die Stärke des Westens, daß er dank seiner überwiegend freiheitlichen Verfaßtheit in hohem Maße auf die moralische Kraft baut. Die moralische Schwäche wird ihm deshalb zum Verhängnis. Beunruhigende Anzeichen dafür finden sich überall, aus geschicht-

lichen Gründen aber begreiflicherweise in der Bundesrepublik
doch wohl am alarmierendsten.

Zur ethischen Erneuerung bedarf es endlich neuer Wege der
Gemeinschaftsbildung. Hier sollte die Kirche in ihrem eigenen
Bereich vorangehen: von fruchtbarer Erneuerung der Lebensge-
stalt der Familie bis hin zu Kommunitäten, die vom Geist christlicher Freiheit und Liebe getragen sind. So entstehen Keimzellen,
die auf längere Sicht auch das politische Leben durchdringen und
erneuern.

Der Gesichtspunkt des Friedens hat infolge der Auseinandersetzung mit der Denkschrift der EKD den zweiten Teil meiner Ausführungen wesentlich bestimmt. Darum möchte ich das Ganze mit
dem folgenden Wort Augustins (in der Übersetzung Adolf von
Harnacks) abschließen: „Den Frieden lieben heißt bereits den
Frieden haben; hier ist das Lieben selbst das Haben, anders als bei
den übrigen Dingen, welche man nicht schon hat, wenn man sie
liebt. Wo du auch immer stehen magst, liebe den Frieden, und in
deiner Liebe hast du ihn bereits! Und wenn du ihn mitteilst, geht es
anders zu, als wenn du deinen Freunden Brot austeilst. [Im Lateinischen kann sich Augustin den Gleichklang von pacem und panem
zunutze machen.] Hier vermindert sich das Brot immer mehr, je
größer die Zahl der Empfänger ist. Der Friede aber gleicht jenem
Brote, das sich in den Händen der Jünger durch Brechen und
Austeilen vermehrte."[3].

---

[3] Sermo 357, 2 (MPL 39, 1582f); vgl. Augustin, Reflexionen und
Maximen. Aus seinen Werken gesammelt und übersetzt von ADOLF
VON HARNACK, 1922, 137.

Theologisches Verantworten des Politischen[1]

Luthers Unterrichtung der Gewissen heute bedacht

Aus meiner Überzeugung mache ich keinen Hehl, daß wir für das theologische Verantworten des Politischen heute entscheidend von Martin Luther zu lernen haben. Ich bin mir dessen wohl bewußt, daß man dabei einer massiven Gegnerschaft ausgesetzt ist und in den Verdacht einer höchst fatalen Nachbarschaft gerät. Wer dies vermeiden möchte, wird jedoch durch die seltsame Konstellation historischer Gedenkanlässe in diesem Jahr unsanft darauf gestoßen: fünfhundert Jahre seit Martin Luthers Geburt, hundert Jahre seit dem Tode von Karl Marx und der Geburt Benito Mussolinis, fünfzig Jahre seit Hitlers Machtergreifung, dreißig Jahre seit Josef Stalins Tod. Wie stellt sich das Verhältnis von Theologie und Politik bei Luther angesichts der brutalen Wirklichkeit unseres Jahrhunderts dar? Gewiß ist es die dringlichste Aufgabe des Luther-Gedenkjahrs, den theologischen, den geistlichen Reichtum des Reformators aufzuzeigen. Eben dadurch aber und nur dadurch werden wir dazu instandgesetzt, von ihm auch zu lernen, wie das Politische theologisch zu verantworten sei.

I. Politische und theologische Verantwortung im geschichtlichen Wandel

In einem ersten Reflexionsgang stellen wir uns dem nächstliegenden Einwand: Besteht bei dem tiefgreifenden Wandel, den die

---

[1] Vortrag auf der 28. Gesamtkonferenz evangelischer Militärpfarrer am 19. 4. 1983 in Lüneburg. Die Ausführungen konnten bei der Weite des Themas nur ganz lückenhaft belegt werden. Die Hinweise und Zitate in den Anmerkungen dienen nur der zusätzlichen Illustration.

politischen Verhältnisse und Auffassungen vom 16. zum 20. Jahrhundert hin erfahren haben, überhaupt eine Möglichkeit, Luther
mit Gewinn zu Rate zu ziehen? Verfallen wir durch die Hinwendung zu ihm nicht etwa nur einer historisierenden Romantik? Und
was hat es mit dem Nebeneinander politischer und theologischer
Verantwortung auf sich?

1. Die Hauptunterschiede zwischen Luthers Zeit und der unseren sind offenkundig. Ihrer Bedeutung nach sind sie freilich so
hintergründig, daß es unbefriedigend bleibt, sie bloß andeutungsweise zu erwähnen. Für die folgenden Überlegungen müssen sie
aber gegenwärtig sein, zumindest um das Problembewußtsein zu
wecken. Ich beschränke mich auf einige Gruppen von Kennzei-
chen.

a) Die politische Struktur hat aufs Ganze gesehen eine radikale
Umkehrung erfahren: aus einer aristokratischen Ordnung mit mo-
narchischer Spitze in eine demokratische Ordnung, bei der die
Basis den Vorrang hat; also aus einer Legitimation von oben her in
eine solche von unten her. Im ersten Fall war das Verständnis
politischer Gewalt zugleich religiös gedeutet und entsprechend
überhöht, im zweiten Fall ist es säkularisiert und rationalisiert,
obschon oft gepaart mit pseudoreligiöser Emotion. So selbstverständlich einst die politische Verantwortung bei nur wenigen lag,
die mit einer ehrfurchtgebietenden Aura ausgestattet waren, gilt
nun ebenfalls mit Selbstverständlichkeit die Masse der einstigen
Untertanen als der Souverän, der durch die Stimme jedes Einzelnen an der politischen Verantwortung teil hat. Beidemal schillert
das Erscheinungsbild zwischen einem Ideal und einer Verzerrung.
Im ersten Fall fehlte es nicht an Zügen der Unmenschlichkeit, aber
auch nicht an organisch gewachsener Mitmenschlichkeit. Im zweiten Fall steht das äquivok zerquälte Wort Demokratie sowohl für
eine echte und gerechte Mitbestimmung von unten her als auch für
deren Aufhebung in eine alles gleichschaltende Diktatur.

b) Politik und Religion waren einst – wie nahezu während der
gesamten Menschheitsgeschichte vor der Neuzeit – als Entsprechung konzipiert. Nur ausnahmsweise kam es zu völliger Verschmelzung. Das Übliche waren gegenseitige Durchdringung und

nicht selten kritische Spannung. Die Trennung von Politik und
Religion in der Neuzeit hat die Privatisierung der Religion zur
Folge, ohne freilich deren indirekte Einflußnahme auf das Politische auszuschließen. Eine so pauschale Schematisierung läßt für
viele Modifikationen Raum. Was das 16. Jahrhundert betrifft, so
muß man überdies unterscheiden zwischen der damals noch beste-
henden mittelalterlichen Verschränkung von Kirche und weltlicher
Obrigkeit und der Neuerfassung dieses Verhältnisses im Gefolge
der Reformation. Ferner muß man in Rechnung stellen, daß zusätzlich zu dieser vorgegebenen Verschränkung alle politischen
Konflikte in den ungeheuren Sog der religiösen Auseinandersetzung um die Reformation hineingerieten und entsprechend gewich-
tet wurden. Unter der Fernwirkung dieser konfessionellen Einfär-
bung des Politischen stehen wir bis zu einem gewissen Grade immer
noch, trotz weitgehender Entkirchlichung der Öffentlichkeit und
trotz ökumenischer Annäherung der Kirchen.

c) Das politische Klima des 16. Jahrhunderts war zwar auf allen
Ebenen: der gesamteuropäischen, der reichsinternen und der so-
zialen, von schweren Auseinandersetzungen bestimmt, die mit ihren revolutionären Symptomen Vorläufer des Kommenden waren.
Die vorherrschende Tendenz im politischen Denken und Handeln
war jedoch traditionsbestimmt und auf Stabilität bedacht. Das
Reich wußte sich als Erbe des römischen Imperiums, wie auch die
Kirche in der römischen Gemeinde ihre Mutter hatte, die mater
omnium ecclesiarum[2]. Eine relative Stabilität berufsständischer
Verhältnisse verband sich mit der unbestritten als absolut gelten-
den Stabilität der christlichen Grundwahrheiten und sittlichen Normen. Wenn gerade an dieser Stelle der folgenschwere Umbruch des
16. Jahrhunderts einsetzte, so unterstreicht dies, den späteren Auswirkungen zum Trotz, den universalen Rang des Christentums
eben in der Zeit seines Auseinanderbrechens im Abendland. Wir
hingegen befinden uns in einer Spätphase der Umformung des
christlichen Abendlandes. Die Rolle der Wahrheitsinstanz ist
durch die Wissenschaft übernommen und wird ihr oft weit über ihre

---

[2] So die Inschrift an der Lateran-Basilika in Rom.

Möglichkeiten und Zuständigkeiten hinaus aufgebürdet. Die Bindung an Traditionen und Konventionen befinden sich in Auflösung. Die heutigen Staaten sind nahezu ausnahmslos revolutionären Ursprungs. Revolution in einem weiten Sinne ist gewissermaßen das Prinzip der Neuzeit. Ausgehend von gesellschaftlicher und wissenschaftlicher Emanzipation schlägt die Woge der Veränderungen mittels der industriellen und ökonomischen Prozesse auf Gesellschaft und Politik zurück. Eine sinnvoll begrenzende Stabilisierung ist bislang nicht erkennbar, geschweige denn erreichbar.

d) Dieser Drang zu permanenter Revolution ins Unbegrenzte wirkt sich auch auf die politisch so wichtige Machtfrage aus. Erst in der Neuzeit ist der Staat zu zentrierter Machtfülle herangewachsen, so daß man mit Recht Bedenken hat, die lockeren Bündelungen von Privilegien und Rechten der weltlichen Obrigkeit, mit der Luther es zu tun hatte, bereits als „Staat" zu bezeichnen. Anderseits hat der Staat in neuester Entwicklung dadurch an Macht eingebüßt, daß die Gesellschaft mit ihren Interessengegensätzen und durch ihre Interessenvertretungen mehr und mehr an Einfluß gewinnt und die gesamtpolitischen Aspekte in den Hintergrund drängt. Das ist nicht zuletzt dadurch befördert worden, daß die staatlichen Instanzen anonymer und die staatlichen Machtmittel unheimlicher wurden. Im 16. Jahrhundert waren die politischen Gebilde untereinander zwar sehr buntscheckig, in sich selbst aber leicht überschaubar und personell ansprechbar. Das ist in unserer Zeit anders geworden. Das Politische ist jetzt viel undurchsichtiger und weithin unpersönlich. Und die Machtmittel sind infolge der Technik in einem Maße gesteigert, daß sie mit ihrer Eigengesetzlichkeit dem Staat eher zur Last werden, als daß sie ihm eindeutig zu Dienste stünden – ob nun in der noch ziemlich harmlosen Gestalt einer schier allwissenden Datenverarbeitung oder in der fürchterlichen Gestalt nahezu allmächtiger Zerstörungspotentiale. Die Folge davon ist die anarchische Neigung, im Staat als solchem die Ursache des Bösen zu sehen. Es erscheint nun absurd, ja blasphemisch, im Blick auf das Mitwirken am Staat gar von „Gottesdienst" zu reden. Aber eben dies will Luther uns lehren[3].

---

[3] WA 11;260,32–34 = BoA 2;375,32–34 = IL 4,58 (Von weltl.

2. Luther erhebt in dieser Hinsicht einen hohen Anspruch: „Ich könnte mich geradezu rühmen, daß seit der Apostel Zeit das weltliche Schwert und Obrigkeit nie so klar beschrieben und herrlich gepriesen worden ist – was auch meine Feinde eingestehen müssen – wie durch mich."[4] „Es hatte niemand gelehrt noch gehört, wußte auch niemand etwas von der weltlichen Obrigkeit, woher sie käme, was ihr Amt oder Werk wäre oder wie sie Gott dienen sollte."[5] In der Perspektive der Moderne stellt es sich ganz anders dar, zumindest auf den ersten Blick. Bei Luther, so scheint es, tritt uns, nur etwas abgewandelt, das archaisch patriarchalische Obrigkeitsverständnis entgegen, wie es schon für das christliche Mittelalter charakteristisch war. Die zeitgeschichtliche Patina, die Luthers Äußerungen und Urteilen in der Tat anhaftet, nötigt uns dazu, theologisch sehr genau zu prüfen, wo denn die entscheidende Differenz zu der gesamten Tradition liegt, sofern seine Selbsteinschätzung im

---

Obrigk., 1523): Wenn die gewalt und das schwerd eyn Gottis dienst ist..., Szo muß auch das alles Gottis dienst seyn, das der gewallt nott ist, das schwerd zu füren.

[4] WA 19;625,15–17 = BoA 3;319,30–33 = IL 4,175 f (Ob Kriegsleute..., 1526).

[5] WA 30,2;109,4–6 (Vom Kriege wider die Türken, 1528). Ferner WA 26;589,4–6 (Ein Bericht an einen guten Freund, 1528): Wir leren vnd geben der welltlichen oberkeit all yhr recht vnd gewalt, Welchs der Bapst noch nie gethan mit den seinen vnd noch nicht thun... WA 51;246,4 f (Ausl. d. 101. Ps, 1534/35): Ehe denn unser Euangelion kam, wuste niemand von der Oberkeit (wie sie ein guter stand were) zu predigen. – Der reformatorischen Lehre von der Obrigkeit wird nachgerühmt, sie habe die ohnehin in Gang befindliche Umwälzung vor Ausartung und Aufruhr bewahrt, WAB 12;107 Nr. 4235,15–24 (Bedenken Luthers und Melanchthons, Dez. 1529): Denn alle wellt war der geistlichen misbreuche mude vnd feind, Das zu besorgen war, wo des Luthers lere nicht drein komen were, damit die leute vnterricht von dem glauben Christi vnd vom gehorsam der oberkeit, Es were ein iamerlich verderben ynn [!] deudschen lande entstanden. ... Es were ein vnordige, sturmissche, fahrliche mutation odder enderung worden (Wie sie der Muntzer auch anfieng), wo nicht ein bestendiger lere dazwisschen komen were vnd on zweifel die gantze religion gefallen vnd lauter Epicurer worden aus den Christen.

Recht ist. Soll auch für uns daraus etwas zu lernen sein, so setzt dies voraus, daß trotz tiefer geschichtlicher Veränderung das Wesentliche gleichgeblieben ist. Darauf den Blick richten heißt, Luther unter dem Anspruch gegenwärtiger Verantwortung lesen.

Was für einer Verantwortung? Die Rede von theologischem Verantworten des Politischen kann unmöglich die Aufhebung spezifisch politischer Verantwortung bedeuten, sondern nur deren Erhellung in christlicher Sicht. Eben dies ist Sache theologischer Rechenschaft. Wie sich hier aber theologische und politische Verantwortung zueinander verhalten, daran scheiden sich die Geister. Nicht etwa erst heute in der spektakulären Auseinandersetzung um die Friedensfrage. Es handelt sich um ein Dauerthema der Kirchengeschichte.

a) In der Reformation gelangte die Geschichte des Christentums freilich an eine einzigartige Zäsur, die sich auch auf das Verhältnis von Theologie und Politik ausgewirkt hat. Das ist kein bloßer Marginalaspekt des Reformatorischen, ergibt sich vielmehr aus der zentralen Einsicht in die Unterscheidung von Gesetz und Evangelium. Aus ihr entspringt die Unterscheidung zweifacher Gerechtigkeit, der iustitia civilis und der iustitia christiana, sowie die Unterscheidung eines zweifachen Brauchs des Gesetzes, des usus politicus und des usus theologicus[6]. Mit diesen Formeln sei jetzt nur markiert, wie scharf sich Luther in bezug auf das theologische Verantworten des Politischen von der mittelalterlichen Auffassung getrennt sah[7]. Im Mittelalter waren die Christen aufgeteilt nach ihrer Zugehörigkeit zum weltlichen oder zum geistlichen Stande und so nach ihrer Zuständigkeit. Beides aber war hierarchisch miteinander vereint und gegliedert als Corpus Christianum. Luther dagegen unterschied die allgemeinmenschliche und die spezifisch christliche Lebenswirklichkeit und sah beides unmittelbar auf Gott bezogen. An die Stelle zweier Gruppen und Arten von Christen

---

[6] S. o. S. 132–146.
[7] Vgl. meine Leitsätze zur Zweireichelehre, WG III,574–592; ferner den Abschnitt „Allein mit dem Wort im Strudel der Politik" in meinem Büchlein: Martin Luthers Weg und Wort (it 439), 1983, 49–59.

trat nun eine Spannung, die in jedem Christen auszutragen ist. Das hebt jedoch nicht auf, daß das weltliche und das geistliche Amt ihren Funktionen wie ihren Trägern nach unterschieden bleiben. Dabei ist an die Stelle der einen umgreifenden Sakralordnung der Kirche das zweifache, aber auf das eine Endziel gerichtete Handeln Gottes mit der sündigen Welt getreten[8].

b) Luthers Art, das Politische theologisch zu verantworten, erscheint heute weithin obsolet. Das Verständnis wird erschwert durch die geschichtliche Distanz zu Luther und erst recht zu der Welt des Mittelalters, mit der er sich auseinandergesetzt hatte. Das ist aber nicht das entscheidende Hindernis. Die Neuzeit hat bezeichnenderweise fast durchweg in einer meist unbewußten Wider-

---

[8] WA 11;252,12–14 = BoA 2;367,18–20 = IL 4;46 (Von weltl. Obrigk., 1523): Darumb muß man dise beyde regiment mit vleyß scheyden und beydes bleyben lassen: Eyns das frum macht, Das ander das eusserlich frid schaffe und bösen wercken weret. Keyns ist on das ander gnug ynn der wellt. WA 51;238,16–32 (Ausl. d. 101. Ps, 1534/35): Es ist, Gott lob, nu aller welt wol offenbar gnug, wie die zwey regiment sollen unterscheiden sein. Denn auch das werck an jm selbs solch unterscheid reichlich gnug anzeigt, wenn schon kein gebot noch verbot von Christo daruber gethan were. Denn wir sehen ja wol, das Gott die weltliche herrschafft oder königreiche unter die Gottlosen strewet auff das aller herrlichst und mechtigest, gleich wie er die liebe Sonne und regen auch uber und unter den Gottlosen lesst dienen, Und doch kein Gottes wort noch dienst unter sie stifftet noch durch Propheten sie leret oder weiset, wie er doch zu Jerusalem gethan hat jnn seinem volck. Dennoch heisst er solch weltlich regiment der Gottlosen seine ordnung und geschepffe und lesst sie des selben misbrauchen, so ubel sie können, Gleich wie er einen buben und huren lesst brauchen leibs und seele, doch gleich wol wil gerhümet sein (als er auch ist) ein Schepffer, Herr und erhalter solchs leibs und seelen. Dar aus man ja greiffen mus, das Weltlich reich ein anders ist und on Gottes Reich sein eigen wesen haben kan. Widerumb sehen wir auch, das er sein geistlich Reich so genawe und scharff von dem Weltlichen scheidet, das er die seinen lesst eitel jamer, elend, armut leiden auff erden. 239,22–25: Ich mus jmer solch unterscheid dieser zweier Reich ein blewen und ein kewen, ein treiben und ein keilen, obs wol so offt, das verdrieslich ist, geschrieben und gesagt ist. Denn der leidige teuffel höret auch nicht auff diese zwey Reich jnn einander zu kochen und zu brewen.

sprüchlichkeit Luther zugleich rezipiert und sich von ihm distanziert. So verhält es sich auch in dem heute vorherrschenden Trend, Theologisches und Politisches auf einen und denselben Nenner zu bringen. Unter der Parole der Mündigkeit übernimmt man von Luther gern die Idee des allgemeinen Priestertums im Sinne von Recht und Pflicht allgemeiner christlicher Mitsprache bei politischen Problemen. Ebenfalls übernimmt man seine Berufung auf die Bibel, wenn auch nur partiell und in anderem Verständnis. Und man beansprucht selbstverständlich Gewissensfreiheit, ohne sich allerdings genauer darüber Rechenschaft zu geben, welche Umformung in der Neuzeit Luthers Entdeckung der libertas conscientiae erfahren hat[9]. Hingegen ist man voll Mißtrauens gegen eine Theologie im Gefolge Luthers. Sie gehe an den heutigen Problemen vorbei, sei viel zu subtil und fördere die politische Abstinenz der Theologie und des geistlichen Amts. Das christlich Folgerichtigste sei die völlige Verschmelzung theologischer und politischer Verantwortung – nicht etwa zwecks Klerikalisierung der Politik, sondern im Interesse der Politisierung der Theologie, um sie direkt für politische Parteinahme und Aktion einsetzen zu können.

c) Für Luther sind jedoch Theologie und Politik zweierlei. Sie dürfen nicht ineinandergemengt werden. Praedicator non debet politica agere[10]. Das Politische theologisch verantworten heißt für ihn, durch das Wort Gottes zur rechten Wahrnehmung politischer Verantwortung freimachen. Dabei darf der Theologe nicht etwa dem Politiker seine politische Verantwortung abnehmen. Luther selbst war zwar ein Politikum ersten Ranges, jedoch kein Politiker. Er war wohl oft genötigt, zu politischen Fragen Stellung zu nehmen, aber stets bemüht, dies in Beschränkung auf seine Zuständig-

---

[9] Vgl. meinen Aufsatz: Der kontroverse Grund der Freiheit. Zum Gegensatz von Luther-Enthusiasmus und Luther-Fremdheit in der Neuzeit, in: Luther in der Neuzeit, hg. von B. MOELLER, SVRG 192, 1983, 9–33.
[10] WAT 1;81,27f Nr. 181 (Febr./März 1532) mit der Fortsetzung: Christus erat solus dominus et tamen dicebat ad Pilatum: Tu es dominus meus [Joh 19,11].

keit als Theologe zu tun und nicht als Politiker[11]. Sichtet man die
Fülle des Materials, das uns darüber zur Verfügung steht, so heben
sich zwei Äußerungsweisen voneinander ab. Sie überschneiden
sich zwar vielfach, sind aber schwerpunktmäßig bis in die Textgat-
tungen hinein verschieden. Einerseits finden sich grundsätzliche
Aussagen einer theologischen Lehre vom Politischen. Anderseits
gibt Luther auf Bitten um Stellungnahme hin von Fall zu Fall eine
konkrete Gewissensunterrichtung. Das erste geschieht vornehmlich in Schriften, das andere in Briefen und Gutachten. Beide
Ausprägungen verbindet freilich dies, daß bestimmte Situationen
den Anstoß zum Schreiben geben. Luther hat nicht etwa zunächst
in Muße eine theologische Theorie des Politischen ersonnen, die er
dann konkret anwandte. Vielmehr ist – in dieser Hinsicht wie auch
sonst – sein theologisches Urteil unter jeweils neu sich einstellen-
den Herausforderungen aus dem erfahrungsbezogenen Umgang
mit der Bibel erwachsen. Dennoch ist es für unsere Besinnung
ratsam, mit einigen grundsätzlichen Orientierungsgesichtspunkten
einzusetzen und dann erst den Gewissensaspekt hinzuzunehmen.
Erst so wird das Besondere an diesem Beieinander von Lehre und
Unterrichtung der Gewissen erkennbar.

II. Die theologische Lehre vom Politischen

Luthers theologische Lehre vom Politischen läßt sich in den Satz
zusammenfassen: Weltliche Obrigkeit ist von Gott angeordnet und
gewirkt, um die zerstörerischen Folgen der Erbsünde im menschlichen Zusammenleben einzudämmen und so den äußeren Frieden
zu wahren. Gottes ausdrücklicher Wille als Wirkursache, die
menschliche Sünde als Veranlassung und der öffentliche Friede als
Aufgabe und Ziel weltlicher Obrigkeit – diese drei Bestimmungen

---

[11] Hier sei, auch für das Folgende, verwiesen auf: H. KUNST, Evangelischer Glaube und politische Verantwortung. Martin Luther als
politischer Berater seiner Landesherrn und seine Teilnahme an den
Fragen des öffentlichen Lebens, (1976) 1979². E. WOLGAST, Die Wittenberger Theologie und die Politik der evangelischen Stände. Studien
zu Luthers Gutachten in politischen Fragen (QFRG Bd. XLVII), 1977.

sind eng aufeinander bezogen. Sie müssen dennoch relativ gesondert voneinander erörtert werden.

1. a) Die theologische Lehre vom Politischen richtet sich an diejenigen, die Gottes Wort hören und annehmen, an die Christen, ob sie nun ihrem weltlichen Dienst nach, wie sich Luther ausdrückt, zur „Oberkeit" oder zur „Unterkeit"[12] gehören oder, wie z. B. ein Hausvater, zu beidem in verschiedener Hinsicht. Keineswegs aber gilt dieses Wort nur denen, die es hören. Das göttliche Einsetzungswort für die weltliche Obrigkeit steht unabhängig davon in Geltung, ob die Betroffenen – als Christen – dieses Gotteswort vernehmen und bejahen oder – als Heiden – davon nicht wissen und wissen wollen. Somit ist es zweierlei: was über das Amt weltlicher Obrigkeit als solches theologisch zu sagen ist und wie die Christen mit diesem Amt umgehen, was sie sich für ihren Dienst als „Oberkeit" oder „Unterkeit" zu Herzen zu nehmen haben.

aa) Jenes göttliche Einsetzungswort ist nicht mit bestimmten Bibelstellen identisch. Durch die Hauptbelege einer christlichen Lehre von weltlicher Obrigkeit[13] wird es den Christen nur erklärt.

---

[12] WA 51;239,39–240,4 (Ausl. d. 101. Ps., 1534/35): Es mus ja alle vernunfft, auch wol ein kind von sieben jaren sagen, das Gebieten und Gehorsam sein sey zweierley, gleich wie auch Herrschen und Dienen zweierley sind. Denn das Eine heisst Oberkeit, das Ander mügen wir heissen Unterkeit, das ist deudlich gnug und auch deudsch dazu geredt. Nu werden wir müssen Gott unsern herrn lassen sein die einige Oberkeit uber alles, was geschaffen ist, Und wir alle gegen jm sein (wöllen wir nicht mit lieb, so müssen wir mit leid) eitel unterkeit, da wird (Gott lob) nicht anders aus.

[13] Röm 13,1–7 1Petr 2,13–19 Mark 12,13–17 Apg 5,29. Dazu WA 11;247,21–23 = BoA 2;362,34–36 = IL 4,39f (Von weltl. Obrigk., 1523): Auffs erst müssen wyr das welltlich recht und schwerd wol gründen, das nicht yemand dran zweyffel, es sey von Gottis willen und ordnung ynn der welt. WA 31,1;198,21–27 (Der 82. Ps ausgel., 1530): ... den gantzen Psalm solt ein iglicher Fürst ynn seine kamer, ans bette, uber tissch und auch an seine kleider malen lassen. Denn hierynn finden sie, wie hohe, fürstliche, adeliche tugent yhr stand uben kan, Das freylich Weltliche öberkeit nach dem predig ampt der höhest Gottes dienst und nützlichst ampt auff erden ist, welche yhe solt einen herrn

Als göttliches Machtwort ist es nicht erst zu verwirklichen, sondern immer schon überall da am Werk, wo politische Macht lebensfördernd wirksam ist. Diese Inanspruchnahme der faktischen Machthaber als Gottes Diener birgt entgegen dem Verdacht auf religiöse Glorifizierung eine starke kritische Sprengkraft in sich. Bei Luther entlädt sie sich in erster Linie gegen eine klerikale Bevormundung weltlicher Obrigkeit. Auch die heidnische, etwa die türkische Obrigkeit ist göttlichen Rechts[14]. Diese Befreiung zur Erkenntnis der Eigenständigkeit weltlicher Obrigkeit als eines Gottesdienstes hat Luther vornehmlich im Blick, wenn er das Neue an seiner Lehre hervorhebt. Zugleich wird aber auch dasjenige Selbstverständnis weltlicher Obrigkeit abgewiesen, das nach Art heidnischer politischer Theologie den Inhaber politischer Macht selbst vergöttlicht. Solche Apotheose ist etwas völlig anderes als jenes göttliche Einsetzungswort, das gerade auf die Unterscheidung zwischen Amt und Person abzielt.

bb) Der Träger des Amts ist als persona publica mit dem beauftragenden und bevollmächtigenden göttlichen Gebot ausgezeichnet wie mit einer goldenen Amtskette. Er geht jedoch keineswegs darin auf, persona publica zu sein. Daneben ist er auch in bestimmten weltlichen Bezügen eine persona privata, als Kranker etwa eine

---

trösten und reitzen seinen stand mit freuden zu füren und solche tugent drinnen zu uben.

[14] Z. B. WA 19;636,1–4 = BoA 3;328,23–27 = IL 4,188 f (Ob Kriegsleute..., 1526): Ich sehe aber kein bestendiger regiment, denn da die öberkeit ynn ehren gehalten wird, als der Persen, Tattern und der selbigen völcker mehr, wilche nicht alleine sind für den Römern und aller gewalt blieben, sondern haben wol die Römer und viel mehr land verstöret. WAB 5;258 f Nr. 1536, 31–34 (an Kurf. Joh., 6. 3. 1530): Aber weil keiser keiser, furst furst bleibt, wenn er gleich alle gebot Gottes vbertrete, ia ob er gleich ein heide were, so soll ers auch sein, ob er gleich sein eid vnd Pflicht nicht helt, bis das er abgesetzt oder nimer keiser sey. WA 39,2;41,15–18 (Zirkulardisp. Mt 19,21, 1539): Quare magistratus sive prophani sive impii non sunt contra nos, sed nobiscum et pro nobis in secunda tabula. Summa, magistratus, qualis qualis sit, praecipit semper et ubique pacem servari inter subditos, cuiuscunque sint religionis.

sehr kümmerliche! Vor Gott aber kommt er nach beiden Seiten hin
– sofern persona publica und sofern persona privata – als der
Mensch selbst in Betracht, entkleidet all der Rollen und Würden,
aber auch der Eigenschaften und Schwächen, hinter denen sich das
Herz vor den Blicken der Welt verbirgt, während es vor Gott allein
offenbar ist. Diesen Herzensgrund, aus dem alles Tun und Verhalten hervorgeht und von dem her es qualifiziert ist, wie die Frucht
durch den Baum, der sie trägt, bezeichnet Luther ebenfalls als
Person – Person nun in deren spezifisch theologischer Relation –
oder auch als Gewissen, wovon später zu reden ist. Das Verwirrende an Luthers Gebrauch des Wortes Person – einerseits als der
Maske oder Rolle, anderseits als des innersten eigenen Selbst – löst
sich klar auf, wenn die unterschiedlichen Bezüge des Menschseins
„vor der Welt" und „vor Gott" mitgedacht werden. Darum die
scheinbare Gegensätzlichkeit biblischer Ausagen: Vor Gott ist kein
Ansehen der Person[15]; aber durch den Glauben ist die Person vor
Gott als gut angenommen, die dann auch Gutes wirkt[16]. Luthers
Unterscheidung zwischen Amt und Person läßt den ganzen Grund-
riß seiner Theologie erkennen. Sie macht vereinbar, was kaum je in
so scharfem Kontrast auseinandertrat: die Einschätzung des Amtes
weltlicher Obrigkeit als nach dem Predigtamt höchsten Gottesdienstes und nützlichsten Amtes auf Erden[17] sowie gegebenenfalls eine
rücksichtslose Kritik an den Personen, die es innehaben: „Sie sind
im allgemeinen die größten Narren oder die ärgsten Buben auf
Erden, weshalb man sich bei ihnen allezeit des Ärgsten versehen
und wenig Gutes von ihnen gewärtigen muß."[18] Sie sind dabei zu

---

[15] Gal 2,6 u. ö.

[16] Für die Priorität der Person vor den Werken beruft sich Luther
vornehmlich auf Gen 4,4 (vgl. LuSt I,152–160 sowie WA 55,1,1;111,2 ff
zu Ps 14 [15],2) und Mt 7,17 f.

[17] WA 31,1;198,24 f, s. o. Anm. 13.

[18] WA 11;267,31–268,3 = BoA 2;382,23–25 = IL 4,68 (Von weltl.
Obrigk., 1523). Ferner WA 10,3;381,31 f (Pred., 1522): die fürsten sein
auch hencker und Stockblöcher Cristi, die im sein volck straffen und
richten müssen . . . WA 19;643,5–8 = BoA 3;334,24–28 = IL 4,197 f (Ob
Kriegsleute . . . , 1526): So hab ichs sonst gnug gesagt, und ist leyder
allzuwar, das der mehrer teyl Fürsten und herrn gottlosen Tyrannen

behaften, daß sie ihrem Amt gemäß die Bösen zu strafen und die Guten zu lohnen haben, aber leider allzu oft das Gegenteil tun. Die *persona publica* ist also kein unpersönlicher Roboter, sondern persönlich Rechenschaft schuldig[19].

b) Aus heutiger Erfahrung und Sicht erhebt sich starker Widerstand gegen die meist vergröbert aufgefaßte Lehre Luthers vom Politischen, von der ich bisher bloß den Ausgangspunkt markiert habe. Dieser Widerstand verrät sich in der Theologie selbst daran, daß sie das Staatsverständnis gegenwärtig völlig vernachlässigt und daß sie ihr Interesse am Politischen fast ausschließlich der revolutionären Veränderung zuwendet. Das ist begreiflich, aber bedenklich[20].

aa) Demokratie im neuzeitlichen Sinne, beruhend auf der Idee religiöser Toleranz und auf der Gleichheit aller vor dem Gesetz, stellt ein betont säkulares Verständnis des Staates dar. Wenn Theo-

---

und Gotts feinde sind, das Euangelion verfolgen, dazu mein ungnedige herrn und Junckern sind, darnach ich auch nicht viel frage. WAB 4;422 Nr. 1246,16 (an Brück, 28. 3. 1528): ... und ist kein Unterschied unter den Mördern, er sei Fürst oder Landläufer... WA 51;254,9–17 (Ausl. d. 101. Ps, 1534/35): Und auff Deudsch: Es ist kein ampt so klein, es ist hengens werd. Göttlich und recht sind die ampt, beide der Fürsten und Amptleute, Aber des Teufels sind sie gemeiniglich, die drinnen sind und brauchen. Und ist ein Fürst wilpret im himel, so werden freilich auch die Amptleute oder Hofegesinde viel mehr wilpret drinnen sein. Das macht die böse, verderbte natur, die gute tage nicht tragen kan, das ist, sie kan ehre, gewalt und herrschafft nicht Göttlich brauchen, das Emptlin sey, wie geringe es sey, so nemen sie ein elle lang, da sie nicht eine handbreit haben, und wollen jmer selbs Gott sein, da sie doch Gottes dienerin solten sein.

[19] WAT 4; 237,10–12 238,5f Nr. 4342 (7. 2. 1539): ... necessaria est distinctio, scilicet quod christianus est duplex persona, scilicet fidelis et politica. ... principes et christiani sunt coniunctissimae personae.

[20] WA 19;639,22–25 = BoA 3;331,30–34 = IL 4,193 (Ob Kriegsleute..., 1526): Oberkeit endern und Oberkeit bessern sind zwey ding, so weit von einander als hymel und erden. Endern mag leichtlich geschehen. Bessern ist mislich und ferlich. Warümb? Es steht nicht ynn unserm willen odder vermügen sondern alleine ynn Gotts willen und hand.

logie Demokratie akzeptiert, so erübrigt sich anscheinend eine theologische Lehre vom Staat. Was soll da die Rückführung auf ein göttliches Einsetzungswort? Man könnte gerade von Luthers Betonung der Weltlichkeit her die Eliminierung Gottes aus der Auffassung vom Staat für legitimiert halten. Aber das wäre ein schwerer Irrtum. Denn was „weltlich" heißt, ist für Luther theologisch definiert. Entschwindet dieser Verstehenshorizont, so ist die echte Weltlichkeit in Gefahr pseudoreligiöser Überfremdung. Steht dann nicht aber die Theologie von vornherein in einem hoffnungslosen Konflikt mit der heutigen politischen Wirklichkeit? Wenn man von Luther her denkt, durchaus nicht! Denn nach ihm ist das Selbstverständnis weltlicher Obrigkeit – in welcher Form religiös und ob überhaupt religiös, ob protestantisch, altgläubig, islamisch, laizistisch oder marxistisch – nicht ausschlaggebend für ihre Qualifikation durch das göttliche Einsetzungswort. So ist auch eine pluralistische Demokratie von dieser theologischen Qualifikation keineswegs ausgeschlossen. Entscheidend ist nicht, ob eine solche in die Verfassung eingeht oder nicht. Damit wird aber nicht vergleichgültigt, was der Christ als solcher vom Staat zu halten hat. Das erledigt sich nicht durch irgendeine politische Theorie, sondern hat, wie der Umgang mit der Welt überhaupt, mit dem Glauben zu tun. Für das christliche Verständnis von Demokratie genügt es nicht, einige ihrer Elemente wie Gewissensfreiheit, Rechtsgleichheit oder Rücksicht auf die sozial Schwachen als Säkularisate des Christentums anzusehen und als solche zu bejahen. Daran ist wohl etwas Richtiges. Gerade von Luther her führen Linien dahin. Vermag jedoch der Christ das Amt des Staates nicht in einen positiven Zusammenhang zu bringen mit Gottes Willen und Wirken in der Welt, treibt er steuerlos auf dem sturmgepeitschen Meer der Politik. Dann bleibt er seinen spezifischen Anteil an der politischen Verantwortung schuldig.

bb) Was ist es aber um das Amt? Gegen kaum eine von Luthers Fundamentalunterscheidungen ist man heute so allergisch wie gegen die von Amt und Person. Dabei spielt sicher eine wichtige Rolle die nur allzu berechtigte Sensibilisierung gegen den Mißbrauch von Amtsgewalt, gegen die Gewissenlosigkeit eines blinden

Gehorsams und gegen die Verwandlung der Amtsträger in bloße Funktionäre und seelenlose Marionetten. Jedoch, die einzig legitime Alternative zu solchem Mißbrauch ist der rechte Gebrauch des Amtes, nicht aber dessen Beseitigung zugunsten der Utopie herrschaftsfreier Gesellschaft. Nun wirkt hier freilich eine faktische Veränderung der politischen Verhältnisse ein. Schon für Luther, der den Begriff des Politischen sehr weit faßte und auf den gesamten Öffentlichkeitsaspekt eines Gemeinwesens bezog, differenzierte sich das weltliche Amt vielgestaltig vom Kaiser, den Fürsten und Ratsherren über Richter, Scharfrichter und Kriegsleute bis hin zu Hausvätern und Lehrern. Heute befinden wir uns, was das weltliche Amt und seine Differenzierung betrifft, in einer widersprüchlichen Entwicklung: Einerseits werden die Zuständigkeiten immer komplizierter. Das öffentliche Amt wird zu einem verwirrenden Netz, zur Angstvorstellung von einem Fangnetz, dem sich der Einzelne zu entziehen trachtet. Anderseits schwindet dank dem demokratischen Prinzip mehr und mehr die Trennschärfe der Verantwortungsstrukturen. Jeder hat Meinungsfreiheit, kann mitreden, auch wenn er von den Dingen wenig versteht, und beansprucht Mitsprache, auch über die verfassungsmäßig geordneten Bahnen hinaus. So entstehen parapolitische Erscheinungen: eine außerparlamentarische Opposition, wilde Streiks und nicht genehmigte Demonstrationen, mehr oder weniger gewaltfreie Aktionen, Bewegungen und Besetzungen – eine große Skala von Möglichkeiten, bei denen der Übergang in die Illegalität oft schwer bestimmbar ist. Hier kommt zweifellos eine echte Krise der Demokratie zum Ausbruch, sowohl was die unbewältigten Probleme als auch was die Ohnmacht und Unfähigkeit der etablierten Instanzen betrifft. Jedoch wird es erschwert, die Verantwortlichkeit im Blick auf das Ganze wahrzunehmen, wenn bei diesem parapolitischen Handeln die institutionelle Bindung an ein Amt entfällt zugunsten eines chaotischen Gewoges verschiedenster Interessen und Interessenten.

Dies alles miteinander, vom Mißbrauch der Amtsgewalt bis hin zu ihrer Verachtung, hat den Faktor der Autorität im Politischen untergraben. „Obrigkeit" erscheint in der Demokratie ohnehin als

unpassende Vokabel. Aber was auch immer an dem Schwund
institutionell gebundener Autorität berechtigt sein mag, ist es doch
eine schwärmerische Illusion, man könne ohne die traditionellen
Grundpfeiler des Staates auskommen. Deren klare Unterscheidung ist gerade der Demokratie zu verdanken: eine institutionell
geordnete Legislative, Exekutive und Rechtsprechung, und damit
die Disziplinierung und Kontrolle des staatlichen Machtmonopols.
Ein politisches Gemeinwesen bedarf der geordneten stellvertretenden Wahrnehmung solcher Dienste am Ganzen. Und auch wenn sie
der Verfassung nach vom Volk übertragen sind und im Namen des
Volkes ausgeübt werden, steht dem doch nicht das Geringste im
Wege, daß der Christ solchen Dienst als von Gott angeordnet weiß
und in dessen Ausübung nach Gottes Willen fragt. Wie das kirchli-
che Amt, obwohl durch Menschen übertragen, das Gegenüber des
Wortes Gottes zur Gemeinde repräsentiert[21], so hat auch im
Staatswesen das Amt, theologisch verstanden, als ein Instrument
Gottes zu gelten[22].

2. a) Die zentral-theologische Ausrichtung der Lehre Luthers
von der weltlichen Obrigkeit ist daran kenntlich, daß sie unmittelbar eingebettet ist in die Unterscheidung von Gesetz und Evangelium und in die daraus entspringende Unterscheidung der beiden
usus legis[23]. Somit hat die Lehre von der weltlichen Obrigkeit ihren
notwendigen Ort innerhalb des streng verstandenen Gegenstandes
der Theologie, des homo peccator und des deus iustificans[24]. Da-

---

[21] WA 31,1;211,17–19 (Der 82.Ps ausgel., 1530): Es ist war, alle
Christen sind priester, Aber nicht alle Pfarrer. Denn uber das, das er
Christen und priester ist, mus er auch ein ampt und ein befolhen
kirchspiel haben.

[22] WA 31,1;217,10–12 (Der 82. Ps ausgel., 1530): Darumb heissen
solche stende, so mit Gottes wort gestifftet sind, alles heilige, Göttliche
stende, ob gleich die personen nicht heilig sind.

[23] S. o. S. 132–146.

[24] WA 40,2;328,1–3 (Enarr. Ps 51, 1532): ... ut proprie sit subiectum
Theologiae homo reus et perditus et deus iustificans vel salvator. quic-
quid extra istud argumentum vel subiectum quaeritur, hoc plane est
error et vanitas in Theologia ... Vgl. dazu WG III,174–179.

durch wird freilich der weltlichen Obrigkeit nur ihr Ort angewiesen, nicht aber im einzelnen ihr die Art vorgeschrieben, wie sie verfaßt sein müsse und was des Näheren ihres Amtes sei. All das ist Sache der Juristen und Politiker, während der Theologe die Grundsituation klarstellt: Die weltliche Obrigkeit ist Gottes Anordnung und Werk in der Weise seines ersten Brauchs des Gesetzes, welcher der Herstellung und Aufrechterhaltung bürgerlicher Gerechtigkeit dient. Das heißt: Sie hat zwar nicht mit dem homo peccator als solchem zu tun – das ist Sache der Verkündigung des Evangeliums und um des Evangeliums willen der Predigt des Gesetzes –, wohl aber mit den Auswirkungen der Ursünde im menschlichen Zusammenleben; nicht mit dem peccatum radicale selbst, sondern mit den Sündenfolgen, und zwar nur mit den öffentlichen crimina, die das Zusammenleben unmöglich machen. So rückt, theologisch geurteilt, alles, was die weltliche Obrigkeit betrifft, in das Licht der unbegreiflichen Toleranz Gottes[25]. Er erhält die sündige Welt mit zeitlichen Gütern am Leben und läßt ihr sogar den Ruhm bürgerlicher Gerechtigkeit, die doch vor Gott letztlich nichts anderes ist als gottlose Heuchelei[26].

Die Orientierung an der reformatorischen Lehre von der Erbsünde begrenzt die Zuständigkeit weltlicher Obrigkeit. Sie hat über der Einhaltung der Gebote der zweiten Tafel zu wachen nach deren äußerem, politisch-moralischem Verständnis. Dagegen sind ihr die Zuständigkeit für die erste Tafel des Dekalogs und der Zugriff auf das Gewissen entschieden verwehrt – ein Hinweis auf die Gefahr, die hier faktisch besteht. Wie das Sündenverständnis die nüchterne Einsicht in die Notwendigkeit weltlicher Gewalt schärft, so weckt es auch das Bewußtsein dafür, daß hier die Sündefolgen unter dem falschen Anspruch ihrer Eindämmung auch gesteigert werden können. Die Obrigkeit ist gegen die Macht der Sünde nicht immun. Man kann deshalb in zweierlei Weise an ihr schuldig werden.

[25] S. o. S. 111–120.
[26] WA 39,1;82,21 f (3. Th.Reihe über Röm 3,28, 1536): Iustitia vero hominis, ut eam Deus temporaliter honoret donis optimis huius vitae, tamen coram Deo larva est et hypocrisis impia.

Entweder so, daß man sich ihres Unrechts mitschuldig macht. Die Notwendigkeit einer Gehorsamsverweigerung liegt durchaus auf der Linie, wie Luther das Politische theologisch verantwortet. Sie ist von ihm wiederholt ausdrücklich angesprochen worden[27]. Oder man wird auf die Weise an der weltlichen Obrigkeit schuldig, daß man sich durch Aufruhr selber rächt, anstatt in passivem Widerstand den Weg des Leidens zu gehen. Daß Aufruhr für Luther als schwerste Untat gilt, liegt nicht bloß an den tatsächlichen Erfahrungen damit, auch nicht nur an der als besonders gravierend empfundenen Berufung auf das Evangelium zugunsten von Rechtsansprüchen und ihrer gewaltsamen Durchsetzung, sondern vor allem daran, daß Aufruhr anarchisch Obrigkeit als solche negiert[28].

---

[27] Z. B. WA 11;267,3–8.17f = BoA 2;381,35–39 382,7f = IL 4, 67 (Von weltl. Obrigk., 1523, in bezug auf das Gebot, die Neuen Testamente auszuliefern): Lieber herr, ich bynn euch schuldig zu gehorchen mit leyb unnd gutt, gepietet myr nach ewr gewalt maß auff erden, so will ich folgen. Heyst yhr aber mich glewben unnd bücher von myr thun, so will ich nicht gehorchen. Denn da seyt yhr eyn tyrann unnd greyfft zu hoch, gepietet, da yhr widder recht noch macht habt... Ebda. 277,28–31 = 391,31–34 = 81: Wie? Wenn denn eyn furst unrecht hette, ist yhm seyn volck auch schuldig zu folgen? Anttwortt: Neyn. Denn wider recht gepürt niemant zu thun, Sondern man muß Gotte (der das recht haben will) mehr gehorchen denn den menschen. WA 19;656,22–25 = BoA 3;345,32–36 = IL 4,214 (Ob Kriegsleute..., 1526): Ein ander frage: Wie, wenn mein herr unrecht hette zu kriegen? Antwort: Wenn du weist gewis, das er unrecht hat, so soltu Got mehr furchten und gehorchen denn menschen, Acto. 4 [Apg 5,29], und solt nicht kriegen noch dienen; denn du kanst da kein gut gewissen für Gott haben. WAB 10;36 Nr. 3733,157–162 = IL 4,311 (an Kurf. Joh. Friedrich und Herzog Moritz 7. 4. 1542, in Sachen Wurzener Fehde): Vnd Rat auch trewlich, das, Wer vnter solchem vnfriedlichen fursten kriegt, das er lauffe was er lauffen kan, aus dem felde, Errette seine seele vnd lasse seinen Rachgyrigen, vnsynnigen fursten allein vnd selbs mit denen, so mit yhm zum teuffel faren wollen, kriegen, Denn Niemand ist gezwungen, sondern viel mehr yhm verboten, fursten vnd herrn gehorsam zu sein oder Eid zu halten zü seiner seelen verdamnis, das ist wider Gott vnd Recht.

[28] WA 8;680,18–21 = BoA 2;303,24–28 = IL 4,25 (Eine treue Vermahnung, 1522): Denn auffruhr hat keyn vornunfft und gehet gemeynicklich mehr ubir die unschuldigen denn ubir die schudigen. Darumb

b) Es ist ein weitläufiges Problem, ob überhaupt und, wenn ja, in welcher Weise Luthers Auffassung von der weltlichen Obrigkeit sich über seine eigenen Stellungnahmen zum politischen Geschehen hinaus in einer politischen Wirkungsgeschichte niedergeschlagen hat. Was man dafür halten könnte, hätte sein Kriterium daran, ob dabei dem Sündenverständnis Gewicht zukommt. Aufs große gesehen, bestätigt die Geschichte der Neuzeit nicht weniger als alles Vorangegangene, in welchem Maße das Böse eine Komponente, wenn nicht gar die Dominante der Menschheitsgeschichte ist. Im Gegensatz zu Luther hat aber die Neuzeit dies in seiner grundsätzlichen Bedeutung nie recht wahrhaben wollen trotz der Massierung und Steigerung entsprechender Anschauung des Bösen[29]. Der Grundzug des Lebensgefühls wird bis in die politische Wirklichkeit hinein von der Überzeugung bestimmt, der Mensch als solcher sei gut, während das Böse ihm äußerlich und entsprechend zu bekämpfen sei. Daraus entstehen – in grober Kennzeichnung – für das Staatsverständnis zwei entgegengesetzte Tendenzen, die freilich einander vielfach kreuzen: ein Individualismus, oft hedonistisch bestimmt, der vom Staat ein Minimum an Belästigung und ein Maximum an Leistung verlangt, sowie ein Kollektivismus, der dem Staat unbegrenzte Opfer zu bringen fordert und dafür einen künftigen Heilszustand verspricht. Auf jeden Fall nimmt das

---

ist auch keyn auffruhr recht, wie rechte sach er ymer haben mag. Und folget alletzeyt mehr schadens den besserung dar ausz. Ebda. 681,19f = 304,25f = 26: Wilche meyne lere recht leszen und vorstehen, die machen nitt auffruhr. WA 18;358,11–14 = BoA 3;70,26–29 = IL 4,134 (Wider die räuberischen..., 1525): ...auffur ist nicht eyn schlechter mord, sondern wie eyn gros feur, das eyn land anzundet und verwustet, also bringt auffrur mit sich eyn land voll mords, blutvergissen und macht widwen und weysen und verstoret alles, wie das allergrossest ungluck. WA 18;397,27f = 89, 31f = IL 4,165 (Ein Sendbrief von dem harten Büchlein, 1525): ...eyn auffrurischer greyfft das hewbt selbs an... Ebda. 398,26–28 = 90,30–32 = 166f: ...auffrur ist keyn schertz, und keyn ubelthat auff erden ist yhr gleich, andere untugent sind eyntzele stück, auffrur ist eyne sindflut aller untugent.

[29] Vgl. meinen Aufsatz: Theologie zwischen reformatorischem Sündenverständnis und heutiger Einstellung zum Bösen, WG III,173–204.

Politische soteriologische Färbung an, ob nun im Hinblick auf die erstrebte Selbstverwirklichung oder ausgerichtet auf ein utopisches Ziel von Weltverwirklichung. Der Versuch, unmittelbar vom Sündenverständnis her dagegen anzugehen, geriete im neuzeitlichen Kontext zwangsläufig in einen Moralismus, der Luther völlig zuwiderliefe. Daran wird erkennbar, wie sehr seine Lehre vom Politischen theologisch begründet ist, weil in ihr der Begriff der Sünde eine Schlüsselrolle spielt. Deshalb darf man auch nicht erwarten, daraus für die Gegenwart eine allgemeine Staatslehre machen zu können. Hingegen liegen hier fruchtbare Ansatzpunkte für eine kritische Diagnose unserer politischen Wirklichkeit. Die Theologie verspielt jedoch die darin liegende Chance, wenn sie dem Zeitgeist entgegenkommt, indem sie auf den breiten Konsens einer Ein-Reich-Lehre[30] einschwenkt und ohne Klarheit über ihr eigentliches Thema das Christliche politisiert. Durch den Begriff der Sünde verhält sich das Thema der Theologie zum politischen Denken höchst widerspenstig.

3. a) Erst diese Beziehung zum Sündenverständnis bringt Klarheit in Luthers Unterscheidung der beiden Reiche und Regimente Gottes. Mit dem einen wird den Folgen der Sünde notdürftig gewehrt, mit dem andern das Übel selbst an der Wurzel angegangen. Das eine endet mit der Zeit, das andere vollendet sich in der Ewigkeit. Die Macht des einen ist als ultima ratio die physische Macht des Schwertes, die Macht des anderen ist ausschließlich die des Wortes Gottes und darum des heiligen Geistes. Diese Unterscheidung würde jedoch verwirrt, wenn man sie fixierte einerseits auf das Schwert als das Symbol von Gewalt und Krieg, anderseits auf die Taube als das Gegensymbol des Friedens. Mit Nachdruck hat Luther der weltlichen Obrigkeit kein anderes Amt zugewiesen als das des Friedens[31]. Die Obrigkeit ist als solche eine Institution

---

[30] S. o. S. 125 Anm. 57.

[31] Z.B. WA 31,1; 192,21–25 (Der 82. Ps ausgel., 1530): Denn wo kein Oberkeit ist, odder wo sie on ehre ist, da kan auch kein friede sein. Wo kein friede ist, da bleibt auch keine narung und kan keines fur des andern frevel, dieberey, rauberey, gewalt und untugent leben oder etwas behalten. So wird viel weniger da bleiben raum, Gotts wort zu

des Friedens, Ersetzung von Rache und Fehde des je Stärkeren durch das obrigkeitliche Machtmonopol zugunsten des Rechts auch des Schwächeren. Die Schaffung des Ewigen Landfriedens innerhalb des Reiches und die Einrichtung eines Reichskammergerichts lagen für Luther gar nicht so lange zurück, daß es ihm nicht bewußt gewesen wäre, welcher Segen auf der Ausbreitung weltlicher Friedenssicherung ruht. Deswegen sein entschiedenes Nein zur Frage eines Widerstandsrechts der Reichsstände gegenüber dem Kaiser[32]. Dieses Nein hat Luther erst spät und zögernd unter dem Druck juristischer Argumentation in eine streng begrenzte Duldung des Widerstandsrechts gewandelt. Es dürfe sich dabei nicht um Aufruhr handeln, sondern müsse als Ausübung einer obrigkeitlichen Pflicht vertretbar sein. Und es gelte nur für den Fall, daß man es mit dem Kaiser nicht als solchem zu tun habe, sondern mit seiner Perversion zu einem Diener des Papstes. Das Recht zu einem Präventivkrieg blieb jedoch dezidiert verneint. Auf derselben Linie liegt Luthers strikte Beschränkung auf die Defensive gegenüber dem äußeren Feind des Reichs. Das bußfertige Bewußtsein, bei einem Überfall von einer Strafe Gottes getroffen zu sein, dämpft ohnehin kriegerische Leichtfertigkeit.

Dem Verständnis Luthers von der weltlichen Obrigkeit haftet nur dann der Anschein einer dürftigen Negativität an: der zwangs-

---

leren und kinder zu Gottes furcht und zur zucht zihen. Ebda. 203,16–204,3: Da sihe nu, was für eine Keiserliche, ja himelissche burg ein solcher Fürst bawen kan, seine unterthan zu schützen. Wol ists fein und auch not, das man widder die feinde feste stedte und schlösser, guten harnsch und woffen habe, Aber nichts ists, so mans hieher rechent, da ein Fürst eine friedeburg bawet, das ist, der lust zu frieden hat und frieden bey den seinen handhabt. ...Man darff nicht krieg anfangen oder darnach ringen. Er kompt wol selber ungebeten allzu bald. Man halt friede, so lang man ymer kan (Er sol doch wol nicht bleiben), wenn man yhn gleich umb alle das gellt keuffen solte, das auff den krieg gehen und durch krieg gewonnen werden möcht. Es erstattet doch nimer der sieg, das verloren wird durch den krieg. S. auch o. Anm. 14 und LuSt II,2;374–391.

[32] S. H. KUNST (s. o. Anm. 11), bes. 225–261, und E. WOLGAST (s. o. Anm. 11) passim.

weisen Fesselung der Bestie Mensch, wenn man nicht wahrnimmt,
welch ein Wunder die pax publica auch in elementarster Gestalt ist.
„Der Friede kann dir helfen, daß dir ein Bissen Brots wie Zucker
schmeckt und ein Trunk Wasser wie Malvasier."[33] Man muß sich
klarmachen, was mit der pax publica auf dem Spiel steht und was
unter ihrem Schutz gedeiht: Erhaltung des Lebens, Aufziehen von
Kindern, Verbreitung von Bildung und Kultur und nicht zuletzt
ungehinderte Verkündigung des Wortes Gottes[34]. Das sind zugleich Maßstäbe des Friedens und Motivationen, ihn notfalls mit
Gewalt zu verteidigen. Daß die pax publica in dieser Weise erkannt, daß sie aufrichtig erstrebt und daß mit ihr recht umgegangen
wird, dazu bedarf es freilich eines anderen Reiches als des weltlichen Regiments[35]. Denn dieses kommt der eigentlichen Ursache

---

[33] WA 31,1;202,18 f (Der 82. Ps ausgel., 1530). Ebda. 202,11 f: Es ist
wol ein halb himelreich, wo friede ist.

[34] WA 31,1;199,23–35 (Der 82. Ps ausgel., 1530): Es scheinet und
gleisset nichts, Und ist ein gar geringe ding anzusehen, einen armen
frumen pfarherr odder prediger zu neeren odder schützen. Aber eine
marmel kirchen bawen, gülden kleinot schencken, den todten steinen
und holtz dienen, das gleisst, das scheinet, das heissen königliche,
fürstliche tugent. Wolan, las scheinen, las gleissen, ynn des thut mein
ungleissender pfarher die tugent, das er Gottes reich mehret, den himel
füllet mit heiligen, die hellen plundert, den teuffel beraubt, dem tode
weret, der sunden steuret, darnach die welt unterricht und tröstet,
einen iglichen ynn seinem stande, erhellt frieden und einigkeit, zeucht
fein jung volck auff und pflantzt allerley tugent ym volck, Und kurtz,
eine newe wellt schaffet er und bawet nicht ein vergenglich elendes
haus, sondern ein ewiges, schönes paradis, da Gott selbs gerne ynne
wonet. Solchs alles kan sich teilhafftig machen ein frumer fürst odder
herr, der solchen pfarher neeret odder schützt.

[35] WA 31,1; 218,9–13.31–35 (Der 82.Ps ausgel., 1530): Es will doch
nirgent fort mit dem welltlichen regiment, die leute sind zu böse, und
die Herrn schenden Gottes namen und wort ymer für und für, weil sie
yhre Gottheit so schendlich missebrauchen, darumb bittet er umb ein
ander regiment und Reich, da es besser ynnen zu gehe, da man Gottes
namen ehret, sein wort hellt und yhm dienet, das ist Christus Reich. . . .
Also sehen wir, das uber die welltliche gerechtigkeit, weisheit, gewalt,
obs wol auch Göttliche werck sind, noch ein ander Reich not ist, darin
man eine andere gerechtigkeit, weisheit, gewalt finde. Denn welltliche

des Unfriedens nie bei. Das Reich jedoch, in dem Christus durch das Evangelium regiert, stiftet einen Frieden, der so sehr alle Vernunft übersteigt, daß er in der Welt weithin das Gegenteil auslöst: Tumult und Feindschaft, und durchaus nicht zu einem bequemen Garanten der jeweiligen Verhältnisse wird.

b) Wie sehr sich in unserer Zeit die Brisanz des Friedensthemas verschärft hat, ist uns allen bewußt. Die globale Interdependenz aller politischen Konflikte hat die Erde zu einem Pulverfaß werden lassen. Die wahnwitzige Steigerung der Waffentechnik und dès finanziellen Aufwands dafür schafft eine so nie dagewesene, angsterregende Situation. Hatte sich schon Luther über die Entwicklung des mechanischen Kriegsgeräts seiner Zeit entsetzt[36], so ist nun ein grauenvolles Dilemma entstanden. Die Zerstörungsmittel können das Überleben allen miteinander unmöglich oder für den verbleibenden Rest zumindest sinnlos machen, verlieren also nicht nur ihre defensive, sondern auch ihre offensive Brauchbarkeit. Dennoch läßt die mißtrauische Angst voreinander bisher keinen Ausweg finden aus der gegenseitigen Abschreckung unter weiterem Drehen der Rüstungsspirale. Die innen- und außenpolitische Schutzfunktion des Staates – Polizei und Militär – konnte man einst unter dem gemeinsamen Symbol des Schwertes vereinen. Damit ist es jetzt vorbei. Hat man im einen Fall das Machtinstrument erstaunlich drosseln können, so ist es im anderen Fall nur schon der Potenz nach außer Kontrolle geraten. Während für die eine Funktion des Staates cum grano salis Wasserwerfer und Gummigeschosse genügen, ist für die andere so oder so mit der Atombombe zu rechnen. Dieser Extremfall ist darüber hinaus verkoppelt mit dem

---

gerechtigkeit hat mit diesem leben ein ende. Aber die gerechtigkeit Christi und der seinen ynn seinem Reich bleibt ewiglich.

[36] WAT 3; 403,24–30 Nr. 3552 (19. 3. 1537): Postea dixit de machinis bellicis et de bombardis, crudelissimis instrumentis, quae muros et petras perrumpunt, homines in acie dissipant: Ego arbitror, quod sit ipsius Sathanae proprium inventum. Nam hic non potest armis pugnari et brachiis; hic perit omnis virtus viri. Er ist todt, ee man in sihet. Si Adam talia instrumenta vidisset, quae liberi sui adversus se invicem struxissent, maerore consumptus fuisset.

umfassenden Syndrom einer bereits im Gang befindlichen Umweltzerstörung infolge der allein dem Menschen eigenen Verbindung
hoher Intelligenz mit einer Habsucht, die bis zur Besessenheit nach
allem greift, was nur immer in Besitz zu nehmen ist.

Man scheut sich fast, von diesen Dingen zu reden, die heute,
ohne daß dadurch wirksam geholfen wäre, zum Gemeinplatz geworden sind. Durch das Stimmengewirr droht alles eher noch wir-
rer zu werden. Es ist nur allzu verständlich, daß man für den
Frieden demonstriert. Wer wäre denn freilich gegen ihn? Das Wort
„Friede" als parteiische Aktionsparole in der Auseinandersetzung
um den rechten Weg der Friedenssicherung stiftet aber nicht Frieden, verführt vielmehr zu agitatorischem Sprachgebrauch. Das
Postulat des Friedens schafft überdies nicht schon die Bedingung
des Friedens, entfernt nicht die Ursachen des Unfriedens. Man
wird dabei unfreiwillig zu einem unkontrollierbaren Faktor im
Kräftemessen der Mächte, deren Treiben man sich doch versagen
will. Besonders bedenklich wird es, wenn man darüber hinaus die –
Gott sei Dank! – noch vorhandene Friedenswirklichkeit des
Rechtsstaates untergräbt. Wenn man sich dafür gar auf das Evangelium beruft und das Politische theologisch so zu verantworten
beansprucht, ist zu prüfen, ob dadurch nicht im Gegenteil die
theologische Verantwortung preisgegeben, weil das Evangelium
mißdeutet wird.

Der Verdacht liegt nahe, mit solchen Bedenken solle das beunru-
higte Gewissen nur beschwichtigt werden. Für derartiges könnte
man sich nicht auf Luther berufen. Er wollte allerdings die Gewissen nicht nur beunruhigen, sondern sie gewiß machen. Es ging ihm
um das gute Gewissen inmitten des Politischen. Aber was heißt
das?

III. Die Gewissensunterrichtung in Hinsicht auf das Politische

In dem Stichwort Gewissen berühren sich die Gegensätze, die
uns beschäftigen: die heutige Denkweise und Luthers Theologie
sowie die politische Verantwortung und das Christsein. In solcher
Ballung wird jedoch so gut wie alles kontrovers.

1. In welchem Sinne kommt das Gewissen als Adressat in Betracht? Man kann heute nicht ein einhelliges Gewissensverständnis voraussetzen. Von emphatischer Berufung auf das Gewissen spannt sich ein weiter Bogen bis hin zu psychoanalytischer oder ideologiekritischer Destruktion des Gewissensbegriffs selbst[37]. Als Gesprächsbasis erscheint er unbrauchbar, es sei denn, an ihm entzünde sich die Problematik in einer Tiefe, von der her das gesamte Spektrum gegenwärtiger Gewissensauffassung in Frage gestellt wird. Das ist dann der Fall, wenn man Luthers Gewissensverständnis ins Spiel bringt.

a) Soweit man sich heute auf das Gewissen beruft oder an das Gewissen anderer appelliert, geschieht dies überwiegend in politischer Absicht, etwa bei der Wehrdienstverweigerung oder zur Rechtfertigung von Protestaktionen. Der Grundtenor ist ein moralischer Anspruch, wie auch immer er begründet sein mag, ob durch eine bestimmte religiöse Bindung oder einen inneren Werte- und Normenkodex, durch die Zugehörigkeit zu einer Lebensgemeinschaft oder die Unantastbarkeit der Selbsteinschätzung. Die gemeinsame Grundstruktur des Gewissensphänomens ist hier das Bestimmtsein durch ein forderndes Gesetz und die Ausrichtung auf die zu vollbringende Tat. Sofern das Gewissen nicht nur vorschreibt, sondern auch urteilt, besteht die Neigung, das zu Verurteilende am anderen dargestellt zu sehen, sich selbst aber als gerechtfertigt. An einem strengen ethischen Verständnis gemessen muß dies mangelhaft erscheinen. In der Tat droht heute dem Ethischen weithin die Einebnung in das Politische und damit dem Politischen der Verlust eines kritischen Gegenübers in Gestalt ethischer Besinnung. Dem entspricht nur scheinbar Luthers Gleichsetzung des Moralischen mit dem Politisch-Zivilen. Denn wenn dessen religiöse Verankerung entfällt, muß das Gewissen in irgendeiner Weise diese kritische Funktion übernehmen, kann sie aber nicht erfüllen, wenn es die Distanz zum Politischen verliert.

---

[37] Vgl. die Sammelbände: Das Gewissen als Problem, hg. von N. Petrilowitsch, WdF LXVI, 1966. Das Gewissen in der Diskussion, hg. von J. Blühdorn, WdF XXXVI, 1976.

Das Verständnis des Menschen, das darin wirksam ist, erfaßt ihn grundlegend als Täter. Sofern dabei sein Gottesverhältnis noch in Betracht kommt, wird es zu der Aufgabe moralisiert, das Ziel zu verwirklichen, das mit der Gottesvorstellung gesetzt ist. Das Christliche wird dann zur Erfüllung menschlicher Täterschaft, so daß umgekehrt die rechte menschliche Tat das Christliche verwirklichen muß, es freilich zugleich auch relativiert. Der dazu antreibende Gewissensappell findet am Politischen unerschöpflich Stoff. Man kann nicht leugnen, daß heute in vieler Hinsicht mit Recht das Gewissen wachgerüttelt und den Satten ins Gewissen geredet wird. Angst aber ist noch nicht Gewissensangst. Und fanatische Selbstsicherheit ist noch nicht Gewissensgewißheit. Der Gewissensdefekt unserer Zeit weist in eine Dimension, die dem heutigen Gewissensverständnis fremd ist.

b) Luther hat das moralische Verständnis des Gewissens durchbrochen[38]. Für ihn ist das Gewissen etwas Radikaleres als der ruhende Pol des Menschseins, der zur Orientierung und Kritik des Handelns dient. Diese Radikalisierung entspringt jedoch nicht gesteigerten Anforderungen an das einzelne Tun, vielmehr der Einsicht, daß all unser Tun vor Gott nicht bestehen kann, weil Gott das reine Herz fordert. Auch durch höchste Anstrengungen und Leistungen ist das nicht machbar. Die Herrschaft des Gesetzes im Gewissen treibt deshalb über das Fragen nach dem Tun des Menschen hinaus in eine tiefere Problemschicht: in die Frage nach dem Sein des Menschen, nach seiner Person. Gewissen – das ist die Konfrontation des Menschen selbst mit Gott selbst, das Präsentwerden des jüngsten Gerichts. Aussagbar wird dies aber allein von daher, daß durch das Evangelium Christus vom Gewissen Besitz ergreift. Dadurch wird nicht etwa ein unvollkommenes Gesetz durch ein besseres ersetzt, vielmehr die Herrschaft des Gesetzes durch die Herrschaft Christi abgelöst. So wird das Gewissen zur Stätte des Kampfes um die letztgültige Wahrheit über den Men-

---

[38] Vgl. meinen Aufsatz: Theologische Erwägungen über das Gewissen, WG I, 429–446, sowie den o. Anm. 9 zitierten Aufsatz, 25–29. Dort auch weitere Literaturhinweise.

schen: ob er sich seiner selbst vergewissern muß durch seine Leistungen oder ob er Gewißheit empfängt durch den Glauben an
Christus als Gottes Heilstat; ob er seinen Stand in sich hat zur
Selbstverwirklichung oder ob er, frei von der Sorge um sich selbst,
durch den Glauben sein Sein in Christus hat und deshalb auch von
der Eigensucht frei wird für die Liebe zum Mitmenschen. Das
Gewissen ist für Luther der Ort dieses Befreiungsgeschehens, das
so lange währt wie das irdische Leben. Denn auch der Christ bleibt
als von Gott Gerechtgesprochener in sich Sünder. Und selbst so
verstanden, sind die Christen, weil allein auf den Glauben gestellt,
sogar in der Christenheit eine Minderheit[39]. Aber dennoch gibt es
das: Glaube als gutes Gewissen[40], eine Gewissensgewißheit, die
Gott größer sein läßt als unser Herz samt allem, was daraus hervorgeht, eine souveräne Gewissensfreiheit, die nicht zu der Forderung
verkümmert, ungehindert und straffrei der eigenen Überzeugung
gemäß leben zu dürfen, die vielmehr getrost und tapfer gelebt wird
ohne Rücksicht auf die Widerstände und Folgen.

2. a) Angesichts der alarmierenden politischen Bedrängnis, in
der sich die Welt befindet, erscheint es schwer erträglich, wenn die
Auffassung des Menschen als Täters und der Appell zum Handeln
mit einem Vorbehalt versehen werden, während der Zuspruch
empfangenden Glaubens den Vorrang haben soll. Wenn es brennt,
gelte doch nichts als zupacken und löschen. Wer schläft, müsse
geweckt werden. Gewiß, wann und wie es an der Zeit ist! Man hüte
sich aber vor trügerischer Eindeutigkeit! Es erscheint so eindeutig,
gegen das Böse zu Felde zu ziehen, wo immer es auftritt. Die
Bestimmung des Bösen erscheint so klar, wenn man etwa an die
Unterdrückten und die für sie Engagierten denkt. Und es scheint
sich mit dem Christlichen völlig zu decken, in dieser oder jener
Hinsicht den Kreuzzug gegen das Böse zu führen, je nachdem
gewaltlos oder notfalls mit Gewalt. Stets jedoch haben diejenigen,

---

[39] Z.B. WA 11; 251,35–37 = BoA 2; 367,5f = IL 4,46 (Von weltl.
Obrigk., 1523), zitiert o. S. 7.
[40] WA 20; 718,19f (Vorl. 1. Joh, 1527): . . . fides nihil aliud quam
bona conscientia.

die in solchem Aktivismus das konsequente Christentum sehen, bezeichnenderweise in Frage gestellt, daß Christen an den normalen Funktionen des Staates mittun können. Warum eigentlich? Doch wohl infolge einer Ungeduld, die sich nicht in die göttliche Toleranz[41] fügt, weder in die der Welterhaltung noch in die des erlösenden Leidens und Sterbens am Kreuz. Eben diese Ungeduld wehrt sich gegen die Unterscheidung dessen, was nicht getrennt werden kann, aber auch nicht vermischt werden darf: dessen, „was fromm macht", und dessen, „was äußerlich Frieden schafft und bösen Werken wehrt"[42]. Die Welt mit dem Evangelium regieren[43] – darin hat Luther recht! – heißt, beides verkennen und beides verderben. Und der Trug der Eindeutigkeit macht für das Wesen der Sünde ebenso blind wie dafür, daß Christus für alle gestorben ist, für die Unterdrückten und die Unterdrücker. Denken wir darüber nach, so lernen wir die Grenzen unseres Handelns nüchtern einzuschätzen, aber auch die alle Schemata überschreitende Macht der Liebe nicht zu unterschätzen, die aus dem Glauben als dem guten Gewissen hervorgeht.

b) Was der Christ im Glauben von Gott empfangen hat, kann sein Tun zu nichts anderem bestimmen als zur Liebe. Denn die Liebe ist die Erfüllung des Gesetzes in doppeltem Sinne. In ihr ist alles summiert und zentriert, was an Gewissensforderungen auf uns

---

[41] S. o. S. 111–120.

[42] WA 11; 252,13f = BoA 2; 367,19f = IL 4,46 (Von weltl. Obrigk., 1523).

[43] WA 11; 251,22–31 = BoA 2; 366,28–38 = IL 4,45 (Von weltl. Obrigk., 1523): Wenn nu yemand wollt die wellt nach dem Euangelio regirn und alle welltliche recht und schwerd auffheben und fur geben, sie weren alle getaufft und Christen, unter wilchen das Euangelion will keyn recht noch schwerd haben, auch nicht nott ist – lieber, radt, was würde der selb machen? Er würde den wilden bößen thieren die band und keten aufflößen, das sie yderman zu ryssen und zu byssen, und daneben furgeben, es weren feyne zame korre thierlin. Ich würde es aber an meynen wunden wol fülen. Also würden die bößen unter dem Christlichen namen der Euangelischen freyheytt mißbrauchen, yhr büberey treyben unnd sagen, sie seyen Christen und keym gesetz noch schwerd unterworffen, wie itzt schon ettlich toben und narren.

einstürmt. Mit der im Glauben empfangenen Liebe Gottes ist uns aber auch vorbehaltlos geschenkt, was das erschrockene und geängstete Gewissen zum Frieden und die anklagende Stimme des Gesetzes zum Schweigen bringt. Die Skrupel, ob denn die Auslegung des Liebesgebots in der Bergpredigt mit den politischen Realitäten vereinbar sei, hat Luther nicht verdrängt, sondern durch geistliche Einsicht überwunden[44]. Der Gehorsam gegen die Obrigkeit sei ebenso ein Werk der Liebe wie einen Nackten zu kleiden und einen Hungrigen zu speisen[45]. Und im weltlichen Amt selbst wird der Christ besonders dringend gebraucht. Denn angesichts der hier drohenden Gefahr eigensüchtiger Machtausübung bedarf es eines befreiten und getrosten Gewissens, das dazu instandsetzt, den stellvertretenden öffentlichen Dienst für andere kraft einer Liebe wahrzunehmen, die nicht das Ihre sucht. Hier ist gewiß unter anderen Bedingungen Liebe zu üben als da, wo in eigener Sache der Verzicht auf Gewaltausübung und auf Rechtsanspruch geboten ist, und natürlich erst recht – das sei zur Naivität politischer Romantiker bemerkt – in anderer Weise als da, wo Zärtlichkeit am Platze ist. Die im Glauben gründende Liebe vermag dies ohne weiteres zu erkennen und zu bejahen. Die notwendige Verschiedenheit zwischen strenger Rechtswahrung und hingebungsvoller Liebe sieht wohl jeder ein, der nicht illusionistisch verwirrt ist. Was aber auch der nüchtern Urteilende schwer begreift, ist die durchaus nicht selbstverständliche Möglichkeit, das harte Geschäft des Politischen kraft einer Liebe auf sich zu nehmen und auszuüben, die verantwortungsvoll auf das Leben der von Amts wegen Anvertrauten bedacht ist. Luther hat dies zunächst gegen die traditionelle Legitimierung einer zweistufigen christlichen Ethik der Gebote und der

---

[44] Vgl. dazu besonders die Thesen zur Zirkulardisputation über Mt 19,21 (1539): WA 39,2; 39ff. Ferner: WA 18; 391,30–32 = BoA 3; 83,22–24 = IL 4, 156 (Sendbrief von dem harten Büchlein, 1525): Drumb hat die schrifft feyne, reyne augen und sihet das welltlich schwerd recht an, als das aus grosser barmhertzickeyt mus unbarmhertzig seyn und fur eytel gute zorn und ernst uben . . .

[45] WA 20; 579,9f 32f (Pred., 1526). S. auch WA 19; 625,26–29 = BoA 3; 320,1–4 = IL 4, 176 (Ob Kriegsleute . . ., 1526).

darüber hinausgehenden Räte durchgekämpft; sodann gegen die schwärmerische Undifferenziertheit christlichen Handelns, die je nachdem zur Flucht aus dem Politischen treibt oder zu der schnell in Gewalttätigkeit umschlagenden Verwandlung des Christlichen in ein politisches Programm. Sogar die sächsischen Herzöge waren in einer kritischen Phase von diesem verführerischen Gift der Schwärmerei infiziert[46]. Die Teilhabe am weltlichen Regiment, wenn aus Glauben in Liebe gelebt, wird zu einer Erfahrung des Lebens unter dem Kreuz: zu ständigem Angewiesensein auf Vergebung der eigenen Sünde und nicht selten zum Ertragen äußerer Anfeindung und innerer Anfechtung, wozu schließlich – Anlaß dazu ist zwar weniger häufig – dies gehört, daß man Erfolg und Ruhm nicht seiner Seele zum Schaden werden läßt. Auch in dieser Hinsicht steht für den Christen das Verhältnis zur Welt im Zeichen des Kreuzes.

3. a) Was darf man, was muß man von einer Unterrichtung der Gewissen erwarten? Befindet man sich im Banne jenes trivialen Verständnisses, wonach das Gewissen auf die einzelne Tat gerichtet ist, so besteht zweierlei Nötigung zur Unterweisung: ein Defizit entweder des Willens oder des Wissens. Im ersten Fall genügt der erinnernde Appell, nun auch zu tun, was man doch weiß. Im andern Fall bedarf es der Belehrung, damit man weiß, was zu tun sei. Beidemal drängt es zur Konkretion. Der Aufruf zur Tat wird um so wirksamer, je konkreter die Umstände vor Augen treten, die

---

[46] Zu den Vorgängen, die Luthers „Brief an die Fürsten zu Sachsen von dem aufrührerischen Geist" (1524) veranlaßten, s. die Einleitungen zu diesem Text: WA 15; 199 ff. 210 ff = IL 4,85 ff. Ferner Kunst (s. o. Anm. 11) 52 ff. Im übrigen ist zu beachten, wie hoch nicht nur Herzog Johann, dem Luther die Schrift „Von weltlicher Obrigkeit, wie weit man ihr Gehorsam schuldig sei" (1523) gewidmet hatte, sondern auch Friedrich der Weise dieses Buch schätzte, WA 30,2; 109,16–19 (Vom Kriege wider die Türken, 1529): . . . mein Gnedigster Herr, Hertzog Friderich seliger gedechtnis, ward so fro, da ich zu erst von weltlicher Oberickeit schreib, das er solch Büchlin lies abschreiben, sonderlich einbinden und seer lieb hatte, das er auch mocht sehen was sein stand were fur Gott.

zum Handeln herausfordern. Die Anweisung zur Tat erscheint um
so hilfreicher, je genauer und eindeutiger über das Tun Auskunft
gegeben wird. Beispiele aus den politischen Tagesthemen drängen
sich auf, lassen aber zugleich die Grenzen erkennen, die dem
Wunsch nach konkreter Unterrichtung gesetzt sind. Das Schauer-
bild der Raketenzahlen und des Inferno, das da droht, ist so fürch-
terlich, daß an einem Nein dazu gar nicht zu deuteln ist. So konkret
dies aber in bezug auf die Umstände und die entsprechende Entscheidung erscheint, so gespensterhaft abstrakt ist es doch in solcher Isoliertheit. Wie erhält man propagandafreie Information?
Wie soll man als Nichtfachmann das Ineinander technologischer
und strategischer Aspekte beurteilen können? Wie lassen sich politische Reaktionen auf ein Übermaß an Bedrohung oder auf ein
Vakuum der Erpreßbarkeit voraussehen, zumal bei Mächtegrup-
pen von grundverschiedener Struktur und Moral? Wie verhält sich
angesichts all dessen die Gewissenssituation irgendeines Demon-
stranten zu der Gewissenssituation dessen, der hier verantwortlich
und von Amts wegen zu entscheiden hat? Statt das Problem etwa zu
verharmlosen, machen diese Fragen es nur um so schwieriger. Was
generell und was differenziert dazu zu sagen wäre, beschreibt nur
von verschiedenen Seiten aus eine z. Zt. unlösbare Aporie.

An diesem Beispiel kann man sich klarmachen, wie fragwürdig
die Faszination des Konkreten ist. Man meint oft, es sei das Einfache und Evidente, und es ist doch meist das Allerkompliziertestte,
undurchschaubar zusammengewachsen aus unendlich vielen Kom-
ponenten. Das Handgreifliche hat den Anschein des Allerwirklich-
sten, während sich das Entscheidende doch im Verborgenen vollzieht. Vor allem aber droht die Handlungsanweisung, je bestimmter sie ist, desto eher zu indoktrinieren und von der Gewissensver-
antwortung zu entbinden, anstatt zu ihr zu befreien. Deshalb wird
im Meinungsstreit um bestimmte politische Entscheidungen so selten der Punkt erreicht, daß das Gewissen getroffen ist, statt daß
man bloßen Vorurteilen oder Angst- und Wunschvorstellungen
folgt. Wo immer man sich auf das Gewissen beruft, gehören drei
Momente untrennbar zusammen: der Mut zum eigenen Hinstehen,
auch wenn man dabei allein bleibt; das Bereitsein zur Rechenschaft

bis an die Grenzen der Fähigkeit, seinen Verstand und sein Herz zu prüfen sowie andere anzuhören; und schließlich das Ja zu den Folgen, auch wenn sie bitter sind. Diese drei Momente sind eins im Begriff der Verantwortung. Er erfaßt den Menschen in Hinsicht auf sein Eingebundensein in das Ganze wesenhaft als Einzelnen.

b) Das Problem der Konkretion und der Grundsatz der Verantwortung rücken nun aber noch in ein anderes Licht, wenn das moralische Gewissensverständnis zum theologischen hin transzendiert wird. Erst dann wird die Frage nach dem spezifisch christlichen Beitrag zum Politischen erreicht. Wenn sich Luther grundsätzlich nur für das zuständig weiß, „was das Gewissen betrifft", so versteht er darunter das Sein des Menschen vor Gott, also nicht primär einen bestimmten Gewissensrat, eine Äußerung darüber, was konkret zu tun sei, vielmehr eine Erhellung der Gewissenssituation, wie der Mensch mit seinem Tun und auch mit seiner Ratlosigkeit in der Welt vor Gott dran ist. Die Unterrichtung der Gewissen zielt also auf den Schnittpunkt dieser beiden Relationen des Menschseins „vor der Welt" und „vor Gott" und darum zugleich auf den Brennpunkt des Wortes Gottes in seinen zwei Weisen als Gesetz und Evangelium. Was darüber theologisch zu lehren ist, gehört seinen Grundzügen nach zur Unterrichtung der Gewissen. Eine Hauptschuld an dem gegenwärtigen Orientierungschaos der Christenheit liegt in der Diskriminierung von Lehre, in der Vernachlässigung christlicher Unterweisung. Daß diese grundsätzliche Unterweisung, wie Luther zugesteht, das Leichtere ist, rechtfertigt nicht, es zu unterlassen. Denn das Schwerere, die Gewissensunterrichtung im konkreten Fall[47], wird durch solche Unterlassung nicht bloß noch schwerer, sondern unmöglich gemacht. Das Schwere an solcher Unterrichtung der Gewissen ist die Anwendung

---

[47] Zur Veranschaulichung von Luthers eigener Belastung in dieser Hinsicht, WAT 2; 191,24–28 (Juni/Juli 1532): Jtzund ist mein hochste vexatio die politia, den der Teufl kan mir nichts abgewinnen vnd will mir nun politiam auf mein hals laden vnd mein conscientz damit perturbirn. Rath ich, so volgt man mir nicht, vnd sprechen, ich woll regirn; rat ich nicht, so mus ich ein conscientz dauon haben. Weis nicht, wo aus damit!

theologischer Urteilskraft auf eine bestimmte Lebenssituation. Denn hier liegt alles ineinander verknäuelt: das Sein vor Gott und das Sein vor der Welt, das Fordern und Anklagen des Gesetzes und das Verheißungswort des Evangeliums. Hier der Wirrnis zu steuern und durch geistliches Unterscheiden alles in rechter Weise aufeinander zu beziehen, ist eine Aufgabe, zu der auch theologische Bildung wenig taugt ohne den Beistand des heiligen Geistes. Das Kriterium solcher Gewissensunterrichtung ist, daß die Gewissen nicht vergewaltigt, sondern befreit werden; nicht verunsichert oder in vermessener Weise sicher gemacht, sondern gewiß; nicht traurig und resigniert, sondern getrost und trotz allem voll Hoffnung.

Wir halten uns jetzt allein an einige Hauptgesichtspunkte, die bei Luthers Gewissensunterrichtung in politischen Problemsituationen eine Rolle spielen und an denen deutlich wird, wie das Christliche in das Politische eingreift.

Zum einen unterscheidet Luther die Kompetenzen von Glaube und Vernunft[48]. Die ratio darf sich nicht in das Gottesverhältnis mischen, sich aber auch nicht in die Abhängigkeit von einem Pseudoglauben begeben. In den Grenzen ihrer Zuständigkeit soll sie dem Menschen dazu dienen, das ihm Erkennbare und Verfügbare fachmännisch abzuklären und zu meistern, muß dabei aber in der Disziplin der Verantwortung bleiben. Zu solchem Gebrauch der Vernunft hilft dem Menschen der Glaube. Auf diese Weise würde sich der Streit der Fakultäten erübrigen, käme es nicht eben doch immer wieder zu Grenzüberschreitungen, wie sie etwa den Hintergrund von Luthers Auseinandersetzung mit den Juristen bilden.

Zum andern empfiehlt Luther nachdrücklich als regulatives Prinzip allen Regierens die Billigkeit im Sinne von aequitas bzw. epieikeia[49], die Verhältnismäßigkeit der Mittel, die Flexibilität und

---

[48] Vgl. meinen Aufsatz: Fides occidit rationem. Ein Aspekt der theologia crucis in Luthers Auslegung von Gal 3,6, in: Theologia crucis – signum crucis. FS E. Dinkler, hg. von C. Andresen und G. Klein, 1979, 97–135. Ferner LuSt II, 2; 263–277: § 19 Luthers ratio-Verständnis im Kontrast zur scholastischen Zweistufigkeit der ratio.

[49] Z. B. WA 19; 632,8–16 = BoA 325,15–23 = IL, 4,184 (Ob Kriegsleute . . ., 1526): Solche tugent odder weisheit, die also kan und

Menschlichkeit im Umgang mit dem Recht. Deshalb sei der lebendige Rechtssinn höher zu schätzen als ein starres Insistieren auf
dem Buchstaben[50]. Diese Direktive räumt der Charakterbildung
und der Zivilcourage einen höheren Stellenwert im politischen
Leben ein als der Perfektion des Apparats und seiner Funktionäre.

Zum dritten ist ein ergreifendes und bewegendes Element in
Luthers Gewissensunterrichtung die Mahnung zur Geduld: Man
solle nichts übereilen, nicht zu viel in die Zukunft hinein präventiv
unternehmen und dadurch Gottes Handeln vorgreifen wollen[51],

---

[50] sol das strenge recht lencken und messen, nach dem sich die felle
begeben, und einerley guts odder böses werck nach unterscheid der
meinunge und der hertzen richtet, Die heyst auf Kriechisch ‚Epiikia‘,
auf Latinisch ‚Equitas‘. Ich nenne sie ‚Billicheit‘. Denn weil das recht
mus und sol einfeltiglich mit dürren, kurtzen worten gestellt werden,
kan es gar nicht alle zufelle und hindernis mit einfassen. Derhalben die
richter und herrn müssen hie klug und frum sein und die Billicheit aus
der vernunfft messen und also denn das recht lassen gehen odder
anstehen. WA 51; 206,13–15 (Ausl. d. 101. Ps, 1534/35): Es ist besser zu
viel gnade denn zu viel straffe. Denn zu viel gnade kan man wider
einzihen und wenigern. Aber die straffe kan nicht wider zu rücke
komen, sonderlich wo es leib und leben oder glidmas betrifft.

[50] WA 11; 279,26–34 = BoA 2; 393,22–31 = IL 4,83f. (Von weltl.
Obrigk., 1523): Denn wo du der liebe noch urteylest, wirstu gar leycht
alle sachen scheyden und entrichten on alle recht bücher. Wo du aber
der liebe unnd natur recht auß den augen thust, wirstu es nymmer mehr
so treffen, das es Gotte gefalle, wenn du auch alle recht bücher und
Juristen gefressen hettist, Sondern sie werden dich nur yrrer machen,
yhe mehr du yhn nach denckest. Eyn recht gut urteil das muß und kan
nicht auß büchern gesprochen werden, sondern aussz freyem synn
daher, als were keyn buch. Aber solch frey urteyl gibt die liebe und
naturlich recht, des alle vernunfft voll ist. Auß den büchern komen
gespannen und wanckende urteyl.

[51] Z. B. in Sachen des Widerstandsrechts gegen den Kaiser, WAB
5;209f Nr. 1511, 34–43 (an Kurf. Johann, 24. 12. 1529): ...zu felde
zihen vnd sich zur wehre stellen sol nicht geschehen, Es sey denn
thettliche gewalt odder vmmeydliche not furhanden. Solchs aber zu
frue auszihen vnd sich wehren wollen wird nicht fur not wehre, sondern
fur reitzung vnd trotzen angesehen widder die, so noch still sitzen vnd
nichts gethan haben. Nu ists ja offenbar, das k. Mt. noch keine mandata

vielmehr im Vertrauen auf ihn sich auf das konzentrieren, was gegenwärtig zur Entscheidung steht. „Der Christen Weisheit und Stärke ist es, nicht ohne gewissen Beruf eilen, sondern im Glauben still halten und der Zeit erwarten. Menschliche Furcht eilt und läuft sich ab [müde]."[52] Zumal in Sachen des Evangeliums sei darauf zu bauen, daß es sich aus eigener Kraft durchsetzt. Mahnungen solcher Art zielen auf Frieden bei äußerster Kompromißbereitschaft in den Dingen, die nicht das Gewissen betreffen. So stahlhart Luther in Sachen des Glaubens kein Nachgeben kannte, so entgegenkommend war er, ungleich nachgiebiger als die Politiker der protestantischen Stände, wenn nur unbeschadet des Evangeliums einigermaßen Friede gewahrt bleibt[53]. Ausgerechnet ein Geächteter zollte dem Kaiser höchsten Respekt. Gegenüber politischer Sicherung seines Werkes war der Reformator stets der Hemmende.

---

hat widder diese fursten lassen ausgehen, Vnd ob sie schon ausgangen weren odder ausgehen wurden, were darumb noch nicht die acht gangen. Zwisschen solchem aber allem kan viel wasser verlaufen Vnd Gott wol viel mittel finden, vielleicht auch durch ihenes teil nach friden lassen handeln. WAB 5;699,56–59 (an Kurf. Johann, 12. 12. 1530): Es sind schwere Sachen, das weis Gott. Aber Gott helffe vns, das wir sie nicht viel schwerer machen eben damit, da wir sie mit leichter machen wollen. Es stehen doch zukunfftige ding nicht ynn menschen wissen noch gewallt... Zum Grundsätzlichen z. B. WA 40,3;236,8–11 (Stuf. Ps, 1532/33): ... Politiam et oeconomiam esse nobis commendatam, sed sic, ut simus instrumenta divinae maiestatis vel cooperatores, non principia, operatores istarum divinarum et maximarum rerum. Ebda. 253,5–9 (zu Ps 127,2): Pius non solum dormit in nocte sed toto tempore vitae, lesst ghen, ut deus macht, fruitur donis et sinit se instrumentum et dat deo gloriam, ille dormit et habet omnia tanquam in quiete, ocio et omnia faciendo nihil facit et nihil faciendo omnia facit.

[52] WAB 10;637 Nr. 4020,76–79 (Gutachten für Kurf. Joh. Friedrich, 1. Hälfte August 1544).

[53] Das Hauptbeispiel ist Luthers Eintreten für den Nürnberger Religionsfrieden 1532 entgegen allen politischen Bedenken. Vgl. Wolgast (s. o. Anm. 11) 203 ff. Die charakteristischsten Äußerungen Luthers in WAB 6;308–311 (an Kurf. Johann, vor 16. 5. 1532), 325–327 (an denselben, 29. 6. 1532) und ·332 (an Kurprinz Joh. Friedrich, 29. 6. 1532).

Das steht zwar unter den politischen Bedingungen des 16. Jahrhunderts, gibt aber auch heute für das Verhältnis zu Staat und Frieden einiges zu denken.

Schließlich bringt der Christ das Ja zu Kreuz und Leiden in das politische Leben ein: wenn nötig, Unrecht zu ertragen und Opfer zu bringen und auf jeden Fall mit wenigem zufrieden zu sein[54]. Der egoistische Kampf ökonomischer Interessen als das fälschlicherweise bestimmende Element des politischen Gemeinwesens und die absolute Unwilligkeit und Unfähigkeit, freiwillig zugunsten anderer oder des Ganzen auch nur bescheidene persönliche Nachteile hinzunehmen und Verzicht zu leisten, waren für Luther in den Erscheinungsformen seiner Zeit ebenfalls nichts Unbekanntes, für ihn aber etwas entschieden Unchristliches[55].

Erscheinungen unserer Zeit drängen sich als Anwendungsbeispiele auf: der rücksichtslose Kampf für Reallohnsteigerung und

---

[54] WA 11;271,35–272,5 = BoA 2;386,13–19 = IL 4,73 (Von weltl. Obrigk., 1523): Welcher nu eyn Christlicher furst sein will, der muß warlich die meynung ablegen, das er hirschen und mit gewallt faren wolle. Denn verflucht und verdampt ist alles leben, das yhm selb zu nutz und zu gutt gelebt und gesucht wirt, verflucht alle werck die nit ynn der liebe gehen. Denn aber gehen sie ynn der liebe, wenn sie nicht auff eygen lust, nutz, ehre, gemach und heyl, sondern auff anderer nutz, ehre und heyl gericht sind von gantzem hertzen. WA 18;310,10f = BoA 3;56,37f = IL 4,114 (Ermahnung zum Frieden, 1525): Leyden leyden, Creutz Creutz ist der Christen recht, des vnd keyn anders. WA 25;140,35f (Vorl. Jes 1527/29, Schol. 1532/33): Politicus... locus est, ut discamus paucis contenti esse.

[55] WA 15;295,20–28 = BoA 3;3,27–35 (Von Kaufshandlung u. Wucher, 1524): Es sollt nicht so heyssen ‚Ich mag meyne wahr so theur geben, als ich kan odder wil‘, Sondern also ‚Ich mag meyne wahr so theur geben, als ich soll odder alls recht und billich ist‘. Denn deyn verkeuffen soll nicht eyn werck sein, das frey ynn deyner macht und willen on alle gesetz und mas stehe, alls weristu eyn gott, der niemand verbunden were. Sondern weyl solch deyn verkeuffen eyn werck ist, das du gegen deynem nehisten ubest, soll es mit solchem gesetz und gewissen verfasset seyn, das du es ubest on schaden und nachteyl deynes nehisten, Und viel mehr acht haben, das du yhm nicht schaden thust, denn wie du gewynnest.

gegen ihren auch nur kurzfristigen Aufschub; die fehlende Bereitschaft, auf Kosten der eigenen Bequemlichkeit Energie zu sparen
und etwas mehr eigene Energie einzusetzen, um den zweifellos
hohen Preis für den allseits geforderten Umweltschutz zu entrichten; die Weigerung, notfalls zusätzlich eine Stärkung der konven-
tionellen Defensivrüstung zu finanzieren, um sich, soweit möglich,
den Zwängen der Nuklearstrategie zu entwinden, oder wirtschaftli-
che Nachteile in Kauf zu nehmen, um nicht einem möglichen
Gegner Material zur Aufrüstung oder zu Pressionen zu liefern; und
schließlich die erschreckende Verblendung gegenüber der sonnen-
klaren Einsicht, daß die Bäume nicht in den Himmel wachsen, der
Wachstumsrate Grenzen gesetzt sind und wir uns auch durch einen
neuen Wirtschaftsaufschwung nicht über die Notwendigkeit täuschen lassen dürfen, endlich Konsequenzen zu ziehen und dem
Katastrophengefälle unserer zivilisatorischen Lebensgewohnhei-
ten sowie der seelischen Aushöhlung und der Kriminalisierung
unserer Gesellschaft Einhalt zu gebieten. Angesichts all dessen
sollten die Christen mit Hingabe vorangehen. Das ist selbstverständlich, – obschon man zuweilen Gegenteiliges hört, z. B. daß
Pfarrer nicht bereit sind, zugunsten sonst nicht anstellbarer junger
Amtsbrüder auf das dreizehnte Monatsgehalt zu verzichten.

Die bei Luther erkennbaren politischen Implikationen christlicher Gewissensunterrichtung sind gewiß nicht spektakulär. Zudem
kann man ihnen leicht Ambivalenz vorwerfen: Ist die Vernunft nun
doch vom Glauben gegängelt oder von ihm emanzipiert? Ist es
Lässigkeit oder Weisheit, wenn man großzügig durch die Finger
sieht? Kann man aus dem Gottvertrauen nicht ebenso den Mut zu
einem kühnen politischen Wagnis herleiten wie zu behutsamem
Abwarten? Und schillert nicht Leidensbereitschaft zwischen Fanatismus und Quietismus? In der Tat gerät man hier schnell in die
Zweideutigkeiten des Lebens, von denen kein Gewissen dispensiert ist, an denen es vielmehr das Material seiner Entscheidungen
hat. Je direkter in Ermessensfragen die Gewissensunterrichtung
bestimmte Verhaltensweisen suggeriert, desto weiter entfernt sie
sich von ihrer evangeliumsgemäßen Aufgabe. Allerdings hat das
öffentliche Predigtamt öffentliches Unrecht zu tadeln, unabhängig

nach allen Seiten. „Soviel es mein Amt des Lehrens betrifft, gilt mir ein Fürst ebensoviel wie ein Bauer."[56] Die Ausübung dieses Amtes in Verkündigung, Unterweisung und Seelsorge erfordert zweifellos ein hohes Maß auch an Einsicht in die Situation und an geistlichem Takt, also an eigener Gewissenserfahrung. Meint jemand jedoch, im Besitz prophetischer Gabe die gegenwärtige geschichtliche Situation daraufhin zu durchschauen, wie ihre Zukunft zu deuten und zu bewältigen sei, so rede er auf eigene Gefahr, wenn er muß, nicht aber unter Berufung auf sein geistliches Amt. In der Christenheit gibt es wohl gelegentlich prophetische Gaben, aber kein geordnetes prophetisches Amt. Denn für das Gewissen haben wir kein anderes gewiß machendes Wort als die Bezeugung des Evangeliums. Dadurch wird zwar die Unsicherheit des politischen Lebens und Handelns nicht behoben. Diese Unsicherheit verliert aber den hypnotischen Effekt der Hoffnungslosigkeit und wird tragbar kraft der Gewißheit des Glaubens. Was die Kirche in dieser Hinsicht geistlich schuldig bleibt, ist durch keine Mitwirkung an politischen Aktionen aufzuwiegen. Je beunruhigender die politischen Perspektiven werden, desto dringender ist die Kirche zu ihrer eigentlichen Sache gerufen.

---

[56] WA 18;393,22f = BoA 3;85,14f = IL 4,159 (Ein Sendbrief von dem harten Büchlein, 1525). WA 31,1;198,12–14 (Der 82. Ps ausgel., 1530): Denn das predig ampt ist nicht ein hofe diener odder baurn knecht. Es ist Gottes diener und knecht und sein befelh gehet uber herrn und knecht…

Die gemeinsame Liebe zu einer Hundertjährigen*

Der Dankbarkeit Ihnen gegenüber, hochverehrte, liebe Frau Petersen, und der freundschaftlichen Verbundenheit mit Ihnen möchte ich in der Form eines Briefes öffentlich Ausdruck geben. Darin soll von unserer vornehmsten Gemeinsamkeit die Rede sein, der Sorge für die Kritische Gesamtausgabe der Werke D. Martin Luthers, die sogenannte Weimarer Ausgabe, und unserer Liebe zu ihr.

Dem Vorwort, das mein Vorgänger im Amt des Präsidenten der Kommission zur Herausgabe der Werke Martin Luthers, Hanns Rückert, dem ersten von ihm mitverantworteten Band der Ausgabe vorangestellt hat (Abt. Deutsche Bibel Bd. 8, erschienen 1954; das Vorwort wurde wohl schon 1952 oder 1953 verfaßt), fügte er den Wunsch bei: „Möge es uns vergönnt sein, das große Werk, das in diesem Jahr seinen 70. Geburtstag feiert und in dessen Geschichte sich die Bewegungen und Katastrophen dieser Zeit widerspiegeln, im Frieden und in ungestörter Arbeit zu Ende führen." Damals noch hoffte Hanns Rückert, in etwa 8–10 Jahren könne die ganze Ausgabe abgeschlossen werden. Inzwischen tritt nun das gewaltige Editionsunternehmen – in dem Zeitpunkt, da ich dies schreibe, umfaßt es 108 Bände von durchschnittlich etwa 700 Seiten Umfang – in sein hundertstes Jahr, während wir beide, liebe Frau Petersen, die wir demselben Jahrgang angehören, jetzt das damalige Alter der Weimarer Ausgabe erreicht haben. An deren Gedeihen gemessen, war es übrigens ein guter Jahrgang, übertroffen nur vom Jahre 1914, in dem – eine Spitzenleistung! – 6 Bände erschie-

* Erschienen in: Genio huius loci. Dank an Leiva Petersen, hg. von D. Kuhn und B. Zeller, 1982, 11–16.

nen, während im Jahre 1912 ebenso wie 1910 je 5 Bände herauskamen. Diese günstige Konstellation bei unserer Geburt mag ein providentielles Vorzeichen dessen sein, daß uns – Ihnen als der Verlegerin und mir als | dem derzeitigen Kommissionspräsidenten – nicht nur die Aufgabe, sondern auch das Glück zufällt, die Edition, so Gott will, wirklich ihrem Abschluß zuzuführen.

Vorerst freilich überwiegt angesichts der Fünfhundertjahrfeier von Luthers Geburt und des nicht zufällig in das gleiche Jahr 1983 fallenden hundertsten Geburtstages der Weimarer Ausgabe die Angst, wie alles noch zu schaffen sein mag. Das erst anlaufende, wenn auch seit langem schon gründlich vorbereitete Register zur Abt. Schriften stellt ohnehin ein gesondertes Publikationsvorhaben dar. Aber auch das, was im strengen Sinne zum definitiven Abschluß der Ausgabe gehört, kann nur mit größter Anstrengung rechtzeitig zum Jubiläumsjahr fertiggestellt werden. Ich weiß, wieviel Kummer Ihnen das bereitet und daß Sie mit äußerster Energie das Ziel anstreben allen Hindernissen zum Trotz. Und das in einer Zeit, in der man Ihnen gönnte, mit mehr Muße Ihren eigenen wissenschaftlichen und privaten Neigungen nachzugehen. Da also erst noch im Endspurt begriffen, haben wir kein Recht, schon Bilanz zu ziehen. Über die Geschichte der Weimarer Ausgabe wird bei anderem Anlaß zu reden sein. Ihre Mitwirkung an dieser Geschichte macht einen gewichtigen Teil Ihrer Biographie aus und kann schon deshalb von mir jetzt nicht gebührend gewürdigt werden. Nur andeutungsweise will ich erwähnen, was der Kommission und mir selbst Anlaß gibt, Ihnen zu danken, und was jeder Benutzer der Weimarer Ausgabe Ihnen unwissentlich verdankt.

Unserer Generation scheint es ein schlechtes Zeugnis auszustellen, daß während der ersten 60 Jahre – von 1883 an bis in den Zweiten Weltkrieg hinein – 90 Bände erschienen sind und in den knapp vier Jahrzehnten seither nur noch 18. Die Gründe für dieses Mißverhältnis liegen aber u. a. in einer enormen Steigerung der wissenschaftlichen Ansprüche im Vergleich zu den Anfängen der Weimarer Ausgabe, einer Steigerung, die durch diese Edition selbst ausgelöst worden ist, und ferner in verschiedensten jetzt nicht näher zu schildernden Schwierigkeiten, mit denen unsere

Arbeit zu kämpfen hatte und noch hat. Gerade Sie, liebe Frau Petersen, haben mit erstaunlichem Elan gleich nach dem.Kriege, ohne daß Ihnen die erst 1950 wieder neu ins Leben gerufene Kommission zur Seite stehen konnte, in eigener Initiative die Arbeit fortgesetzt und drei Bände herausgebracht. Sie waren dann bald regelmäßig Teilnehmerin an den jährlichen Kommissionssitzungen als eine Partnerin, die nicht nur Verlagsinteressen vertrat, sondern als wis|senschaftlich hochqualifizierte, erfahrungsreiche Persönlichkeit auch an der Gesamtverantwortung mittrug, so daß es eine Selbstverständlichkeit war, Sie auch formell in die Kommission selbst mit aufzunehmen. Was sich mir seit 1955 zunächst aus der Perspektive eines Kommissionsmitgliedes darstellte, hat sich mir dann, seit ich 1969 Hanns Rückert in der Gesamtleitung ablöste, vielfach bestätigt und vertieft: An dem zielstrebigen Fortgang der mühevollen Endphase der Weimarer Ausgabe haben Sie, liebe Frau Petersen, ein Hauptverdienst.

Das ist Ihnen um so höher anzurechnen, als sie selbst, Ihrem eigenen Fach nach Archäologin und Latinistin und als Verlegerin mit Problemen der Historie, Jurisprudenz und Germanistik befaßt, keine Luther-Spezialistin sind. Aber gerade so brachten Sie die Weite kultureller Ausstrahlung mit zur Geltung, die für die Luther-Edition wesentlich ist. Obwohl die nun nahezu Hundertjährige zweifellos oft, wenn ich so sagen darf, Ihr Sorgen- und Schmerzenskind war, haben Sie ihr doch, so will mir scheinen, die Hauptliebe zugewandt. Das ist wie im menschlichen Leben überhaupt freilich kein Widerspruch: Was uns besonders schwer zu tragen gibt, erweckt oft das Gegenteil von Überdruß, eine hingebungsvolle Liebe.

Meinen Dank will ich nun aber noch auf eine andere, persönlichere Weise abstatten. Ich möchte Ihnen, ebenfalls nur andeutungsweise, davon erzählen, welche Rolle die Weimarer Ausgabe in meinem Leben gespielt hat. Was ich zu ihrer Fortführung in amtlicher Funktion an Zeit und Kraft gewendet habe, fällt nur wenig ins Gewicht gegenüber dem Gewinn, den ich seit dem Anfang meines Theologiestudiums aus ihr geschöpft habe. Darin bin ich bloß einer unter vielen. Aber da man am eigenen Beispiel

Erfahrungen am unmittelbarsten schildern kann, nehmen Sie bitte das Folgende als eine zwar zufällige, aber doch für eine große Zahl von Luther-Forschern repräsentative Illustration, aus der Ihnen ein Widerschein des verlegerischen Werkes entgegenleuchtet, für das Sie seit bald drei Jahrzehnten die Verantwortung tragen.

Während meines ersten Semesters, im Sommer 1930, besuchte ich in Marburg bei Wilhelm Maurer, der damals noch Pfarrer und Privatdozent war, das kirchengeschichtliche Proseminar. Wir arbeiteten über Luthers Schriften zum Bauernkrieg, und für eine schriftliche Arbeit erhielt ich das Thema: „Der Streit über Luthers Auslegung des ersten Gebots". Diese meine erste Beschäftigung mit Luther hat mich bleibend gepackt. Im Frühjahr 1931 lieferte ich eine stattliche Arbeit mit Zitaten | aus über 30 Bänden der Weimarer Ausgabe im Pfarrhaus zu Michelbach ab. Zwei Jahre später bat mich Emil Brunner in Zürich um Material über die Stellung Luthers zur Frage nach dem Sichtbarwerden der Früchte des heiligen Geistes. Meine Jagd nach Belegen brachte mich nun mit mehr als 50 Bänden in Berührung, wenn auch in eine recht oberflächliche und noch undisziplinierte. Ich war hingerissen von dem Reichtum, der sich hier auftat, aber ungeübt in kritischem Sichten. Als ich dann auf Drängen Dietrich Bonhoeffers 1937/38 zur Anfertigung einer Dissertation erneut nach Zürich ging, stand für mich die Beschäftigung mit Luther außer Frage. Zur Erhellung seiner Evangelienauslegung durchforschte ich nun konsequent insbesondere die immer noch weithin ungenutzten Schatzkammern der Rörerschen Predigtnachschriften, deren erstmalige Edition durch Georg Buchwald in vielen Bänden der Weimarer Ausgabe eine nicht hoch genug zu schätzende Leistung darstellt. Diese erste gründlichere Begegnung mit Luther ließ mich nicht nur auf die Probleme seiner Entwicklung aufmerksam werden, sondern auch auf die Notwendigkeit, sein Verhältnis zur Tradition zu untersuchen. Daß die Weimarer Ausgabe in dieser Hinsicht ihren Benutzer meist im Stich läßt, wurde mir damals ebenso bewußt, wie man beim intensiven Umgang mit ihren vielen, z. T. recht unterschiedlichen Bänden auch sonst bald auf vielerlei Desiderata stößt.

Hier setzen zwei meiner späteren Arbeiten zur Theologie Luthers an. Anfang der fünfziger Jahre entstanden drei Studien zur ersten Psalmenvorlesung, deren Schwerpunkt in einer subtilen Untersuchung eines eng begrenzten Textkomplexes lag: des durch Luther veranlaßten Psalterdrucks für seine erste Vorlesung sowie der Auslegung eines einzelnen Psalms in ihrem Verhältnis zur patristischen und scholastischen Exegese. Sehr viel weiterreichende Vorarbeiten gingen sodann in die Arbeitsgemeinschaft ein, die Hanns Rückert, Reinhard Schwarz und mich über mehrere Jahre hinweg auf der ersten Wegstrecke der Neuedition der ersten Psalmenvorlesung miteinander verband. Es war – ohne diese Bezeichnung – teamwork bester Art, als wir in gemeinsamen Sitzungen den Traditionsapparat zu den Psalmen 1–15 Wort für Wort miteinander festlegten. In jene Zeit reichen auch die Anfänge meiner Beschäftigung mit der Disputatio de homine vom Jahre 1536 zurück. Die Ausgabe der Disputationen Luthers weist, wie der schärfer Hinschauende erkennt, besonders empfindliche Mängel auf. Deshalb habe ich hier an einem winzigen Beispiel eine neue Edition vorge|legt, vor allem aber den Versuch unternommen, einen so kompakten Text, wie es eine Thesenreihe Luthers ist, in die Traditionszusammenhänge hinein sowie auf die Querverbindungen zu anderen Luther-Texten hin ausführlich zu kommentieren.

In all dem zehrte und zehre ich – bei aller Kritik im einzelnen – von dem Fleiß mehrerer Generationen, die an dem z. T. ungefügen Bau der Weimarer Luther-Ausgabe gearbeitet haben. Ein besserer wäre wohl wünschbar, aber in absehbarer Zeit nicht realisierbar. Um die Metapher wieder zu wechseln: Die Hundertjährige hat mancherlei Flecken und Runzeln. Wer aber um Leben und Geschichte weiß, wird sich dadurch in seiner Liebe zu ihr nicht beeinträchtigen lassen. Zumal dann nicht, wenn er sich dessen bewußt wird, was die Quelle, die hier strömt, hergibt, auch wenn ihre Fassung nicht in jeder Hinsicht vollkommen gestaltet ist. So bleiben der Luther-Forschung Aufgaben über Aufgaben. Aber man muß nicht meinen, sie erst alle bewältigen zu müssen, ehe man aus der Quelle trinken kann. Was mich selbst betrifft, kann ich nur bekennen, daß ich für meine Theologie – und daran grenzt sehr eng: für mein Leben – dieser Quelle unsagbar viel verdanke.

Ein solches persönliches Zeugnis, zumal es derer viele sind, die auf ihre Weise einstimmen könnten, mag Sie, liebe Frau Petersen, sofern das überhaupt erforderlich ist, in der Gewißheit bestärken, daß sich die unendlichen Mühen lohnen, die Sie in diese Ausgabe investiert haben. Ich wollte Ihnen das schreiben, nicht um Ihnen Mut zu machen – Sie sind eine vorbildlich tapfere Frau! –, sondern um bei Ihrer von so viel Gewölk überschatteten Arbeit etwas zur Freude beizutragen.

Luther selbst ist freilich, genau genommen, bei unserer gemeinsamen Liebe zur Weimarer Ausgabe nicht der Dritte im Bunde. Er sträubte sich einst gegen eine Gesamtausgabe seiner Werke und hat sich schließlich nur widerwillig darein gefügt. Er war in Sorge, es könne, wie in anderen Fällen auch, dadurch dem Studium der heiligen Schrift Abbruch geschehen. Überdies neigte er dazu, man solle in der Auswahl nach seinen Beurteilungsmaßstäben eher selektiv verfahren, während wir eifrigst bemüht sind, auch den letzten Zettel zu edieren, und solchen Texten besondere Aufmerksamkeit zuwenden, in denen sich die reformatorische Theologie erst im Werden zeigt. Allerdings hat Luther auch darum gewußt, daß man vielerlei Bücher braucht, um die Geschichte früherer Zeiten zu verstehen. Und wenn es ihm darauf entscheidend ankam, daß seine Schriften allein dazu dienen sollen, zur heiligen | Schrift zu weisen wie Johannes auf Christus hin, so dürfte es doch ganz in seinem Sinne sein, es darauf ankommen zu lassen, daß sich diese seine Intention durchsetzt. Wie ja alle editorische Arbeit sich damit zufrieden geben muß, eine dienende Funktion auszuüben. Es steht nicht bei ihr, ob und wie sich dann das Wort Geltung verschafft, das im sorgfältig tradierten Buchstaben verwahrt ist. Das gilt nicht minder von der verlegerischen Tätigkeit, sofern sie sich wie die Ihre einem hohen wissenschaftlichen Ethos verpflichtet weiß.

Lassen Sie sich nun, liebe Frau Petersen, mit den besten Wünschen für eine weitere erfüllte Zeit des Tätigseins, des Sichentspannens und des inneren wie äußeren Wohlbefindens herzlich grüßen

von Ihrem

Anfang Februar 1982   Gerhard Ebeling

Hundert Jahre Weimarer Luther-Ausgabe[1]

Mit dem Gedenken an den fünfhundertsten Geburtstag Martin Luthers verbindet sich nicht zufällig das – damit verglichen sehr bescheidene – hundertjährige Jubiläum der Weimarer Luther-Ausgabe. Daß in diesem Jahr die restlichen noch ausstehenden Bände im Druck erscheinen oder zumindest im Manuskript vorliegen werden, daß also die Zeit gekommen ist, die Arbeit an dieser Kritischen Gesamtausgabe für beendet zu erklären, ist Grund zu dankbarer Rückbesinnung.

Es ist eine sehr bewegende Sache, auf die hundert Jahre Editionstätigkeit zurückzublicken in der Rolle derer, die als Nachfolger und Erben mehrerer Generationen von Wissenschaftlern die Vollendung des Werkes erleben dürfen. Wer ein wenig mit der Geschichte der Ausgabe betraut ist, wird es kaum fassen können, daß es nun tatsächlich so weit ist. In der Freude darüber haben wir als die letzten Glieder einer langen Kette allen Grund, uns auf die Geschichte der Ausgabe zu besinnen. Von den vielen Mitarbeitern sind die meisten nicht mehr am Leben. Ihrer aller gedenken wir mit

---

[1] Vorgetragen auf dem 6. Internationalen Lutherforschungskongreß in Erfurt am 16. 8. 83. Der einleitende Bericht über den gegenwärtigen Stand der Arbeit wurde gekürzt. – Zum Aufbau, Umfang und Erscheinen von: D. Martin Luthers Werke. Kritische Gesamtausgabe, Hermann Böhlaus Nachfolger Weimar:

Abt. Schriften 1–61	= 73 Teilbände	(1883–1983)
(zu 55,1 und 2 s. u. Anm. 17)		
Abt. Deutsche Bibel 1–12	= 15 Teilbände	(1906–1961)
Abt. Tischreden 1–6	= 6 Bände	(1912–1921)
Abt. Briefwechsel 1–18	= 18 Bände	(1930–1984)
Insgesamt	112 Bände	

Respekt und in Dankbarkeit. Es wäre dringend zu wünschen, daß anschließend an die von Eike Wolgast und Hans Volz dargestellte Geschichte der Luther-Ausgaben vom 16. bis zum 19. Jahrhundert[2] auch diese Editionsgeschichte ihre historische Darstellung fände als ein eindrückliches und lehrreiches Stück Wissenschaftsgeschichte.

Das exakte Jubiläumsdatum der Weimarer Ausgabe[3] ist nicht leicht auszumachen. Der erste Band erschien – wie könnte es anders sein? – unter erheblichem Zeitdruck noch im Jahre 1883. Das war eine der Bedingungen, die an die Geldbewilligung geknüpft waren. Genauer: „Am 6. Oktober meldete die Kommission an den Minister die Vollendung des ersten Bandes unter Beifügung eines Probeheftes, und am 19. Oktober 1883 überreichte der Minister das erste schöne gebundene Exemplar dieses Bandes an seine Majestät den Kaiser."[4] Jedoch ein so umfangreiches Buch, noch dazu der Erstling einer langen Reihe solcher Bände – damals auf 40 Quart-Bände mit je ca. 50 Bogen veranschlagt, die, auch das eine Bewilligungsbedingung, innerhalb von zehn Jahren zu erstellen seien –, erscheint nicht urplötzlich. Rückblickend möchte man eher sagen: Leider sei der erste Band allzu schnell, wenn auch nicht aus dem Nichts entstanden, so doch aus sehr ungenügender Vorbereitung hervorgegangen. Sucht man dementsprechend nach dem wirklichen Anfangspunkt, der dem feierlichen Übergabeakt vom 19. Oktober 1883 vorausliegt, so gerät man jedoch überraschend weit zurück. Die Geschichte der WA beginnt nämlich streng genommen nicht vor 100, sondern vor 130 Jahren.

Bereits 1853 hat ein heute in Vergessenheit geratener Theologe und Schulmann, zeitweise auch Privatdozent in Berlin, Karl Schneider, im Vorwort zu einer von ihm veranstalteten Ausgabe des Kleinen Katechismus, „nach den Originalausgaben kritisch

---

[2] WA 60;429–637.

[3] Zum Folgenden s. O. Albrecht, Zur Vorgeschichte der Weimarer Lutherausgabe, in: Lutherstudien zur 4. Jahrhundertfeier der Reformation veröffentlicht von den Mitarbeitern der Weimarer Lutherausgabe, 1917, 29–65.   [4] Albrecht 65.

bearbeitet", wie es im Titel heißt, ein sehr viel weiterreichendes Konzept entworfen: Seine Ausgabe sei die „Vorläuferin einer kritischen Gesamtausgabe von Luthers Werken, ... wie sie uns seit einer Reihe von Jahren vorschwebt, und an deren Vorarbeiten wir nach unserm besten Vermögen tätig gewesen sind"[5]. Er entwickelt sehr vernünftige Editionsgrundsätze: chronologische Ordnung ohne Rücksicht auf lateinische oder deutsche Sprache, Rückgriff auf die Handschriften oder notfalls auf Originaldrucke, striktes Festhalten an Luthers Orthographie und Interpunktion usw. Zusammen mit seiner Katechismusausgabe reichte er ein Gesuch um Unterstützung bei Friedrich Wilhelm IV. und dem Minister von Raumer ein. Daraufhin wurde der Theologe Ernst Wilhelm Hengstenberg sowie der Altphilologe und Germanist Moritz Haupt, ein Schüler von Karl Lachmann, dem Begründer moderner Textedition, zur Begutachtung aufgefordert. Beide Äußerungen lauteten positiv. Aber die nur allzu berechtigte Bemerkung des Letzteren, „daß ein einzelner, wie sehr ihn auch Fleiß und Muße und rüstige Jugendkraft befähigen mag, nicht imstande ist, dieses große Unternehmen auszuführen"[6], läßt schon das Ende befürchten, bevor das Werk begonnen hat. Schneider, um genauere Auskunft ersucht, machte Angaben über das Format – er empfehle Hochquart oder Kleinfolio, zu Luther passe nicht Kleinoktav oder gar Sedez – und auch über den Umfang – er rechne nur mit 12 bis 15 starken Bänden, die er in 7 bis 8 Jahren zu vollenden hoffe, dazu 1 bis 2 Jahre Vorarbeiten in Archiven und Bibliotheken –, und er schätze die Absatzmöglichkeiten nicht gering ein. Aber die Bewilligung der daraufhin errechneten finanziellen Beihilfe in Höhe von 15–20000 Talern scheiterte an den damaligen Finanzverhältnissen und an dringenderen staatlichen Bedürfnissen, wie der Minister dem König unterbreitete.

Einen zweiten Anstoß gab sehr viel später die damalige Königlich-Preußische Akademie der Wissenschaften in Berlin durch die für das Jahr 1880 gestellte Preisaufgabe: „Nach welchen Grundsätzen würde eine neue kritische Textausgabe der ältesten, etwa bis

---

[5] ALBRECHT 32.   [6] ALBRECHT 35.

zum Jahre 1521 erschienenen deutschen Schriften Luthers herzu-
stellen sein?" Im Monatsbericht der Akademie heißt es nachträglich: die Aufgabe ziele „auf den Anfang einer würdigen Gesamtausgabe der Werke Luthers, wenigstens seiner deutschen Schriften, an die der heranrückende 4. Säkulartag seiner Geburt ge-
mahnt." Ob sich dahinter ernsthafte Absichten der Akademie ver-
bargen, mag man skeptisch fragen. Vielleicht war es nur der
Wunsch, nicht in den Schatten eines anderen Planes zu geraten.

Ein solcher wurde ebenfalls 1880 durch Karl Knaake lanciert, der
einst als studentischer Hörer durch Karl Schneider angeregt und
nun Kadettenpfarrer in Potsdam war, seinem heimlichen Hauptbe-
ruf nach freilich Privatgelehrter, ein Mann des historischen Spezialistentums, besessen von bibliophiler Sammlerleidenschaft, die
mitverursacht war durch Ärger über die Bibliotheken, mit denen er
verkehrte und denen zum Trotz er schließlich unter großen Geld-
opfern, aufgebracht durch zusätzliche Nachtarbeit, seine eigene
Bibliothek aufbaute mit ca. 2000 alten Lutherdrucken. Die vorbe-
reitende Arbeit eines Jahrzehnts war vorausgegangen. Ermuntert
durch Julius Köstlin hat er dann 1880 einen Antrag an das Ministe-
rium in Berlin gestellt, in der Meinung, auf Grund seiner privaten
Sammlung, deren kostbare Exemplare er als Druckunterlagen direkt in die Setzerei zu geben bereit war, im Alleingang eine Kritische Luther-Ausgabe zu erstellen. Allerdings bedurfte er finanzieller Unterstützung. Ohne sie, meinte er, „fürchte ich, daß meine
Kraft erlahmt und ich bei der Aussicht, das Ziel nie zu erreichen,
mich auch meiner Sammlung mehr oder weniger würde entäußern
müssen"[7]. Die Tatsache, daß die damals noch unabgeschlossene
Erlanger Ausgabe dank Allerhöchster Order vom Jahre 1869 nur
durch Abnahme von 10 Exemplaren unterstützt worden war, konnte nicht gerade optimistisch stimmen. Das durch den Minister von
Puttkammer angeforderte Gutachten der Berliner Akademie vom
18. Dezember 1880 setzte sich jedoch energisch für die Sache ein:
Sie sei von Herrn Knaake, wie es in dem Gutachten heißt, „jedenfalls auf einen Punkt geführt, daß, würde die dargebotene Gelegen-

---

[7] ALBRECHT 50.

heit sie ins Werk zu setzen jetzt nicht ergriffen und sie abermals, wie nach einer wohl verbürgten Überlieferung schon einmal vor 30 Jahren, durch Versagung der erforderlichen Geldmittel zum Scheitern gebracht, ein Schade entstünde, der in Jahrzehnten und Generationen, ja in Wahrheit niemals gutzumachen wäre."[8] Diese starken Worte wurden von wohlüberlegten editorischen und auch praktischen Ratschlägen begleitet und verfehlten ihre Wirkung nicht. Unter Beteiligung auch des Finanzministers kam es schließlich zur Kabinettsorder vom 4. Mai 1881. Sie ist, so könnte man sagen, die Geburtsurkunde der Weimarer Ausgabe und lautet: „Auf Ihren Bericht vom 30. v. Mts. will ich zur Unterstützung der durch Pfarrer Knaake zu unternehmenden Gesamtausgabe der Lutherschen Werke die Summe von 40000 M (vierzigtausend Mark) nach einer durch Sie, den Finanzminister und den Minister der geistlichen usw. Angelegenheiten, näher festzusetzenden Verteilung auf zehn Jahre aus Meinem Dispositionsfonds bei der General-Staatskasse hiermit bewilligen. Wiesbaden den 4. Mai 1881 gez. Wilhelm." (Gegengezeichnet von den beiden zuständigen Ministern.)[9] Auf die Modalitäten im einzelnen will ich jetzt nicht eingehen, nur aus der dem Erlaß beigefügten Mitteilung an Knaake die Bemerkung anfügen, auf die ich schon Bezug genommen hatte: „Ich knüpfe diese Bewilligungen an die Bedingung, daß die Vorbereitungen zu dem Unternehmen so getroffen werden, daß die Ausgabe mit dem Jahre 1883 beginnt und, falls nicht unvorhergesehene Behinderungen dazwischentreten, innerhalb zehn Jahren vollendet wird, und verpflichte Sie, alle näheren Vorbereitungen im Einvernehmen mit einer Kommission zu treffen, welche ich aus Mitgliedern meines Ministeriums sowie der Königl. Akademie der Wissenschaften zu bilden beabsichtige, und welche Sie in fortgehender Kenntnis von dem Fortschritt des Unternehmens zu erhalten und mit welcher Sie über alle dafür notwendigen Unternehmungen sich zu verständigen haben."[10]

Vorsitzender der Kommission wurde Bernhard Weiss – nicht als Neutestamentler, der er seines Faches war –, sondern als derzeiti-

---

[8] ALBRECHT 53.   [9] ALBRECHT 46.   [10] ALBRECHT 58.

ger Referent im Kultusministerium. Durch die Akademie wurden die Herren Müllenhoff (Germanist) und Waitz (Historiker) in die Kommission entsandt, später noch Köstlin hinzugewählt. Die konstituierende Sitzung fand am 26. Juni 1881 statt, die entscheidende Beratung über die Editionsgrundsätze am 3. Januar 1882. Das Wesentliche jener Beschlüsse ist von Knaake in das Vorwort zu Bd. 1 übernommen worden[11]. Einen Passus hat er freilich fortgelassen: „Auch handschriftliche Nachschriften von Predigten sollen aufgenommen werden, dagegen die handschriftlichen Nachschriften von Vorlesungen, wenigstens vorläufig, nicht."[12] Was Knaake zu dieser Auslassung bewog, ist nicht klar. Vielleicht hielt er den ersten Teil für bedeutungslos; die Rörerschen Predigtnachschriften, die später viele WA-Bände füllten, waren noch nicht entdeckt. Im übrigen war Knaake in Sachen Orthographie und Interpunktion offenbar stärker an die Kandare der Kommission gelegt, als ihm lieb war. Gemessen an den Anforderungen, die man heute an den editorischen Bericht im ersten Band einer kritischen Gesamtausgabe stellt, sind die Auskünfte in Bd. 1 höchst spärlich. Aber in diesen Dingen dachte man damals auch sonst nicht entfernt so perfektionistisch wie heute.

Das nun auf den Weg gesetzte Unternehmen war eine merkwürdige Konstruktion. Tatsächlich zunächst das Privatunternehmen von Herrn Knaake, nur unter Aufsicht einer ihm vom Geldgeber beigegebenen Kommission. Der Vertrag mit dem Verleger wurde nur von ihm persönlich unterzeichnet. Man hatte an verschiedene Verlage gedacht. Gegenüber Ruprecht in Göttingen, Bruhn in Braunschweig und Perthes in Gotha wurde Hermann Böhlau in Weimar bevorzugt, wohl in erster Linie im Blick auf seine leistungsfähige Druckerei. Seitens des Kultusministers wurde zwar angefragt, warum man an einen weimarischen Verleger denke; wenn möglich sei ein Berliner oder doch preußischer zu wählen. Aber die Kommission erwiderte, die Erteilung der Verlagsrechte sei nicht lukrativ, die Kommission müsse froh sein, wenn sich eine angese-

---

[11] WA 1;XVI–XXI.   [12] ALBRECHT 60.

hene Verlagsbuchhandlung ehrenhalber zur Übernahme bereit finde.

Die Klausel, „falls nicht unvorhergesehene Behinderungen dazwischentreten", ist, wie bekannt, allzu bald wirksam geworden und hat aus den ausbedungenen 10 Jahren gut 100 Jahre werden lassen. Ein Anwachsen auf das Zehnfache könnte auch meinen Bericht widerfahren, wenn ich ihn in gleicher Ausführlichkeit fortsetzte. Ich beschränke mich auf vier übergreifende Gesichtspunkte.

1. Was die Organisation der Arbeit betrifft, so zeichnen sich zwei klare Zäsuren in der Geschichte der WA ab. Die eine fällt in das Jahr 1890. Das Verdienst Knaakes um das In-Gang-Kommen der WA ist unbestritten, ebenso aber auch seine Unterschätzung der Aufgabe und die Behinderung straffer und zügiger Weiterarbeit infolge seiner Abneigung, in dem notwendigen Maß Mitarbeiter heranzuziehen. Er selbst brachte nur die Bände 1, 2 und 6 zum Abschluß und lieferte Stücke zu 7 und 9. Als ersten Mitarbeiter ließ er Gustav Kawerau zu, dessen erste große Leistung die Edition der ersten Psalmenvorlesung war totz der daran haftenden Mängel, die später zu dem Entschluß führten, diesen wichtigen Text als einzigen ein zweites Mal innerhalb der WA zu edieren. Anregungen dazu gingen m. W. zum ersten Mal von Otto Scheel 1930 aus. Die gründliche Umorganisation, die gegenüber Knaakes Tätigkeit erforderlich wurde, bestand in der Schaffung des Amtes eines Sekretärs der Ausgabe (z. T. auch „Leiter der Ausgabe" genannt). Der erste Inhaber dieser Stelle, Paul Pietsch, gab diese Veränderung, hinter der man wohl manche unerquicklichen Vorgänge vermuten darf, in taktvoller Zurückhaltung mit folgender Erklärung bekannt: „Um den Mängeln, die an der kritischen Gesamtausgabe der Werke Luthers hie und da hervorgetreten sind, durch eine mehr einheitliche Leitung der Arbeit für die Zukunft möglichst vorzubeugen, sowie im besonderen auch eine den berechtigten Anforderungen mehr als bisher entsprechende Berücksichtigung der philologischen und sprachlichen Gesichtspunkte herbeizuführen, hat Se. Exc. der Minister der geistlichen usw. Angelegenheiten Herr D. Dr. von Gossler im April 1890 dem Unterzeichneten unter

gleichzeitiger Beurlaubung von seiner Greifswalder Professur die Stellung eines Sekretärs der Kommission zur Herausgabe der Werke Martin Luthers mit entsprechenden Befugnissen übertragen."[13] Dieses Amt war bis in den zweiten Weltkrieg hinein, also über 50 Jahre lang, mit erfreulicher Kontinuität nacheinander von nur drei Wissenschaftlern verwaltet, und zwar ausschließlich Germanisten: Pietsch wurde 1906 durch Karl Drescher abgelöst und ihm folgte 1928 Gustav Bebermeyer. Neben diesem Hauptredaktor spielte die Kommission anscheinend keine starke Rolle und war auch zahlenmäßig klein. Unter allen Vorsitzenden hat Bernhard Weiss am längsten gewaltet (ca. 25 Jahre), ihm folgten mit sehr unterschiedlicher Amtsdauer Gustav Kawerau, Adolf v. Harnack (nur für einen kurzen Übergang im Jahre 1919), dann Karl Holl, der Historiker Konrad Burdach und Erich Seeberg.

Damit erreichen wir die zweite große Zäsur. Mit dem Kriegsende 1945 war die Kommission in personeller Hinsicht fast erloschen, ihr war auch die juristische und finanzielle Basis entzogen. 1950 gelang die Gründung einer freien wissenschaftlichen Kommission unter dem Vorsitz von Hanns Rückert, der dieses Amt fast 20 Jahre innehatte. An der neuen finanziellen Regelung war durch die Gründung eines Instituts für Reformationsgeschichte in Tübingen das Land Baden-Württemberg, sodann in zunehmendem Maße die Deutsche Forschungsgemeinschaft und für die erforderlichen Druckkostenzuschüsse der Kulturfonds der DDR beteiligt. Während Bebermeyer sich auf die Finanzverwaltung beschränkte, vereinigten sich in der Person von Hanns Rückert die Leitung der Kommission sowie die der wissenschaftlichen Arbeit in dem dafür ins Leben gerufenen Institut, während Hans Volz, nun hauptberuflich für die WA tätig, seine Arbeitsstelle nach Göttingen verlegte. Als ich 1969 Hanns Rückert im Amt des Präsidenten folgte, wurde innerhalb der Kommission ein Exekutivausschuss gebildet, dem seither außer mir Heiko A. Oberman als wissenschaftlicher Leiter und Bernd Moeller als der Verwalter der Finanzen und als Beihilfe-Empfänger von der DFG angehören. Beide Kollegen haben

---

[13] WA 12;III.

Großartiges geleistet, um die Arbeit allen Schwierigkeiten zum Trotz voranzutreiben. Bei ihnen möchte ich mich für die ausgezeichnete Zusammenarbeit ebenso herzlich bedanken wie bei der gesamten Kommission. Zu ihr gehören gegenwärtig außer den schon Genannten: Leif Grane (Kopenhagen), Martin Heckel (Tübingen), Ernst Kähler (Greifswald), Bernhard Lohse (Hamburg), Friedrich Ohly (Münster), Leiva Petersen (Weimar) und Martin Seils (Jena).

2. Mit dem Neuanfang nach dem zweiten Weltkrieg stellten sich – außer dem Abschluß der Ausgabe im engeren Sinne – verschiedene zusätzliche Aufgaben ein. Die eine war das Vorhaben, zusammen mit dem notwendig gewordenen Nachdruck der vergriffenen Bände laufend Revisionsnachträge zu liefern. Dieser Plan ist daran gescheitert, daß der Nachdruck viel schneller vonstatten ging als ursprünglich erwartet, daß die Revisionsaufgabe der Natur der Sache nach grenzenlos zu werden drohte und daß schließlich keine Mittel mehr dafür zur Verfügung standen. So blieb es bei 6 Revisionsnachträgen[14]. Das Unternehmen wurde sodann in den freieren Plan einer Überarbeitung oder Neuedition einzelner Texte umgeformt, die es besonders nötig haben. Als Publikationsorgan dafür wie für andere die Luther-Ausgabe betreffende Arbeiten wurde das Archiv zur Weimarer Ausgabe (AWA) geschaffen (im Verlag Böhlau Köln). Die Neuedition der Operationes in psalmos hat hier den Anfang gemacht. Von den drei vorgesehenen Bänden ist freilich erst der mittlere mit dem Text der ersten Dekade des Psalters erschienen. Das Manuskript zum Einleitungsband, sowie zwei weitere Band-Manuskripte (eines von Markus Jenny mit einer Neuedition von Luthers Liedern sowie ein Jubiläumsaufsatzband von den Mitarbeitern der WA) liegen vor und warten auf den Druck.

Die andere zusätzliche Aufgabe, die nach dem Krieg unter Leitung von Hanns Rückert in Angriff genommen wurde, war die schon erwähnte Neuausgabe der ersten Psalmenvorlesung. Hier sind ebenfalls Fehlprognosen unterlaufen, die uns nachträglich ein

---

[14] Zu WA 30 II, 30 III, 32, 33, 41, 48.

Lächeln abnötigen. Im Jahre 1954 bei der öffentlichen Bekanntgabe des Plans im Rahmen des ersten von Hanns Rückert verfaßten Vorworts heißt es: „Wir hoffen, in etwa drei Jahren die neue Ausgabe vorlegen zu können."[15] Aber 4 Jahre darauf lautete es in seinem Bericht auf dem 1. Internationalen Lutherforschungskongress in Aarhus nüchterner: Es werde noch Jahre dauern, bis die neue Ausgabe abgeschlossen ist[16]. Wir mußten schließlich einsehen, die Arbeit sei mit den vorhandenen Kräften im angefangenen Stil nicht über Ps 30 hinaus fortsetzbar. Daß der gegenüber WA 3 und 4 erheblich verbesserte Text dank dem Einsatz von Reinhard Schwarz, Eleanor Roach und Siegfried Raeder der Forschung nun bald zugänglich wird[17], ist ein besonderer Grund zur Freude.

Die dritte zusätzliche Aufgabe, die Erstellung der Register zur Abteilung Schriften, wurde ebenfalls erst nach dem Kriege systematisch in Angriff genommen, obschon natürlich lange vorher immer wieder einmal erwähnt. Auch hierzu eine Lesefrucht aus dem Jahre 1928: „Um... das Erscheinen der Registerbände nicht zu lange hinauszuzögern, ist ins Auge gefaßt, jeder Abteilung (Schriften, Bibel, Tischreden, Briefe) ihr Gesamtregister gesondert beizufügen, wie es ja in den Tischreden (Bd. 6) schon geschehen ist, dafür aber auf eine erneute Zusammenstellung der vier gesonderten Gesamtregister zu verzichten." So weit so gut! Nur die

---

[15] WADB 8;VIf.

[16] Lutherforschung heute. Referate und Berichte des 1. Internationalen Lutherforschungskongresses Aarhus, 18.–23. August 1956, hg. von V. VAJTA, 1958, 16.

[17] Der Abschluß der editorischen Arbeit an der ersten Psalmenvorlesung und die weitere Beschäftigung mit ihr sind wesentlich gefördert durch die Faksimile-Ausgabe des Wolfenbütteler Psalters, s. o. S. 8. Die erste Psalmenvorlesung ist der einzige Fall einer Zweitedition innerhalb der WA. Die erste Edition liegt vor in WA 3 und 4;1–462 (1885/86). Die zweite Edition begann als WA 55,1 (Glossen) und 55,2 (Scholien) 1963 in Lieferungen zu erscheinen und gelangte bisher nur bis Ps 30. Der vollständige Text wird aus technischen Gründen nicht vor 1985 im Druck vorliegen. Es ist noch offen, ob dabei die beiden Teilbände je noch einmal geteilt werden müssen. Demgemäß würden sich gegebenenfalls die Zahlen in Anm. 1 ändern.

Fortsetzung ist amüsant: „Hierdurch wird namentlich ermöglicht, bei der in absehbarer Zeit sich endenden Abteilung ‚Schriften', ein Gesamtregister viel früher erscheinen zu lassen, als es der Fall wäre, wenn ein solches erst nach der Fertigstellung aller vier Abteilungen hergestellt würde, da die Herausgabe der Briefe noch nicht begonnen ist und ihre Vollendung noch geraume Zeit in Anspruch nehmen wird."[18]

Es muß als eine tapfere Tat des Verlages gewürdigt werden, daß in dunkler Zeit, im Jahre 1948, als keine Kommission existierte und man kaum Zukunftspläne zu machen wagte, der Verlag von sich aus in der Person von Frau Dr. Leiva Petersen die Initiative ergriff und einen Teil des von Georg Buchwald angelegten Registers (die Angaben Luthers über sich selbst sowie das Personen- und Ortsregister) als einen ersten Teil des Bandes 58 publizierte. Wenn auch später die Kommission aus zwingenden Gründen diesen Anfang sistieren mußte, bleibt der Torso WA 58,1 im Gesamtkorpus ein höchst denkwürdiges Dokument. Er hat wie auch die Bände 10 und 11 des Briefwechsels, deren Manuskripte fertig vorlagen und die 1947 und 1948 erschienen, ein vom Verlag unterzeichnetes Vorwort. Auf dem Hintergrund der schwierigen Zeitumstände beweisen diese drei Bände großartig die Treue des Verlags zu einem wissenschaftlichen Unternehmen, das ihm von Anfang an mehr als nur eine Ehrensache, ich darf wohl sagen: eine Herzenssache war. Aus dem Vorwort des ersten Nachkriegsbandes von 1947, verfaßt von Leiva Petersen, muß ich wörtlich zitieren. Es beginnt mit schlichten Worten, die aber, auf die Situation bezogen, etwas Monumentales an sich haben: „Mit dem vorliegenden 10. Briefband wird die Weimarer Luther-Ausgabe fortgeführt. Hatte schon der erste Weltkrieg unserm Werk hart mitgespielt, so wurde es durch

---

[18] WA 54; IVf. Die Register zur Abt. Schriften sollen umfassen: 1 Bd. Ortsregister einschließlich geographischer und ethnologischer Bezeichnungen, 1 Bd. Personen- und Zitatenregister, 5 Bde. Sachregister mit lateinischen Stichwörtern, 5 Bde. Sachregister mit deutschen Stichwörtern. Die Abteilungen Tischreden und Briefwechsel haben ihre eigenen Register: WAT 6 und WAB 15–17. Die Abt. Deutsche Bibel erhält keine Register.

den zweiten und seine Folgen noch verheerender betroffen. Die Verluste in persönlicher, finanzieller und sachlicher Hinsicht sind gleich schwer, auch in ihrer Verteilung auf Kommission, Leitung, Mitarbeiterstab und Verlag. ... Die Ausgabe als solche, deren Redaktionskosten als staatliches Unternehmen seit Jahrzehnten aus öffentlichen Mitteln bestritten wurden, von Fall zu Fall auch mit Unterstützung der Deutschen Forschungsgemeinschaft, verlor mit dem Zusammenbruch ihre finanzielle Grundlage und Sicherung. ... Trotz den schweren Verlusten und Einbußen soll mit allen Kräften versucht werden, in vertrauensvoller Zusammenarbeit mit den wenigen verbliebenen sachkundigen Freunden das Werk, dessen endgültigen Abschluß wir zum Lutherjahr 1946 gewünscht und erstrebt hatten, so schnell als möglich zu Ende zu führen."[19] In dieser Äußerung der Initiative und Zuversicht kommt besonders bewegend zum Ausdruck, was für die ganzen hundert Jahre der Weimarer Lutherausgabe gilt: der gar nicht hoch genug einzuschätzende Anteil des Verlags an der Arbeit und am Gelingen, seit Jahrzehnten repräsentiert durch Frau Dr. Leiva Petersen: nie ermüdend, mit zäher Geduld vorantreibend, auf Grund reicher Erfahrung treffsicher Rat erteilend und bei aller Bestimmtheit immer von wohltuender Liebenswürdigkeit. Ihr gebührt in dieser Stunde unser aller herzlichster Dank.

3. Überblickt man einmal, wie sich das Erscheinen der Bände auf den gesamten Zeitraum verteilt, so fällt eine ungewöhnliche Steigerung der Produktion in der Zeit von 1907 bis 1914 auf. In diesen 8 Jahren erschienen 33 Bände, durchschnittlich etwa vier in einem Jahr, während auf die Gesamtzeit umgerechnet pro Jahr ein wenig mehr als ein Band herausgekommen ist. Die ungewöhnliche Produktivität jener Jahre verdankt man wohl einer besonders glücklichen Konstellation des Mitarbeiterkreises, aus dem die Theologen Georg Buchwald und Otto Albrecht sowie der Germanist Oskar Brenner besonders herausragen. Am eindrücklichsten ist die Leistung Georg Buchwalds[20], der neben seinem kirchlichen

---

[19] WAB 10; VII.
[20] Nachruf in WADB 8;XV–XVII.

Amt – erst als Pfarrer, dann als Superintendent – an insgesamt 47 Bänden maßgeblich beteiligt war und dabei die Riesenarbeit der Entzifferung der von ihm in Jena entdeckten Rörer-Nachschriften der Predigten Luthers bewältigt hat. Dieses Ausmaß an nebenberuflicher Mitwirkung ist heute kaum noch zu begreifen. Gewiß waren die Zeiten und Lebensumstände anders als heute – in mancher Hinsicht zwar nicht leichter, aber unkomplizierter! –, die Berufsaufgaben im kirchlichen Dienst waren geebneter, die inneren Kraftreserven offenbar stärker, als man sie jetzt voraussetzen darf. Georg Buchwald stellt aber – all dies mit berücksichtigt – einerseits einen Sonderfall an Begabung und Begnadung dar; anderseits ist er ein leuchtendes Vorbild an Hingabe- und Opferbereitschaft für eine große Aufgabe, wobei für ihn der wissenschaftliche Anreiz sicher unabtrennbar war von der Sache, von der Luther selbst ergriffen gewesen war. Trotzdem hätte auch ein Mann wie Buchwald nie, wie es Knaake einst vorhatte, die Gesamtaufgabe allein bewältigen können. Das Verzeichnis der Mitarbeiter der Ausgabe, das für WA 61 vorgesehen ist, führt 72 Namen auf. Das ist aber zweifellos eine unvollständige Liste. Die Zahl derer, die in irgendeiner Weise mitgewirkt haben – bis hin zu den vielen wissenschaftlichen Hilfskräften –, liegt höher und läßt sich gar nicht mehr genau rekonstruieren. Die WA ist das Beispiel einer Gemeinschaftsarbeit, bei der trotz mancher Konflikte, die auch hier nicht ausblieben, der Anteil des Einzelnen im Ganzen aufgeht. Wann immer wir mit der WA umgehen, sollten wir uns dessen dankbar bewußt sein, wie viel an Fleiß und an persönlichem Opfer darin investiert ist. Das zählt mehr als die durchaus nicht geringen Geldsummen, die dafür aufgewendet wurden.

4. Unsere Ausgabe ist alles andere als ein Werk aus einem Guß. Sie weist offensichtlich Mängel auf. Der unlängst geäußerte Wunsch, noch vor Beendigung der WA mit einer neuen Edition zu beginnen, war nicht unbegreiflich, aber utopisch. Die Weimarer Ausgabe ist das Produkt eines langen Wachstumsprozesses, bei dem sich die Ausmaße und die Maßstäbe während des Arbeitsvorgangs erheblich gewandelt haben. War – mit einem Bild aus dem Orgelbau – anfangs nur ein einmanualiges Portativ geplant, so ist

schließlich ein gewaltiges Instrument mit vielen Registern daraus geworden. Gewiß ist es kein ideales Instrument. Man muß seine Fehler und Tücken kennen, um auf ihm zu spielen. Aber der Könner weiß damit so umzugehen, daß man Freude daran und Gewinn davon haben kann. Oder anders gesagt: Die Weimarer Luther-Ausgabe ist zwar ein Werk historischer Forschung, als solches aber selbst ein Stück Geschichte, und zwar in zweifacher Hinsicht: gezeichnet von den Spuren vieler Schicksale, wozu die Altersrunzeln gehören, deren man sich nicht zu schämen braucht; aber auch voll weiterwirkender geschichtlicher Energien. Die Ausgabe ist in sich selbst ein imposanter wissenschaftlicher Lernprozeß, ein breites Strombett der Lutherforschung. Mit ihrem Abschluß wird sie keineswegs alsbald veraltet und erledigt sein, sondern auf lange Zeit hin stimulierend wirken, mit ihr und über sie hinaus zu arbeiten und die Schätze zu heben, die dort bereit liegen. Sie hält den Zugang offen zu einem der gewaltigsten Phänomene der abendländischen Geschichte, dessen weltgeschichtliche Ausstrahlung, befreit von vielen Einengungen seiner bisherigen Wirkungsgeschichte[21], vielleicht erst noch bevorsteht. Das liegt nicht in unserer Hand. Unsere Sache war und ist es nur, das Material dafür bereit zu stellen, für den Buchstaben Sorge zu tragen, der eine unversiegbare und unausschöpfbare Quelle des Geistes ist.

---

[21] Vgl. meinen Aufsatz: Befreiung Luthers aus seiner Wirkungsgeschichte, Neue Zürcher Zeitung, 5./6. 11. 1983, Nr. 259, Beilage „Literatur und Kunst" S. 65 f.

Gesetzt aus der 8½ Times (Linotron 202)
und gedruckt auf 80 gr. Werkdruckpapier der Papierfabrik Niefern
von Gulde-Druck GmbH in Tübingen;
Einband von Heinr. Koch in Tübingen.
Umschlaggestaltung von Alfred Krugmann,
Freiberg a. N.